Christoph Becher
Die Schönberg Challenge

Christoph Becher

Die Schönberg Challenge

wolke

Erstausgabe 2024

Wolke Verlag, Hofheim 2024
Gestaltung: Friedwalt Donner, Alonissos
unter Verwendung zweier Schönberg-Fotografien

ISBN 978-3-95593-274-9

www.wolke-verlag.de

Inhalt

Die Schönberg Challenge

Im Oktober 1937 fand in Denver, Colorado, ein Festival rund um Arnold Schönberg statt. Der österreichische Komponist war mitsamt seiner Familie 1933 in die USA emigriert, nachdem die Nationalsozialisten in Deutschland die Regierung übernommen hatten und sich der Antisemitismus nun auch institutionell ungehemmt ausbreitete. Im Alter von 59 Jahren musste sich Schönberg in den USA als Komponist und Lehrer wieder ins Gespräch bringen, musste sich ein neues Leben aufbauen und ein neues Publikum.

In Denver wandte er sich direkt an die Zuhörer. Neben ihm auf dem Podium saß das Kolisch-Quartett, das mit seiner Musik seit bald zwei Jahrzehnten eng vertraut war. Schönberg sprach über Erfolge und Niederlagen, über Freund und Feind und über seine Kompositionen. Einige Klangbeispiele übernahm das Kolisch-Quartett, andere kamen von Schallplatten. Dabei schilderte er seine Laufbahn als Komponist, die so lange von Unverständnis begleitet worden war, bis sich Schönberg vollständig von Gegnern umstellt sah. Seine Lage vor dem Ersten Weltkrieg resümierte er in dem Satz: Ich „stand fast allein gegen eine Welt voller Feinde." (AS1976l, S. 347)

Die Erzählung vom einsamen und unverstandenen Komponisten ist von Schönberg und seinen Schülern oft genug wiederholt worden. Tatsächlich hat Schönberg immer auch wortgewaltige Unterstützer gefunden: Dirigenten, Pianisten, Geiger, Operndirektoren, Agenten, Veranstalter, Philosophen, Maler, Wissenschaftler. Heute stärkt ihm das verdienstvolle Arnold Schönberg Center in Wien den Rücken, das seit seiner Eröffnung 1998 mehr und mehr Exponate des riesigen Nachlasses online zugänglich macht, Symposien veranstaltet und Schönbergs Musik aufführt. Ganz zu schweigen von den Komponisten, auch über Schüler und Enkelschüler hinaus. Schönberg, seine Musik und seine Schriften nahmen großen Einfluss auf die Kompositionsgeschichte des 20. Jahrhunderts, und man übertreibt nicht, wenn man diesen Einfluss mit dem Beethovens auf das 19. Jahrhundert gleichstellt.

Selten dagegen hören wir Schönbergs Musik im Konzert, auf der Opernbühne oder im Radio. Veranstalter raunen hinter vorgehaltener Hand, seine Werke seien „Kassengift", die Kultursender des öffentlich-rechtlichen Rundfunks verbannen ihn in die „Todeszone", wie man dort das Programm ab 20:00 Uhr nennt. Schönberg ergründete die Ursachen für die Ablehnung seiner Musik durchaus. Häufiger aber beschäftigte ihn die Frage, wie den Zuhörern der Weg zu seiner Musik geebnet werden könne. Zu diesem Zweck hielt er Vorträge – nicht nur den in Denver –, vor allem aber komponierte er entsprechend, indem er Melodien so vorstellte, dass man sie sich merken kann, indem er Formteile klanglich voneinander unterschied, indem er komplexe und unübersichtliche Passagen mit leichten ausbalancierte. Und ging doch der Erkenntnis nicht aus dem Wege: „Solange ein Publikum nicht geneigt ist, ein Musikstück zu mögen, spielt es keine Rolle, ob es zufällig neben einigen mehr oder weniger rauhen Partien auch glatte oder sogar wohlklingende gibt." (AS1976l, S. 343; im englischen Original steht das Verb *to like.*)

Schönbergs Musik zu mögen ist eine Herausforderung. Ich möchte mit diesem Buch zur „Schönberg Challenge" auffordern. Überall lauern „Challenges", die Alt und Jung gerne auf sich nehmen, die meisten von ihnen verlangen dem Körper einiges ab. Warum nicht einmal den Sinnen etwas abverlangen, den Ohren, dem Hören? Warum nicht eine kulturelle Challenge auf sich nehmen?

Schönberg zu hören, ist manchmal einfach und manchmal schwer. Man muss sich Melodien merken, weil ihre spätere Rückkehr den Aufbau der Komposition zu erklären hilft. Wenn gesungen wird, gibt es oft erhellende Momente eines Dialoges zwischen Text und Musik, die aber schnell vorbeirauschen. Dann wieder schreibt er Klänge, die mit berückender Eleganz für sich einnehmen. Es gibt so vieles zu entdecken bei Schönberg, weil er seine Klangsprache ständig überprüft und verändert hat. Wenn man seiner Musik zuhört, hat man ein sinnliches Erlebnis (weil den Ohren viel Neues geboten wird), ein emotionales (weil so viele Gefühle ausgedrückt werden) und ein intellektuelles (weil man mitdenken muss). Kurz: Schönbergs Musik bereichert uns. Wir lernen mit ihr einen Komponisten kennen, der sich nicht verbiegen ließ. Und der wachen Sinnes auf die Gesellschaft seiner Zeit, ihre Kultur, ihre Politik und ihr Musikleben zuging und auf sie reagierte.

Aber ist diese Musik nicht viel zu kompliziert und muss man nicht sehr viel wissen, um sie zu verstehen? Beides stimmt nur halb. Wir hören uns gemeinsam zwölf seiner Kompositionen an und erfahren dabei einiges über sein Leben, sein Denken, seine Weggenossen, seine Kämpfe. Ich zeige Dir Hörbeispiel für Hörbeispiel, worauf Deine Ohren achten sollten. Denn einen Liederzyklus hört man anders als ein Streichquartett, ein Streichsextett nach einem Gedicht von Richard Dehmel anders als ein religiöses Oratorium. Du musst nicht alles nachvollziehen, über das ich schreibe. Zwölftonmelodien zum Beispiel kann man vielleicht zählend, aber selten hörend verfolgen. Aber es lohnt sich zu wissen, warum, wie und wo Schönberg Zwölftonreihen verwendet, denn ihr Einsatz wirkt sich auf die musikalischen Themen und ihren Klang aus.

Es geht nicht darum, Musik „zu verstehen". (Wer weiß schon, wann genau eine Musik „ganz" verstanden ist, wann „nur halb" und wann „nicht"?) Sondern darum, am Reichtum der Musik teilzunehmen. Denn nur, wenn sie von ihrem Reichtum etwas abgibt, können wir sie mögen. Und Schönberg war kein Geizhals! Wenn Du Dich auf ihn einlässt, kann er Dir viel geben.

Du musst für dieses Buch keine Noten lesen können. Wir wollen nicht Partituren analysieren, sondern der Musik zuhören. Dazu solltest Du den QR-Code verwenden, denn manchmal mache ich Dich mit genauen Zeitangaben auf bestimmte Stellen aufmerksam. Der QR-Code hier führt Dich in eine von mir zusammengestellte Spotify-Playlist. Die Nummern der Tracks stimmen mit den Nummern der Klangbeispiele im Buch überein. Es kann sein, dass Du Dich, um die Musik zu hören, bei Spotify anmelden (kostenloser Account) oder die App herunterladen musst.

Musikalische Fachbegriffe erkläre ich bei ihrem ersten Auftreten. Daher bauen die zwölf Kapitel aufeinander auf, es empfiehlt sich, die Challenge von vorne nach hinten durchzugehen. Oft kommen Schönberg und seine Zeitgenossen zu Wort, in Briefen und Veröffentlichungen. Dabei habe ich die Orthografie der Quellen nicht angepasst und auch keine Fehler korrigiert. Die Zitatnachweise stehen in einem Kürzel (s. o.), das am Ende des Buches erklärt wird.

Kein Buch ohne Hilfe und Unterstützung. Bedanken möchte ich mich bei Therese Muxeneder vom Arnold Schönberg Center, die sich für die Idee einer Anleitung zum Schönberg-Hören sofort interessierte; Markus

Böggemann, Schönbergforscher und erster kritischer Leser; Bernhard Pfau vom Schott-Verlag für unschätzbare Hilfe bei der Materialfindung; Peter Mischung vom Wolke-Verlag, der mit Leidenschaft auf mein Buchkonzept eingestiegen ist; Andrea Zschunke für alles und für die erste Ermunterung, ein Schönberg-Buch zu schreiben.

Wie schlecht muss es um die Sinnlichkeit einer Musik bestellt sein, die nur mithilfe eines Buches ihre Hörerin und ihren Hörer erreicht? Natürlich kannst Du Dir die zwölf Kompositionen auch ohne Challenge anhören. Das wird klappen. Aber es ist mühsamer. Als ich erstmals Herrn Pfau von meinem Projekt erzählte, tastete er sich in die Formulierung hinein: „Schönberg lässt seine Hörer manchmal lange draußen warten." Dieses Buch soll Dir die Wartezeit verkürzen.

Oder, wie Schönberg selbst es in Denver formulierte: „Bitte, verlieren Sie nicht die Geduld, wenn unter den Werken, die Sie sogleich hören werden, etwas für Sie störendes ist, etwas, das Sie unverständlich oder sogar häßlich finden. Bitte vergessen Sie nicht, daß all meine Musik erst häßlich gefunden wurde, aber daß es vielleicht einmal einen Sonnenaufgang geben mag [...], der einen neuen Tag des Sonnenlichtes in der Musik verheißt, so wie ich ihn Ihnen gern bieten würde." (AS1976l, S. 358)

I
Schönberg, der Konservative

Klavierquartett g-moll op. 25 von Johannes Brahms,
Orchesterbearbeitung von Arnold Schönberg

Unsere Schönberg Challenge beginnt mit einer Überraschung. Otto Klemperer, der die Uraufführung der Musik von Playlist #1 am 7. Mai 1938 in Los Angeles dirigierte, erzählte, der Manager des Los Angeles Philharmonic Orchestra habe sich damals gewundert: „Ich weiß gar nicht, warum die Leute sagen, Schönberg hat keine Melodien. Das war doch sehr melodisch." (GA1, S. XXXIV) Schon klar, ein Witz. Denn auch der Manager wusste: Diese Musik ist nur zur Hälfte von Schönberg. Es handelt sich um das Klavierquartett g-Moll op. 25 von Johannes Brahms (komponiert 1861), von Schönberg für Orchester gesetzt. Höre Dir den Anfang an.

Playlist #1 bis 4:10

Nicht ganz Brahms und nicht ganz Schönberg – und dennoch keine Mogelpackung in unserer Schönberg-Challenge. Vielmehr offenbart diese Brahms-Bearbeitung Vieles, das Schönberg am Herzen lag. Und zwar sein ganzes Leben lang. Denn Brahms hat, als Schönberg zu komponieren begann, noch gelebt – er starb am 3. April 1897 in Wien, da war Schönberg zweiundzwanzig –, und als dieser die Orchesterbearbeitung schrieb, zwischen dem 2. Mai und dem 19. September 1937, befand er sich in seinem siebten Lebensjahrzehnt.

Um die Techniken von Schönbergs Bearbeitung zu erkennen, genügt uns der erste Satz des Werkes. Von diesem hast Du soeben die Exposition gehört.

Exposition (lateinisch *exponere*: herausstellen) heißt der erste Teil eines Musikstückes, in dem die wichtigsten Themen (Melodien) vorgestellt werden. Oft sind das ein Hauptthema (erstes Thema) und ein Seitenthema (zweites Thema). Dazwischen gibt es manchmal eine Überleitung und am Ende eine Schlussgruppe. In einem Sonatensatz werden die Themen der Exposition anschließend im Mittelteil des Satzes verarbeitet (Durchführung) und im dritten Teil mit Veränderungen wiederholt (Reprise).

Brahms hat sich am klassischen Modell des Sonatensatzes und der Exposition orientiert, ist aber einen eigenen Weg gegangen – wie alle Komponisten vor und nach ihm auch. Das macht das Modell nicht überflüssig. Gerade die Abweichung von diesem verdeutlicht die Eigenart eines Komponisten.

Brahms/Schönberg springt gleich hinein in das Hauptthema. Schauen wir uns dieses genauer an: Drei Klarinetten – Es-Klarinette, B-Klarinette und Bassklarinette – spielen eine gleichmäßig schreitende, insgesamt abwärts führende Melodie. Die ersten vier Noten bilden den ersten Takt, im zweiten Takt sind es erneut vier Noten. Diese spiegeln die vier Noten des ersten Taktes: Wenn ein Notenschritt im ersten Takt aufwärts wies, geht er im zweiten abwärts und umgekehrt. Der dritte Takt wiederholt den zweiten (wieder vier Noten), aber etwas tiefer. Der vierte Takt ist eine Verkürzung des zweiten und dritten: der zweite Ton fehlt, es bleiben drei Noten übrig, die in kleinen Schritten absteigen und dabei auf dem zweiten kurz anhalten. Anhand dieser vier Takte kann ich Dir den Unterschied zwischen Thema und Motiv erklären:

Das **Motiv** ist eine kleine musikalische Einheit, die im Laufe eines Stücks wiederholt wird und einen wiedererkennbaren Charakter aufweist. Das kann eine Folge aus wenigen Tönen sein, aber manchmal auch ein Rhythmus, ein Akkord oder auch nur ein Ton. Ein **Thema** besteht dagegen aus mehreren Bestandteilen, einige davon können als Motive Eigenständigkeit erlangen. In unserem Beispiel setzt sich das Thema zusammen aus einem viertönigen Motiv (Takt 1), zweimal seiner Umkehrung (Takt 2 und 3) und schließlich deren Verkürzung (Takt 4).

Etwas später nach diesem Hauptthema macht die Musik Tempo, aber nicht der Takt verschnellert sich, sondern die Notenwerte sind kleiner. Auf einen Taktschlag erklingt jetzt nicht mehr eine Note (eine Viertel), sondern vier (Sechzehntel). Diese Begleitfigur aus vier Sechzehnteln merken wir uns.

Das Seitenthema erkennst Du an den Celli, die Schönberg an dieser Stelle zum ersten Mal hervorhebt. Zunächst erklingt das Seitenthema in d-Moll, etwas später kommt es in D-Dur in den Klarinetten und Flöten wieder. Beide Varianten hören sich wie Gesänge mit weitem Atem an – ganz anders als das eher grüblerische Hauptthema. Dieser Gegensatz ist idealtypisch für eine Exposition.

Die Schlussgruppe sticht aus der Umgebung heraus, weil sie sich hemdsärmeliger als alles andere anhört, fast nach Wirtshaus. Das kommt nicht von ungefähr: Die Melodiestimmen (Bratschen und Celli) stehen im Abstand einer Terz zueinander, im Bass (Hörner und Fagotte) liegt unbeweglich eine Quinte. Beides sind Merkmale alpenländischer Volksmusik.

Mit **Terz** und **Quinte** bezeichnet man die Abstände zwischen zwei Tönen: die **Intervalle**. Eine Dur-Tonleiter besteht aus acht Tönen. Spielt man sie von unten nach oben, kommt man mit dem achten Ton wieder beim ersten Ton an, nur eine **Oktave** höher. Das Intervall zwischen erstem und zweitem Ton heißt **Sekunde**, der zwischen erstem und drittem **Terz**, dann folgen **Quarte** (1.–4.), **Quinte** (1.–5.), **Sexte** (1.–6.), **Septime** (1.–7.) und **Oktave** (1.–8.).

Worin weicht also Brahms vom Modell einer Exposition ab? Vor allem dadurch, dass er das Seitenthema in zwei Varianten spaltet: erst d-Moll, dann D-Dur. Im weiteren Verlauf des Satzes wird er sich vom Modell noch weiter entfernen.

Das Bearbeiten bestehender Werke war Schönberg vertraut. Es gehörte zum Handwerk. Um Geld zu verdienen, arrangierte der junge Schönberg Operetten für das Wiener Carltheater und fertigte Klavierauszüge für die Wiener Universal Edition an, reduzierte also ein ganzes Orchester auf eine Klavierstimme. In den späten 1910er-Jahren gründete er mit seinen Schülern den „Verein für musikalische Privataufführungen", wo große Orchesterwerke (etwa „Das Lied von der Erde" von Gustav Mahler, „Don Quixote" von Richard Strauss oder die „Nocturnes" von Claude Debussy) auf das Kammerensemble umgeschrieben wurden, das dem Verein zur Verfügung stand (Kapitel 5). Aber erst ab den 1920er-Jahren und nachdem er die Zwölftonmethode entwickelt hatte schrieb Schönberg Bearbeitungen, die er seinem Werkkatalog hinzufügte, darunter Werke von Johann Sebastian Bach, Georg Friedrich Händel und Matthias Georg Monn.

Diese Arbeiten fertigte Schönberg ohne konkreten Auftrag an. Im Falle der Orchestrierung von Brahms' Klavierquartett reagierte er allerdings auf eine Anregung des bereits erwähnten Otto Klemperer. Befragt nach seinen Beweggründen, antwortete er dem Kritiker des San Francisco Chronicle, Alfred Frankenstein, am 18. März 1939 in einem Brief:

„1. Ich liebe das Stück.
2. Es wird selten gespielt.
3. Es wird immer sehr schlecht gespielt, weil der Pianist desto lauter spielt, je besser er ist, und man nichts von den Streichern hört. Ich wollte einmal alles hören, und das habe ich erreicht.
Meine Absichten:
1. Streng im Stil von Brahms zu bleiben und nicht weiter zu gehen, als er selbst gegangen wäre, wenn er heute noch lebte.
2. Alle die Gesetze sorgfältig zu beachten, die Brahms befolgte, und keine von denen zu verletzen, die nur Musiker kennen, welche in seiner Umgebung aufgewachsen sind.“ (Original in Englisch, Übersetzung nach AS1958, S. 223)

Es lohnt sich, ausgerüstet mit diesem Schönberg-Zitat, die ersten anderthalb Minuten noch einmal anzuhören.

Playlist #1 bis 1:35

Schönberg hat das Brahms-Orchester modernisiert und durch Instrumente erweitert, die es in Brahms' Symphonien nicht gibt, darunter die Bassklarinette. Aber er hat kaum Noten hinzuerfunden. Schon am Anfang kannst Du hören, wie er Orchesterfarben verwendet, um verschiedene Teile zu markieren. Das Stück beginnt im dunklen g-Moll. Bereits nach zehn Takten hellt sich die Stimmung auf, der zweite Thementeil steht in B-Dur. Bei Brahms spielt wieder das Klavier, daher unterscheidet sich der Klang nur wenig von dem des ersten Thementeiles. Schönberg hingegen bringt zum ersten Mal die Flöten, so dass eine neue Farbe die Aufmerksamkeit auf den neuen Thementeil lenkt. Die Farben des Orchesters erklären den Aufbau des Hauptthemas. Die Musikwissenschaftler nennen das **analytische Instrumentation**.

Die bereits erwähnte schnelle Begleitfigur aus vier Sechzehnteln wird im Original bei ihrem ersten Auftritt vom Klavier gedonnert, was das Hauptthema in den Streichern übertönen dürfte. Schönberg nun legt die Begleitfigur in die Streicher und das Hauptthema in die Holzbläser und Hörner. Damit behauptet sich das Hauptthema gegenüber der Begleitfigur akustisch. Die Orchestrierung erlaubt Schönberg eine Klangbalance, in der ein Hauptthema nicht von einer Begleitfigur zugedeckt wird.

Bleiben wir bei der Sechzehntelfigur. Ihr Tonhöhenverlauf besteht aus einem kleinen Wechselschritt und großem Schritt nach unten. Damit ist sie eine Umkehrung der ersten vier Noten aus dem Hauptthema: Dieses beginnt mit einem großen Schritt, dann folgen zwei kleinere Schritte. Durch Umkehrung und Verschnellerung verwandelt Brahms ein Melodiemotiv in eine Begleitfigur. Das hat Schönberg gefallen: Dass verschiedene Figuren auf das gleiche Baumaterial zurückgehen; wie sich eines aus dem anderen durch Veränderung entwickelt. Was Schönberg hier bei Brahms fand, nannte er **entwickelnde Variation**, und es sind lange Aufsätze darüber geschrieben worden, was genau er damit gemeint haben könnte. Hier jedenfalls ist ein gutes Beispiel dafür.

Auch der zweite Teil des Hauptthemas, die helle B-Dur-Melodie in den Flöten, kommt nicht von ungefähr: Brahms hatte den absteigenden Schritt, auch „Seufzermotiv" genannt, in der Begleitung zum ersten Hauptthementeil versteckt. Bei Schönberg wird der Zusammenhang deutlich, denn bereits das versteckte Motiv liegt in den Holzbläsern (wenn auch nicht Flöten), die es später laut und deutlich spielen werden. Schönberg nutzt die Orchesterfarben, um Zusammenhänge deutlich zu machen.

Tatsächlich stammt dieses „Seufzermotiv" unmittelbar aus dem Hauptthema, das wir uns schon genauer angesehen haben und in dem alles aus den ersten vier Noten abgeleitet ist. Das „Seufzermotiv" steckt in der dreitönigen Schlussformel und führt wenig später den zweiten Teil des Hauptthemas an.

Auch im Cellogesang (erster Teil des Seitenthemas, in Moll) kannst Du die ersten vier Töne des Hauptthemas wiedererkennen. Und in der Schlussgruppe, der „Wirtshausmusik", findet sich die Sechzehntelfigur, die ihrerseits, wie gesagt, aus dem Hauptthema stammt. Brahms hat alles miteinander verbunden, und Schönberg wird genau das von ihm übernehmen.

Schönberg hat immer wieder betont, welche Bedeutung Brahms für ihn in seinen Anfängen hatte, bezeichnete sich gar als „Brahmsianer" (AS1976p, S. 398). Noch 1931 zählte er ihn – neben Bach, Mozart, Beethoven und Wagner – zu seinen „Lehrmeistern" (AS1976f, S. 253). Er stand damit beileibe nicht allein, vielmehr galt Brahms in seinen letzten Lebensjahren als großes Vorbild für viele junge Wiener Komponisten. Der Komponist und Dirigent Alexander Zemlinsky, drei Jahre älter als Schönberg und mit diesem befreundet – ich komme in Kapitel 4 auf das Verhältnis zwischen den beiden zurück –, hat uns die Geschichte seiner und Schönbergs Brahms-Verehrung erzählt:

„Gedenk ich der Zeit, als ich das Glück hatte, Brahms auch persönlich kennen zu lernen – es war während seiner beiden letzten Lebensjahre – dann kommt es mir wieder so recht zum Bewußtsein, wie faszinierend, unentrinnbar beeinflussend, ja geradezu verwirrend seine Musik auf mich und meine damaligen komponierenden Kollegen, worunter auch Schönberg war, wirkte. Ich war noch Schüler des Wiener Konservatoriums, kannte die meisten Werke Brahms' gründlich und war wie besessen von dieser Musik. Aneignung und Beherrschung dieser wundervollen, eigenartigen Technik galt mir damals als ein Ziel.

Da war es gelegentlich der Aufführung einer Symphonie von mir, noch als Schüler komponiert, [...] da ich ihm vorgestellt wurde. Bald darauf, als das Quartett Hellmesberger ein Streichquintett von mir aufführte [5. März 1896], das Brahms ebenfalls anhörte, verlangte er die Partitur und forderte mich auf, ihn zu besuchen [...].

Am Klavier nahm er mit mir mein Quintett durch. Anfangs schonungsvoll korrigierend, die eine oder andere Stelle sorgfältiger betrachtend, niemals eigentlich lobend oder nur aufmunternd, schließlich immer heftiger werdend. Und als ich eine Stelle der Durchführung, die mir in Brahmsischem Sinne als ziemlich gelungen erschien, schüchtern zu verteidigen versuchte, schlug er das Mozartsche Streichquintett auf, erklärte mir die Vollendung dieser ‚noch nicht übertroffenen Formengestaltung', und es klang ganz sachlich und selbstverständlich, als er dazu sagte: ‚So macht man's von Bach bis zu mir!' Aus der äußerst verzagten Stimmung, in die mich Brahms' rücksichtslose Kritik versetzt hatte, richtete er mich aber bald wieder auf; erkundigte sich nach meinen materiellen Verhältnissen und bot mir eine monatliche Geldunterstützung an, damit ich weniger Stunden zu geben brauche und mich mehr dem Komponieren widmen könne. Schließlich empfahl er mich seinem Verleger Simrock, der auch meine ersten Kompositionen in seinen Verlag nahm." (Zemlinsky 1922, S. 69f.)

Während man aber den 1896 komponierten Werken Zemlinskys, insbesondere seinem Klarinettentrio op. 3 und dem 1. Streichquartett op. 4, die Brahms-Begeisterung anhört, klingt Schönbergs kurz danach geschriebenes Streichquartett in D-Dur (sein „Nulltes") eher nach Dvořák. Schönberg mag viel von Brahms gelernt haben – kopiert hat er ihn nicht.

Rein menschlich gefiel Schönberg Brahms' Attitüde. In einem Vortrag aus dem Jahr 1933, aus dem dann der Aufsatz „Brahms, der Fortschrittliche" entstand (1947 auf Englisch überarbeitet), zitiert Schönberg genüsslich einige schroffe Bemerkungen Brahms', unter anderem jene, die er einem Musikliebhaber an den Kopf warf, der Ähnlichkeiten zwischen Beethovens „Hammerklaviersonate" und Brahms' Erster Klaviersonate entdeckt zu haben glaubte. „Das bemerkt ja schon jeder Esel", soll Brahms ihn angeknurrt haben. Schönberg rechtfertigte die Grobheit Brahms' als „Verteidigung gegen eine gewisse Menschensorte, gegen die Aufdringlichkeit öligen Schwulstes, triefender Schmeichelei und honigsüßer Unverschämtheit" (AS1976j, S. 35). Schönbergs eigene Schroffheit, dokumentiert in einer Vielzahl von Briefen, entwickelte sich auch ohne die Bekanntschaft mit Brahms; doch wird er gerne bemerkt haben, dass er nicht der einzige Komponist war, der sich gegen Feinde und falsche Freunde zur Wehr zu setzen wusste.

Freilich beschränkt sich die Affinität Schönbergs zu Brahms nicht auf die Verwandtschaft ihrer Charaktere. Sie ist vor allem musikalischer Natur. In dem Aufsatz „Nationale Musik" hatte Schönberg 1931 bekannt: „Meine Originalität kommt daher, dass ich alles Gute, das ich je gesehen, sofort nachgeahmt habe." (AS1976f, S. 254) Natürlich hat Schönberg nicht andere nachgemacht. Aber er hat, wenn er etwas als gelungen erachtete, analysiert, welche Regeln und Modelle dem Vorbild zugrunde liegen, um diese dann in seiner eigenen Musik anzuwenden. Bei Brahms wurde er fündig.

Schönberg war Autodidakt. Das heißt, er besuchte keinen regulären Kompositionsunterricht. Das ist bemerkenswert, weil gerade in der Kompositionskunst – anders als bei Literatur – die Ausbildung bei erfahrenen Lehrerinnen und Lehrern bis heute eine erhebliche Rolle spielt (Ausnahmen bestätigen wie immer die Regel). Den einzigen „Unterricht", den Schönberg genoss, waren einige Monate Unterweisung durch Alexander Zemlinsky.

Schönberg lernte, indem er das Handwerk der alten Meister studierte. In seinem Elternhaus wurde er kaum gefördert, er lernte Violine und Viola spielen, aber nur unzureichend Klavier. „Die einzigen Quellen, aus denen ich schöpfen konnte, waren Violinduette und Arrangements von Opernpotpourris für zwei Violinen, wozu noch die Musik gerechnet werden darf, die ich durch Militärkapellen kennenlernte, die in öffentlichen Gärten Konzerte gaben. Man darf übrigens nicht vergessen, daß zu dieser Zeit Noten sehr teuer waren, daß es weder Platten noch Radio gab, und daß Wien nur ein einziges Opernhaus und einen einzigen Zyklus von philharmonischen Konzerten hatte." (AS1976p, S. 397) Mit einer längeren Komposition konnte Schönberg erst beginnen, als das von den Eltern abonnierte „Meyers Konversationslexikon" mit dem Band „S" erschienen war. Schönberg hatte sehnsüchtig auf den Artikel über die „Sonate" gewartet. Zwar ist der Band aus der Bibliothek des Elternhauses nicht überliefert, aber der Schönberg-Biograf Manuel Gervink zitiert eine spätere Auflage von 1929, davon ausgehend, dass sich der Text nicht sehr verändert haben dürfte. Nach der Erklärung der Exposition heißt es dort:

„Der zweite Teil besteht in der freien Verarbeitung (Durchführung) des vorausgegangenen thematischen Materials und leitet zur Wiederkehr der Themen des ersten Teiles über [Reprise]. Diese führt den Seitensatz in der Haupttonart ein und schließt mit oder ohne Anhang (Coda)." (Gervink, S. 58f.)

Abgesehen von einigen (von Schönberg nicht mit einer Opuszahl gewürdigten) Frühwerken, darunter Duette für Violine und Viola, hat Schönberg das Modell eines Sonatensatzes nach dem Lehrbuch nicht realisiert. Und doch stoßen wir bei ihm immer wieder auf Konstellationen, die sich vor dem Hintergrund des klassischen Sonatenmodells erklären lassen. Auf die Klassik, wie sie Schönberg bei Brahms kennen lernte, gehen außerdem zurück:

- **Unterschiedliche Flexibilität von Tonhöhenverlauf und Rhythmik.** Das bedeutet: Ein Motiv kann in den Tonhöhen stärker verändert werden als rhythmisch. Du hörst das am Anfang des Klavierquartetts: Die ersten vier Töne (der Beginn des Hauptthemas) werden zwei Mal wiederholt, immer mit anderen Tönen, aber mit unveränderter Rhythmik.
- **Abschnittbildung durch Kadenz.** Das bedeutet: Ein klassisches Musikstück steht in einer bestimmten (Haupt- oder Grund-) Tonart. Von dieser entfernt es sich immer wieder, manchmal auch weit, kommt aber am Ende zurück. Deshalb erscheint das Seitenthema in der Exposition in einer anderen Tonart, kehrt in der Reprise aber in die Haupttonart zurück. Wenn ein neuer Abschnitt beginnt, gibt es sehr oft eine harmonische Schrittfolge (Kadenz), die entweder von der Haupttonart weg- oder zu ihr hinführt.

- **Einheit in der Mannigfaltigkeit.** Das bedeutet: Was beim ersten Hören verschieden klingt, hat eine gemeinsame Wurzel. Wir haben das schon gesehen. Gemeint sind motivische Entsprechungen zwischen verschiedenen Themen und Begleitfiguren. Aber es gibt auch Brücken über verschiedene Sätze hinweg: Mit der leicht veränderten Viertonfigur des Hauptthemas beginnt auch der dritte Satz von Brahms' Quartett. Und um wenigstens einmal Beethoven zu nennen: Auch der legendäre ta-ta-ta-taa-Rhythmus aus Beethovens Fünfter Symphonie reicht vom ersten in den dritten und vierten Satz hinein.

Nun wollen wir uns den ganzen Brahms/Schönberg-Satz anhören. Dich erwartet eine sehr ungewöhnliche Gestaltung der Formteile Durchführung und Reprise. Brahms verschränkt sie. Die Durchführung beginnt mit dem Hauptmotiv, dem ersten Takt vom Hauptthema, das sich mehrmals mit dem Seufzermotiv abwechselt. Dabei kombiniert Schönberg jedes Mal andere Instrumente. Hier erkennst Du eine der häufigsten Durchführungstechniken: Beide Motive werden **abgespalten**, sie lösen sich aus ihrem ursprünglichen Zusammenhang und man akzeptiert sie schnell als eigenständige Motive. Oft geht ein solcher Abspaltungsprozess einher mit schnelleren harmonischen Wechseln (einer **Verdichtung**), hier bei Brahms aber wird es ruhiger und leiser. Plötzlich setzt die Reprise des Hauptthemas in der ursprünglichen Tonart g-Moll und mit der ursprünglichen Instrumentation in den Klarinetten ein (5:16). Viel zu früh! Der zweite Hauptthementeil erklingt in den Oboen, aber harmonisch versetzt, in Moll statt in Dur, dann folgt eine Dramatisierung mit der Sechzehntelfigur in den Streichern. Jetzt wird deutlich, dass die Durchführung fortgesetzt wurde. Die Reprise springt dann später direkt in den zweiten Hauptthementeil (Streicher statt Holzbläser, 7:39), und erst ab da läuft es, wie Meyers Konversationslexikon es regelt – allerdings ohne die Moll-Variante des Seitenthemas.

Playlist #1

„Das Wort ›Rhabarber‹, von nur fünf oder sechs Leuten hinter der Szene gesprochen, klang für das Publikum in einem Theater wie ein aufrührerischer Pöbelhaufen. So klang der thematisch bedeutungslose Kontrapunkt, wie das Wort ›Rhabarber‹, als ob er eine wirkliche Bedeutung hätte." (AS1976e, S. 31)

Da ist er wieder, der Super-Polemiker Arnold Schönberg, diesmal in dem 1930 in Prag gehaltenen Vortrag „Neue Musik, veraltete Musik, Stil und Gedanke“. Das Zitat hat viel mit dem ersten Satz aus der soeben gehörten Brahms-Bearbeitung zu tun. Doch zuerst: Was ist ein Kontrapunkt?

Ein **Kontrapunkt** ist eine Nebenstimme. In der Barockmusik – wo der Begriff herkommt – kann man zwischen erster und zweiter Stimme (oder dritter und vierter etc.) nicht unterscheiden, aber ab der Klassik ist eine kontrapunktische Stimme der Hauptstimme untergeordnet. Bei Brahms also wäre der Kontrapunkt das, was nicht zur Hauptstimme gehört: Nebenstimmen, Begleitfiguren, Akkorde usw.

Brahms' Kontrapunkt nun kann mehr als nur Harmonik und rhythmischen Puls markieren. Sein Kontrapunkt ist thematisch bedeutungsvoll. Noch in reinen Begleitstimmen stecken Figuren aus dem Hauptthema, manchmal offen, manchmal verborgen. Ein gutes Beispiel findet sich gleich am Beginn der Durchführung. Du hörst die ersten vier Töne des Hauptthemas in Violinen und Bratschen (4:34). Im nächsten Takt antworten Flöten und Hörner. Bei Brahms lag diese Antwort im Klavier wie eine Girlande. Schönberg aber verteilt die Töne des Klaviers auf unterschiedliche Instrumente und plötzlich wird (im Horn) hörbar, dass sich in der Girlande eine Viertonfigur verbirgt, die aus zwei Seufzermotiven besteht. Die Girlande ist aus dem Hauptthema abgeleitet.

Erneut lässt uns Schönbergs Instrumentation Zusammenhänge erkennen. Indem er Brahms' Klavierquartett instrumentiert, analysiert er es zugleich. Dafür noch ein Beispiel, das wenig später zu hören ist:

Inzwischen hat die „erste Reprise“ stattgefunden, der zweite Hauptthementeil kam zurück, in den Streichern rasten die Sechzehntelfiguren wieder los. Wir befinden uns zum zweiten Mal in der Durchführung. Plötzlich kommt eine schnelle Abwärtsbewegung (5:54). Bei Brahms stürzt eine Sechzehntelfigur abwärts, die aus einer Wechselnote und einem tiefen (Oktav-) Sprung nach unten besteht. Schönberg zerlegt sie. Den Oktavsprung isoliert er und bringt ihn in Pikkoloflöte, Klarinetten und Streicher. Die anderen (Flöten, Oboen, Fagott) verkürzen den Oktav-Sprung zu einem Terzsprung. Dadurch sieht nun diese Sechzehntelfigur exakt so aus wie jene, die am Ende des Hauptthemas in der Exposition für Bewegung sorgte. Das also meinte Schönberg auch, als er dem Kritiker Alfred Frankenstein schrieb, er habe „einmal alles hören“ wollen: Es ging ihm nicht nur darum, dass der Pianist akustisch zu sehr im Vordergrund steht, sondern er wollte auch die unterirdischen Zusammenhänge ans Tageslicht befördern, die die Einheit in der Mannigfaltigkeit garantieren. Während Schönberg im Brief so tut, als ging es ihm nur um eine verbesserte Klangbalance, versucht er in Wahrheit jene kompositorischen Feinheiten herauszuarbeiten, die ihn als Erbe der Brahms'schen Kompositionstechnik besonders interessierten.

Was Schönberg außerdem an Brahms bewunderte, war die Freiheit, mit der sich seine Melodien im Takt positionieren. Wenn die melodische Erfindung den Taktgrenzen widersprach, dann komponierte Brahms eben gegen den Takt. Auch dafür zwei Beispiele.

Am Ende der Durchführung erfolgt ein lautes **tutti** (aus dem italienischen: alle Instrumente spielen gleichzeitig) (6:57). Vom Hauptthema bleibt nun nur noch der erste Takt übrig, die vier Töne also. Brahms schiebt dreimal die vier Töne übereinander und versetzt sie dabei um je einen Ton. Eine Schicht bilden Oboe und Fagott, es folgen die 1. Violinen, danach (und nur diese setzen „richtig“ mit Anfang des Taktes ein) Celli und Kontrabässe. Anschließend wird das Viertonmotiv zerkleinert. Zunächst bleiben zwei Töne übrig, am Ende der Durchführung drei Töne (erst Celli und Kontrabässe, dann die Holzbläser). Diese drei Töne überschreiten ständig die Grenzen des Viervierteltaktes. Das ist nur ein Aspekt dessen, was Schönberg **musikalische Prosa** nannte: Der musikalische Verlauf setzt sich über das Korsett des Taktgefüges hinweg.

Schönbergs Bekenntnis zu Johannes Brahms – 1933 in Form des zitierten Aufsatzes, vier Jahre später in Form der Orchesterbearbeitung – hatte eine Pointe. Denn Brahms galt als konservativer Komponist, der an den alten Formen festhielt, als um ihn herum längst mit neuen experimentiert wurde. Wenn Schönberg Brahms als „Fortschrittlichen“ bezeichnete, so ging es ihm nicht nur darum, die Modernismen einer Brahms'schen Partitur aufzuzeigen und damit für ein neues Brahms-Bild zu plädieren. Der umfangreiche Aufsatz ist vor allem eine Verteidigungsschrift, gerichtet an jene, die Schönberg als Zerstörer der Tradition schmähten. Indem Schönberg analysierte, wie sich Brahms' Melodiebildung einer musikalischen Prosa annähert, die sich vom Korsett der Taktstriche und der Viertaktigkeit befreit, und wie eine komplette Partitur aus der Keimzelle eines einzigen Intervalls erwächst, konnte er mit Recht behaupten, dass die Zwölftonmethode eine logische Fortsetzung der Brahms'schen Kompositionstechnik sei. Kurz: Indem Schönberg Brahms' Progressivität entblößte, bewies er seinen eigenen Konservatismus. Schönberg – so die verborgene Botschaft seines Aufsatzes wie der Orchesterbearbeitung – ist Traditionalist wie Brahms.

Uraufführungsdirigent Otto Klemperer war von Schönbergs farbiger und mitreißender Bearbeitung begeistert: „Man mag das Originalquartett gar nicht mehr hören, so schön klingt die Bearbeitung." (Heyworth, S. 130) Auch Schönberg war glücklich und nannte das Werk ebenso scherzhaft wie stolz „die Fünfte von Brahms" (Brief an Winfried Zillig, 10. März 1948) – eine weitere Pointe: Brahms, dessen Erste Symphonie man ihm als „Zehnte Beethovens" weggelobt hatte, bekam auf diese Weise eine Symphonie zurück.

II
Muss denn immer gewagnert sein?
„Verklärte Nacht“ op. 4

„Als ich ihn [Zemlinsky] kennenlernte, war ich ausschließlich Brahmsianer. Er aber liebte Brahms und Wagner gleichermaßen, wodurch ich bald darauf ebenfalls ein glühender Anhänger beider wurde.“ (AS1976p, S. 398)

Im Wien der 1890er Jahre galten Brahms und Wagner als Antipoden. Man focht entweder für den einen oder für den anderen. Unter denen, die sich auf die Seite Wagners schlugen, befand sich zum Beispiel der Komponist Hugo Wolf (* 1860). Zwar hatte er (gemeinsam mit seinem gleichaltrigen Mitstudenten und zeitweiligen Mitbewohner Gustav Mahler) am Wiener Konservatorium bei Robert Fuchs gelernt, der für die Brahms-Schule einstand. Es war jene Schule, die ein Jahrzehnt später auch Zemlinsky durchlaufen sollte. Als Wolf aber 1875 an der Hofoper Wagner selbst und dessen „Tannhäuser“ kennen lernte, schrieb er seinen Eltern: „Ich bin durch die Musik dieses großen Meisters ganz außer mir gekommen und bin ein Wagnerianer geworden.“ (MGG Personenteil Bd. 17, Sp. 1076) Bald darauf verließ er das Konservatorium im Zorn. Als Musikkritiker für das „Wiener Salonblatt“ erlaubte sich Wolf fortan eine scharfe Zunge gegenüber Brahms: „Die Kunst ohne Einfälle zu componiren hat entschieden in Brahms ihren würdigsten Vertreter gefunden“ (ebd., Sp. 1089). Kein Wunder, dass sich das Rosé Quartett 1885 weigerte, Wolfs Streichquartett aufzuführen. (Gegen die Uraufführung von Schönbergs „Verklärter Nacht“ am 18. März 1902 hatte das um zwei Musiker verstärkte Rosé Quartett keine Einwände.)

Auf der anderen Seite stand zum Beispiel Eduard Hanslick, der einflussreichste Musikkritiker seiner Zeit. In der „Neuen Freien Presse“ propagierte er Brahms und schmähte Wagner. Sein musikalischer Sachverstand war über jeden Zweifel erhaben. Er erkannte einen guten Komponisten, auch wenn er dessen Werk zum ersten Mal hörte. Über Zemlinskys d-Moll-Symphonie, uraufgeführt am 10. Februar 1893, hieß es in der „Neuen Freien Presse“: „eine gedeihliche Zukunft kann Herrn Zemlinski nach dieser Probe mit Zuversicht prophezeit werden.“ (Beaumont,

S. 52) Der Artikel war unbezeichnet, dürfte aber aus Hanslicks Feder stammen. Gleichzeitig hob Hanslick den Zeigefinger, wenn Wagners Einflüsse zu deutlich wurden. So formulierte er, nachdem Gustav Mahler Zemlinskys zweite Oper „Es war einmal“ am 22. Januar 1900 an der Wiener Hofoper uraufgeführt hatte, neben allem Lob („Unleugbar ist sein Talent, sind die Vorzüge seiner überaus geschickten, ja brillanten Technik“) auch mahnende Worte: „Und nicht viel besser das uferlos melodisierende Schweifen ohne Anfang und Ende, oder die recitativisch abgerissenen Dialoge, die, um ein Heinesches Bild zu gebrauchen, wie erhitzte Flöhe durcheinander springen.“ Hanslicks Resümee, das er sich aus einer Rezension der „Zeit“ borgte: „Muss denn immer gewagnert sein?“ (Hanslick, S. 45, 47 und 44)

Die Gegenüberstellung von Wolf und Hanslick belegt, welchen Grad der Gereiztheit die Antipodenschaft von Wagner und Brahms erreicht hatte. Zemlinsky und Schönberg gerieten zwischen die Fronten eines Parteienstreits, der sich vordergründig um Fragen der Ästhetik drehte. Brahms auf der einen Seite war der Inbegriff einer Musik, die in gerader Linie zu den Klassikern zurückreichte. Deren Grammatik mochte weiterentwickelt, sprachlich angepasst werden, war aber prinzipiell zu erhalten: Gattungen wie Sonate und Variation, die Grundlagen der Harmonik, die Rhetorik der Melodie – all das wurde als unumstößlich angesehen. Auf der anderen Seite standen Wagner, Strauss und Liszt, die so genannten „Neudeutschen“, deren Melodik und Harmonik die Grenzen der Klassiker überschritten. Einher damit ging die Entwicklung von Gattungen, deren Aufbau nicht dem tradierten Formenkanon der Instrumentalmusik gehorchte, sondern literarischen Vorlagen (Oper) oder außermusikalischen Programmen (Symphonische Dichtungen). Schönberg hat später (1937) geschildert, wie man einen „Weg aus den verwirrenden Problemen […], in die wir jungen Komponisten durch die harmonischen, formalen, orchestralen und emotionale Neuerungen Richard Wagners verstrickt waren“, gesucht habe (AS1976l, S. 354). Abseits der ästhetischen Debatte handelt es sich allerdings um einen typischen Generationenkonflikt, bei dem die Jüngeren das Regelwerk der Älteren so weit strapazieren, dass diese es nicht mehr wiedererkennen. Wer aber das Beste aus beiden Welten zu vereinen suchte, saß zwischen den Stühlen – wie Schönberg in seinem 1899 komponierten Streichsextett „Verklärte Nacht“ op. 4, in dem sich die Brahms'schen Traditionalismen ebensogut aufzeigen lassen wie die Wagner'schen Grenzüberschreitungen.

Das Streichsextett – zwei Violinen, zwei Bratschen, zwei Celli – ist das erste Instrumentalwerk, dem Schönberg eine Opuszahl zuordnet. (Die opera 1 bis 3 sind Liederzyklen.) Anlässlich Schönbergs 60. Geburtstag erinnert sich Zemlinsky: „Sein erstes größeres Opus war ein Streichquartett [D-Dur, 1897]; ein Stück, noch stark von Brahms beeinflußt, in einem Mittelsatz jedoch bereits eigene Töne anschlagend. Ich war zu dieser Zeit Vorstandsmitglied des Wiener Tonkünstlervereines, dem Brahms als Ehrenpräsident vorstand. Ich schlug Schönbergs Quartett zur Aufführung vor und setzte schließlich auch eine Aufführung an einem nichtöffentlichen Vereinsabend durch. Ich glaube, der Erfolg war groß. Jedenfalls, man horchte auf und der Name Schönbergs sprach sich, zunächst in Musikerkreisen, herum. Bald darauf schrieb er ein Streichsextett, nach einem Gedichte von Richard Dehmel. Soviel ich weiß, war es die erste Programmmusik für Kammermusik. Ich versuchte abermals, den Vorstand des Tonkünstlervereines zu einer Aufführung dieses Werkes zu bestimmen. Aber diesmal hatte ich kein Glück. Das Stück wurde ‚geprüft' und das Ergebnis war absolut negativ. Ein Mitglied der Jury gab sein Urteil mit den Worten ab: ‚Das klingt ja, als ob man über die noch nasse Tristan-Partitur darüber gewischt hätte!' Nun, dieses Sextett ‚Verklärte Nacht' ist eines der am meisten aufgeführten Werke von Schönberg und der modernen Kammermusikliteratur überhaupt geworden." (AS1934, S. 34)

Man mag über das anonym gebliebene Jury-Mitglied lächeln oder sich über das Urteil empören, sollte aber die Begründung nicht als irrig abtun, denn der Bezug auf die „Tristan"-Partitur ist nicht falsch. Was aber zeichnet die Partitur von Wagners Oper „Tristan und Isolde" derart aus? Zu Recht gelten das „Tristan-Motiv" und der „Tristan-Akkord" als Herzstück der Musiksprache Wagners. Um das zu verstehen, vergegenwärtigen wir uns zunächst die drei Grundschritte der klassischen Harmonik:

Die Harmonik der klassischen Musik basiert auf der **Funktionsharmonik.** Die Grundtonart eines Stückes nennt man **Tonika**. Sie wird bestimmt durch einen dreitönigen Akkord. Ist z. B. die Tonika C-Dur, so lauten die Töne dieses Akkordes c-e-g. Auf dem höchsten Ton baut sich die **Dominante** auf, in unserem Beispiel G-Dur (g-h-d). Unter dem Grundton liegt die **Subdominante**, F-Dur (f-a-c). (Bei a-Moll a-c-e ist die Dominante E-Dur e-gis-h, die Subdominante d-Moll d-f-a.)

Durch lebenslange Hörerfahrung oder durch genetische Prägung unserer Ohren – die Fachleute streiten sich in diesem Punkt – hören wir einen Drang der Dominante zur Tonika. Ob die Tonika nun in Dur oder Moll steht: Das Musikstück will zur Tonika zurück. Du kannst Dir einmal das Lied „Hänschen klein" vorsingen, das ausschließlich aus Wechseln zwischen Tonika und Dominante besteht: Wenn Du nach „wohl-ge-" aufhörst zu singen, fehlt nicht nur das „-mut", sondern auch Grundton und Tonika.

Wird auf den Dominantakkord, der wie alle Dur- oder Moll-Akkorde nur aus Terzintervallen besteht, noch eine weitere Terz aufgetürmt (g-h-d + f), dann entsteht der **Dominantseptakkord** – eine Dominante mit zusätzlichem Septimintervall (zwischen g und f). Das Herzstück des Dominantseptakkordes ist aber das Intervall zwischen h und f: der **Tritonus**, ein Intervall, das als so **dissonant** gilt, dass es in ein **konsonantes** Intervall aufgelöst werden möchte. Sein Spitzname: „diabolus in musica". Der Tritonus h-f findet erst Ruhe, wenn er in seine beiden benachbarten Halbtöne gerutscht ist: das h zum c, das f zum e, also hinein in die Tonika, den C-Dur-Akkord. Der Tritonus ist der Grund, warum die Dominantseptakkorde heftigst nach Auflösung in die Tonika streben.

Nun zu Wagners Vorspiel zu „Tristan und Isolde". Die Oper beginnt mit einer einsamen Cellomelodie, die mit ihrem vierten Ton in den berühmten „Tristan-Akkord" gleitet. Der ist so dissonant und steht so quer in dem a-Moll-Umfeld der ersten Töne, dass er mit dem Vokabular der Funktionsharmonik nicht eindeutig erfasst werden kann. Schönberg wird ihn später in seinem 1911 geschriebenen Lehrbuch, der „Harmonielehre", den „vagierenden Akkorden" zuordnen: „heimatlos zwischen den Gebieten der Tonarten herumstreichende Erscheinungen von unglaublicher Anpassungsfähigkeit und Unselbständigkeit; Spione, die Schwächen auskundschaften, sie benützen, um Verwirrung zu stiften." (AS1911, S. 311) Indem sich die Instrumentalstimmen chromatisch weiterschieben, verwandelt Wagner die dissonanten Intervalle des „Tristan-Akkordes" in konsonante und es entsteht ein E-Dur-Akkord, die Dominante zur a-Moll-Tonika. Aber eben nicht ganz: Im Englischhorn bleibt ein d liegen, die Septime des E-Dur-Akkordes. Die Auflösung hat nicht gereicht, und mehr Auflösung gibt es nicht. Was bleibt ist ein Sehnen ohne Erfüllung, und darum geht es ja auch in den kommenden vier Stunden von „Tristan und Isolde". In den nächsten Takten wiederholt sich das „Tristan-Motiv" (also Melodie plus Akkord) noch zweimal, jeweils auf einer höheren Tonstufe als zuvor, und immer führt es in unaufgelöste Dominantseptakkorde. Steuert Wagner einen reinen Dur- oder Mollakkord an, verlässt er ihn sofort und trübt ihn durch neue Dissonanzen. Hanslick hatte von „uferlosem Schweifen" gesprochen – eine Musik, die keine Auflösung erreicht, darf als uferlos gelten.

Wir verstehen jetzt besser, was der grantelnde Juror im Tonkünstlerverein gemeint haben könnte: In der „Verklärten Nacht" gibt es noch mehr „verrutschte" Akkorde, noch mehr Dissonanz, noch weniger Auflösung als im „Tristan". Hören wir die ersten zweieinhalb Minuten des Streichsextetts:

Playlist #2 bis 2:36

Wir hören eine immer wieder die Tonleiter absteigende Melodie, die ich „Schrittfigur" nennen möchte (Begründung später). Nach ein paar Takten erhebt sich die 1. Violine mit Trillern weit über den anderen und es wird heller, weil die Tonika d-Moll nach D-Dur wechselt. Doch es dunkelt gleich wieder ein, die Intervalle werden enger, es erscheinen mehr Halbtöne, die Melodie steigt nun **chromatisch** ab. Der erste Teil schließt dramatisch, die Bögen „zittern" auf den Saiten (bewegen sich schnell hin und her), das nennen die Streicher **tremolo**. Wir hören etwas ähnliches wie im „Tristan": Die Musik strebt keine Auflösung an, im Gegenteil: Vor allem auf den Schwerpunkten des Taktes (und am Anfang markieren Bratsche und Violoncello den Taktschlag ja sehr deutlich) setzt Schönberg die dissonanten Akkorde, die nach Auflösung streben, während die „aufgelösten" Akkorde nur im Vorbeigehen gestreift werden. Kurz bevor sich die erste Violine zum Triller aufschwingt, landet Schönberg auf schwerem Taktteil sogar auf einem übermäßigen Akkord (0:52), der entsteht, wenn man zwei große Terzen übereinander stapelt. Der Akkord liegt zwar knapp, aber doch sehr scharf neben einem normalen Dur-Akkord und ist ein typisches Merkmal des musikalischen Impressionismus à la Debussy, der in Paris unbeeindruckt von der Wiener Brahms-Wagner-Fehde die klassische Funktionsharmonik aushebelte.

„Verklärte Nacht" ist – Zemlinsky hat den Begriff bereits fallen lassen – Programmmusik und steht schon von daher auf der Seite der „Neudeutschen".

Bei **Programmmusik** werden in der Regel Teile der musikalischen Struktur, etwa der formale Aufbau, die Gestaltung der Themen, auch dramaturgische Momente wie Steigerungen oder Entspannungsfelder, von einem „Programm" bestimmt, einer nicht-musikalischen Vorlage – anstatt vom klassischen Formenkanon.

Damit war Schönberg der erste namhafte Komponist, der das Prinzip der Programmmusik vom Orchester, wo insbesondere Liszts und Strauss' Symphonische Dichtungen den Maßstab gesetzt hatten, auf die Kammermusik übertrug. In der „Deutschen Tonkünstler-Zeitung" erklärte Schönberg wenige Monate nach der Uraufführung seines op. 4: „Bei der Komposition von Richard Dehmels Gedicht ‚Verklärte Nacht' leitete mich die Absicht, in der Kammermusik jene neuen Formen zu versuchen, welche in der Orchestermusik durch Zugrundelegen einer poetischen Idee entstanden sind. Zeigt das Orchester die gleichsam episch-*dramatischen* Gebilde tondichterischen Schaffens, so kann die Kammermusik die *lyrischen* oder *lyrisch*-epischen darstellen." (GA2, S. 91)

Schönberg befand sich, als er das Sextett in nur drei Wochen schrieb, in den Ferien. Mit seinem Freund Zemlinsky und dessen Schwester Mathilde war er im September 1899 nach Payerbach an der Rax gefahren, knapp 100 Kilometer südlich von Wien. Dass es dort zwischen Mathilde und Arnold „funkte" – die beiden heirateten am 7. Oktober 1901 –, ist zwar Privatsache, fand im Werk Schönbergs aber seinen Widerhall: Der 25-jährige Komponist war entbrannt und die Gefühle der Liebe und des erotischen Verlangens spiegeln sich in allen Kompositionen jener Jahre, ganz besonders in seinem op. 4. Das Gedicht „Verklärte Nacht" stammt aus der Sammlung „Weib und Welt" von Richard Dehmel (1863–1920), die 1896 veröffentlicht worden war. Bereits ein Jahr später komponierte Schönberg das Gedicht „Mädchenfrühling", und auch seine Liederzyklen op. 2 und op. 3 enthalten Dehmel-Vertonungen. Die Lyrik des norddeutschen Dichters half dem gebürtigen Wiener dabei, seinen musikalischen Ton zu finden. (Später wird diese Funktion Stefan George einnehmen, vgl. Kapitel 6.) Jedenfalls übertrieb Schönberg nicht, als er am 13. Dezember 1912 an Dehmel schrieb:

„Denn Ihre Gedichte haben auf meine musikalische Entwicklung entscheidenden Einfluß ausgeübt. Durch sie war ich zum erstenmal genötigt, einen neuen Ton in der Lyrik zu suchen. Das heisst, ich fand ihn ungesucht, indem ich musikalisch wiederspiegelte, was Ihre Verse in mir aufwühlten.

Leute, die meine Musik kennen, werden Ihnen das bestätigen können, daß in meinen ersten Versuchen, Ihre Lieder zu komponieren, mehr von dem steckt, was sich in Zukunft bei mir entwickelt hat, als in manchen viel späteren Kompositionen. Und Sie begreifen, daß ich Ihnen dafür eine herzliche, und vor Allem eine *dankbare* Verehrung entgegenbringe."

Dehmels Gedicht „Verklärte Nacht" schildert die Aussprache eines Paares, das durch einen mondbeschienenen „kahlen, kalten Hain" schreitet (1. Strophe). Die Frau gesteht, ein Kind zu erwarten, das allerdings nicht von dem Mann stammt, der nun neben ihr geht und den sie liebt (2. Strophe). Beide schweigen nach dem Geständnis der Frau und gehen weiter (3. Strophe). Der Mann antwortet, er nehme das Kind als das seine an, denn: „eine eigne Wärme flimmert / von dir in mich, von mir in dich; / die wird das fremde Kind verklären, / du wirst es mir, von mir gebären" (4. Strophe). Glücklich umfassen sich die beiden und setzen ihren Gang durch die Nacht fort (5. Strophe).

Schönbergs Musik folgt der Gliederung in fünf Strophen. Die 1. Strophe hast Du schon gehört. Die „Schrittfigur" habe ich so genannt, weil man sich im langsamen Schreiten dieser Melodie das durch die Nacht wandernde Paar gut vorstellen kann. Sie kehrt denn auch in der 3. und 5. Strophe wieder. Wie bei Dehmel sind die 1., 3. und 5. Strophe auch bei Schönberg kürzer und beschränken sich auf die Charakterisierung der Atmosphäre. Der Dialog des Paares findet in den Strophen 2 und 4 statt. Jetzt hören wir uns die 1. bis 3. Strophe an.

Playlist #2 und #3

Du kennst bereits die erste Strophe, deren Ende das aufgeregte Tremolo markiert. Die zweite Strophe beginnt mit der „Klage der Frau" (Playlist #2 2:36): einem zweimal gespielten und dann weiter entwickelten Motiv in der Bratsche, die Du an der mittleren Tonlage erkennst. Das Thema beginnt leise, doch bald rauscht die Musik auf, dann kommt sie wieder zum Stillstand. Ein neues Thema beginnt, gestaltet wie ein Frage-Antwort-Spiel (Playlist #2 3:48): Das Cello stellt die Frage, Violine und Bratsche geben die Antwort. Schönberg veröffentlichte 1950 für eine Aufnahme bei Columbia Records einen Programmtext, in dem er das Sextett mit Bezug auf Dehmels Gedicht entschlüsselte. Zu diesem Thema schreibt er: „Sie hatte einen Mann geheiratet, den sie nicht liebte. Sie war unglücklich und einsam in dieser Ehe." (AS1976t, S. 454) Wir wollen daher vom „Thema der Einsamkeit“ sprechen. Bemerkenswert ist der ständige Wechsel zwischen den Instrumenten: wie ein Dialog. Schönberg wird noch oft in der „Verklärten Nacht“ darauf zurückkommen, daran erinnernd, dass wir es hier mit einem Zwiegespräch zwischen Frau und Mann zu tun haben.

Das dritte Thema der 2. Strophe hat Schönberg der „Treue“ zugeordnet (AS1976t, S. 454) (Playlist #2 5:16). Auch dieses beginnt leise, in der 1. Violine und der 1. Bratsche. Du kannst eine Figur erkennen, die man **Doppelschlag** nennt und die für die Symphonien Anton Bruckners und Gustav Mahlers charakteristisch ist: ein aus fünf Tönen bestehender Triller, der erst nach oben, dann nach unten ausschlägt. Dazu erklingt in den Begleitstimmen immer noch das „Einsamkeitsthema“.

Das vierte Thema[1] setzt laut ein und steht in einer völlig neuen Tonart, nämlich in E-Dur – eine ganz andere Farbe als die Tonika d-Moll (Playlist #3). Schnell erreicht die Musik ruhigeres Fahrwasser – zumindest für's erste. Denn auch dieser Abschnitt endet aufgeregt im lauten Tremolo. Nur das 2. Cello bleibt übrig (Playlist #3 1:56). Dieses Tremolo überführt Schönberg in eine Klangfläche, die geheimnisvoll anfängt, aber immer dramatischer wird und auf den Höhe- und Schlusspunkt der 2. Strophe zusteuert (Playlist #3 3:50). Die sechs Instrumente spielen ein **unisono** (ital.: *ein* Ton), das heißt, sie spielen alle die gleichen Töne (nur in unterschiedlichen Oktavlagen).

Die 3. Strophe ist wieder sehr einfach: eine Melodie in der Violine, erst auf einem Ton skandierend, dann sich nur langsam fortbewegend (Playlist #3 4:44). Die Schrittfigur setzt wieder ein (Playlist #3 5:44). Wie emotional diese Schrittfigur geworden ist![2] Darin zittert der aufgewühlte Seelenzustand der Frau noch nach. Ganz leise endet die 3. Strophe mit vielen „Löchern“ und schließlich mit einem es-Moll-Akkord, von dem im Cello nur ein tiefes b übrigbleibt.

Bevor wir die 4. und 5. Strophe der „Verklärten Nacht“ hören, halten wir vier Beobachtungen fest:

---

1 Schönberg: „Sie hat ihre Pflichterfüllung gegenüber den Forderungen der Natur sogar für lobenswert gehalten.“ (AS1976t, S. 454)

2 Schönberg: „Voller Verzweiflung geht sie nun neben dem Mann her, den sie liebt, und fürchtet, daß sein Urteilsspruch sie vernichten wird.“ (AS1976t, S. 455)

Schönbergs Streichsextett op. 4 ist erstens Programmmusik. Schönberg greift mit der fünfteiligen Anlage seiner Komposition auf Dehmels Gedicht zurück. Er hat zudem die Atmosphäre, in der das Gespräch zwischen Mann und Frau stattfindet, musikalisch ausgedrückt: Der „kahle, kalte Hain“ wird durch den leisen, stoischen Taktschlag am Anfang charakterisiert, die „Schrittfigur“ zeichnet ganz physisch das Schreiten der beiden nach. Schließlich drückt Schönberg den Gesprächsverlauf mit seinen Emotionen durch melodische Themen und musikalische Erregungszustände aus. Wenn sich rhythmisch unterschiedliche Themen übereinander schieben, sich die Harmonik schnell ändert und die Lautstärke ansteigt, dann kennzeichnet das einen Zustand der Erregung. Wenn aber nur ein Thema übrigbleibt, begleitet von leisen Akkorden, vermittelt sich Ruhe oder zumindest Erwartung.

Zweitens wählt Schönberg musikalische Gestaltungsmittel, die aus der Klassik stammen. In der 2. Strophe werden mehrere Themen der Reihe nach vorgestellt, und wenn ein Thema einmal exponiert worden ist, können sich einzelne Motive daraus abspalten (so der Beginn des „Einsamkeitsthemas“) und mit anderen Motiven kombinieren. Nichts anderes geschieht in der Durchführung eines klassischen Sonatensatzes. Die refrainhafte Wiederkehr der „Schrittfigur“ (1., 3. und 5. Strophe) entspricht wiederum dem Formprinzip eines **Rondos**: Ein refrainhaft wiederkehrendes Thema wechselt sich mit unterschiedlichen Strophen (auch **Couplets** genannt) ab. Mozart und Haydn haben besonders in den Schlusssätzen ihrer Klaviersonaten gerne Rondos geschrieben. Wenn sich aber Gestaltungsmittel der Sonate und des Rondos in einer einsätzigen Programmmusik feststellen lassen, so erkennen wir etwas, auf das wir noch mehrmals zurückkommen werden: Schönbergs Einsätzigkeit ist immer mehrdeutig.

Schönberg komponiert drittens die Nahtstellen des fünfteiligen Werkes so, dass man auch hört, dass ein neuer Abschnitt beginnt. Er schafft Tremoloflächen, aus denen ein neues Thema ersteht, nachdem das Tempo vorher abgebremst wurde (**ritardando**) (1. -> 2. Strophe); nach einem Ritardando setzt nur ein Instrument allein mit einer neuen Melodie ein (2. -> 3. Strophe); einem Erlöschen der Musik folgt ein harmonischer Neuanfang (3. -> 4. Strophe); einem Ritardando folgt die Rückkehr zur Tonika (4. -> 5. Strophe). Schönberg wollte, dass die Hörer die einzelnen Formabschnitte erkennen.

Viertens verdichtet Schönberg das musikalische Geschehen, indem er unterschiedliche Themen übereinander schichtet. Höre dazu noch einmal die ersten zwei Minuten von Playlist #3. Das neue E-Dur-Thema wird zunächst ruhig und „warm" ausgesungen. Doch dann wird es unübersichtlich: Das 2. Cello steigt chromatisch abwärts (wie die verengte „Schrittfigur"); die 1. Bratsche spielt dazu den Anfang des „Treuethemas", die 2. Violine eine Schlussfloskel aus dem neuen E-Dur-Thema, 2. Bratsche und 1. Cello eine Nebenstimme, die punktuell mit dem „Treuethema" übereinstimmt. Fünf individuell geführte Stimmen übereinander, die drei Themen enthalten, und das alles in nur einem Takt![3] Dieser wiederholt sich noch zweimal, jedes Mal ein bisschen höher, und durch den Anstieg der Tonhöhe steigt auch seine Dringlichkeit, flankiert durch ein **crescendo** (es wird lauter). Schönbergs Steigerungen beruhen auf einer Verdichtung des Zusammenklangs.

Playlist #4 und #5

In der 4. Strophe antwortet der Mann. Vom Ende der 3. Strophe, aus dem tiefen b des Cellos, springt Schönberg in ein gänzlich neu klingendes D-Dur, also eine Umfärbung der ursprünglichen d-Moll-Tonika. Ein scharfer Gegensatz. Die Melodie des 1. Cellos lässt keinen Zweifel: Der Mann reagiert warmherzig. Schönberg zufolge ist seine „Großmut so erhaben […] wie seine Liebe" (AS1976t, S. 455). Im Duett zwischen 1. Cello und 1. Violine beruhigt sich jenes Motiv, das am Ende der 2. Strophe in größter Aufregung erklang und das mit dem „Einsamkeitsthema" verwandt ist. Anschließend komponiert Schönberg eine flimmernde Klangfläche (Playlist #4 1:32): 2. Violine und 1. Bratsche haben schnelle Sechzehntelnoten, die auch bei genauester Aufführung gegeneinander verwischen dürften; die 2. Bratsche spielt **pizzicato**, sie streicht also die Saite nicht mit dem Bogen, sondern zupft sie mit den Fingern; das 2. Cello zupft Akkorde; und vom 1. Cello erklingen sphärische **Flageoletts:** Wenn man an bestimmten Stellen nicht die Saite auf das Griffbrett drückt, sondern nur lose den Finger auf sie legt, erklingt nicht mehr der Ton, sondern ein hoher Oberton der Saite. An dieser Stelle wird Schönberg impressionistisch. Im Vordergrund steht nicht mehr die Figur, sondern das Ornament.

---

3 Wer die Partitur mitliest: Beschrieben wird T. 124.

Aber natürlich lassen die Themen nicht lange auf sich warten: Wieder dialogisieren zwei Instrumente (1. Violine und 1. Cello) und wieder mit einer Figur, die mit dem „Einsamkeitsthema" verwandt ist (Playlist #4 2:15). Noch stärker als in der 2. Strophe vermischen sich nun die Themen. Beim nächsten, sehr leise beginnenden Abschnitt kannst Du in der 1. Violine die „Schrittfigur" wieder hören (Playlist #4 2:45) sowie ein neues Thema des Mannes, das mit einem Absturz anfängt (Playlist #4 3:40). Die Musik wird dichter, immer mehr Themen erklingen, die Du schon einmal gehört hast, dann unterbricht ein kurzes Solo der 1. Violine (Playlist #4 5:46). Schönberg nimmt noch einmal Anlauf. Nach einem erneuten Höhepunkt erreicht die 4. Strophe wieder D-Dur (Playlist #5 1:04), das beruhigende Cello-Thema vom Beginn der Strophe kehrt zurück. Die Strophe endet, aber Schönberg schreibt noch eine Überleitung, die sich aufbäumt und dann vollständig ermattet – auf dem Dominantseptakkord A-Dur, der zum D-Dur der 5. Strophe überleitet.

Die 5. Strophe (Playlist #5 3:22) rekapituliert viele der bereits bekannten Themen. Du wirst unschwer die „Schrittfigur" am Beginn wiedererkennen. Außerdem kehren das „Thema der Klage" und das „Einsamkeitsthema" zurück. Das Werk schließt mit einer Erinnerung an die „impressionistische Passage" vom Beginn der 4. Strophe.

Kurz vor der Rückkehr der „impressionistischen Passage" hörst Du ein Akkordfeld, das in Bezug auf Wagner bemerkenswert ist (Playlist #5 5:01). Schönberg erreicht die Tonika D-Dur, wechselt sogleich auf den Dominantseptakkord A-Dur und könnte satt in die Tonika gleiten. Stattdessen schiebt er drei Takte ein, die sich in einem weiten Umweg an die Tonika anschleichen, wobei sich die Akkorde wie der „Tristan-Akkord" durch chromatische Abweichungen der funktionsharmonischen Bestimmung entziehen. Das Ziel D-Dur bleibt in Sichtweite, ist aber nur schwach zu erkennen. Zwar landet Schönberg nach diesen drei Takten glücklich in der Tonika D-Dur, bleibt aber unterwegs wie am Anfang des Werks: Auf den Taktschwerpunkten erklingen in der Melodie (1. Violine) immer Töne, die nicht zum Grundakkord gehören.

Dass die „Verklärte Nacht" nicht nur „wagnert" (um mit Hanslick zu sprechen), sondern auch, wie eingangs behauptet, Einflüsse von Brahms aufweist, hat Schönberg selbst 1949 bestätigt. „Deshalb zeigen auch Kompositionen aus dieser Zeit, wie zum Beispiel *Verklärte Nacht*, einerseits wagnerische Technik [...], andererseits aber Gebilde, die nach dem Muster von Brahms' ‚Technik der entwickelnden Variation' – wie ich es genannt habe – geformt waren. Auf Brahms' Einfluß sind auch die ungeradtaktigen Phrasenkonstruktionen zurückzuführen, die […] Fünftaktigkeit [… oder] Zweieinhalbtaktigkeit zeigen." (AS1976p, S. 398)

Der Begriff der „entwickelnden Variation" gehört zu Schönberg schillerndsten Wortschöpfungen. Die Schönberg-Forscher haben viele Seiten lang darüber nachgedacht, was der Komponist in welcher Lebensphase darunter verstanden haben könnte. Uns genügt zunächst folgende Erklärung:

Mit dem Begriff **entwickelnde Variation** beschreibt Schönberg den Umstand, dass Melodien (Motive oder Themen) sich so weit verändern können, dass sie mit der Ursprungsfigur nicht mehr viel gemeinsam haben. Oft legen sie nach einer solchen Veränderung Ähnlichkeiten mit Melodien anderen Ursprungs offen. Oder sie enthüllen, dass mehrere unterschiedliche Melodien einen gemeinsamen Kern besitzen.

Die „Schrittfigur", um konkret zu werden, entfernt sich nur wenig von ihrer Ersterscheinung. In der 1. Strophe sind es sechs Töne, die leise die d-Moll-Tonleiter hinab schreiten. In der 3. Strophe führen fünf Töne energisch und laut von einem b-Moll- zu einem F-Dur-Akkord. In der 4. Strophe verkürzt Schönberg auf vier Töne, etwas später erhält die Figur eine neue Schlussfloskel. Allen unterschiedlichen Erscheinungsformen der „Schrittfigur" aber ist gemeinsam, dass es sich um eine absteigende, rhythmisch leicht „hinkende" Linie handelt.

Als Beispiel für eine fünftaktige Themengestaltung wählt Schönberg das „Einsamkeitsthema", für das zweieinhalbtaktige Thema eine Melodie aus der 4. Strophe. Während die Takt-Länge klassischer Themen in der Regel (und oft auch nicht) durch die Zahl vier teilbar ist, formuliert Schönberg die Themen so lange, wie der melodische Fluss es verlangt. Das kann einmal mehr, ein andermal weniger als vier Takte sein. Auch die „Schrittfigur" sperrt sich in der 1. Strophe gegen ein viertaktiges Korsett, weil das Thema nie eine Schlussfloskel formuliert. Die Musik könnte immer so weiter gehen. Dies ist umso bemerkenswerter, weil die „Verklärte Nacht" ansonsten noch stark in der klassischen Ebenmäßigkeit wurzelt. Beim Hören wird deutlich, wie oft Schönberg kleine Takt-Einheiten auf einer höheren Tonstufe wiederholt. Das nennt man Sequenztechnik.

Bei der **Sequenztechnik** (lat. sequentia = Folge) wird ein Takt oder auch eine Gruppe aus mehreren Takten komplett wiederholt, aber einen Ton höher oder tiefer.

Im amerikanischen Exil fertigte Schönberg 1943 eine Fassung für Streichorchester seines Sextetts an, die er bei dem Verlag Associated Music Press in New York veröffentlichte. Dabei griff er auf eine Fassung zurück, die er bereits 1917 für seinen Wiener Verlag, die Universal Edition, eingerichtet hatte. Diese Version (mit Kontrabassstimme) verfeinerte er nun, justierte noch einmal die Klangbalance und die Tempi und freute sich in einem Brief vom 22. Dezember 1944 über das Ergebnis. „Die neue Version [...] wird das Gleichgewicht zwischen ersten und zweiten Violinen einerseits sowie Bratsche und Cello andererseits verbessern und die Balance der Originalfassung für Sextett mit sechs gleichwertigen Instrumenten wiederherstellen." (Original in Englisch)

Nicht zuletzt dank dieser Fassung für Streichorchester gehört Schönbergs „Verklärte Nacht" heute zu seinen am häufigsten aufgeführten und beliebtesten Werken.

III
Aus dem Vollen
„Pelleas und Melisande“ op. 5

Nach der „Verklärten Nacht“ veröffentliche Arnold Schönberg abermals ein Werk mit literarischem Hintergrund, diesmal für Orchester. Für sehr großes Orchester. Die Symphonische Dichtung „Pelleas und Melisande“ op. 5, komponiert in wenigen Wochen 1902, vollendet Anfang 1903, folgt dem gleichnamigen Bühnenwerk des belgischen Dramatikers Maurice Maeterlinck (1862–1949). Schönberg selbst dirigierte die Uraufführung am 25. Januar 1905 im zweiten Konzert der „Vereinigung schaffender Tonkünstler“ im Wiener Musikverein.

Diese „Vereinigung“ entsprang einer Idee von Zemlinsky und Schönberg. Nachdem Zemlinskys Vorschlag einer Aufführung der „Verklärten Nacht“ abgeschmettert worden war, verließen beide Komponisten den „Tonkünstlerverein“ und gründeten 1904 die „Vereinigung schaffender Tonkünstler“. Als Ehrenvorsitzenden gewannen sie niemand geringeren als den Hofoperndirektor Gustav Mahler. Vollmundig behauptete die Gründungsschrift des Vereins:

„Aller Fortschritt, alle Entwicklung führt vom Einfachen zum Komplizierten, und gerade die jüngste Entwicklung der Musik vergrößert noch all die Schwierigkeiten und Hindernisse, gegen welche das Neue in der Musik immer zu kämpfen hatte, durch ihre vermehrte Kompliziertheit, durch ihre harmonische und melodische Konzentriertheit, und es bedarf zahlreicher wiederholter erstklassiger Aufführungen, sollen diese vergrößerten und vermehrten Hindernisse der Aufnahmsfähigkeit und Aufnahmswilligkeit überwunden werden […]. Die Mehrzahl der schaffenden Tonkünstler Wiens hat daher beschlossen, eine Vereinigung zu bilden, welche den Zweck hat, *das unmittelbare Verständnis zwischen sich und dem Publikum zu schaffen, der Musik der Gegenwart in Wien eine ständige Pflegestätte zu bereiten, das Publikum in fortlaufender Kenntnis über den jeweiligen Stand des musikalischen Schaffens zu halten.*“ (Reich, S. 31ff.)

Bemerkenswert ist nicht die (ungedeckte) Behauptung, die Mehrzahl der Wiener Komponisten hinter sich zu wissen. Bemerkenswert ist vielmehr zum einen die Suche nach „unmittelbarem Verständnis“ beim Publikum – ein Thema, bei dem Schönberg schließlich resignierte (vgl. Kapitel 5) –, zum anderen die „fortlaufende Kenntnis“. Aus dieser nämlich wurde nichts, die „Vereinigung“ löste sich nach nur einer Saison wieder auf.

Das Konzert am 25. Januar indes genügte, um Aufsehen zu erregen. Unter den Besuchern befanden sich Gustav und Alma Mahler, die Schönbergs Symphonische Dichtung zwar wirr, aber interessanter fanden als Zemlinskys ebenfalls uraufgeführte „Seejungfrau“ (Alma Mahler, S. 98). Die Presse hingegen fiel über Schönberg her. Die „Montags-Revue“ schrieb: „Was in ‚Pelleas und Melisande‘ an Mißklängen, Formlosigkeiten, Längen geboten wird, ist wohl selten dagewesen.“ (GA3, S. 247) Und im „Neuen Wiener Journal“ hieß es: „Schönberg ist ein imposantes Kombinationstalent, das mit einem Handgriff ein Bündel Themen zusammenpackt und zu komplizierten Harmonien verbindet und, wie ein Schachspieler, der mehrere Partien zu gleicher Zeit spielt, verschiedene Gedankenreihen neben einander ablaufen läßt, ohne in der Übersicht gestört zu werden, während einem naiven Zuschauer schwindlich wird. [...] Seine symphonische Dichtung ‚Pelleas und Melisande‘ dauert fünfzig Minuten, fünfzig Minuten unausgesetzter thematischer, rhythmischer, harmonischer Komplikationen.“ (GA3, S. 250)

„Pelleas und Melisande“ war dem Publikum und der Kritik zu lang, es geschah zu viel auf einmal und es gab zu viele Dissonanzen. Und: Man suchte vergeblich nach dem Programm, dem Bezug zwischen der Musik und dem Drama von Maeterlinck. Die „Neue Musikalische Presse“ bemängelte: „Ein großes Unrecht wurde ihm [Schönberg] übrigens auch zugefügt durch jene Unsitte, die der Verein getreu seinem Herrn und Meister Mahler propagiert [...], nämlich die Unterdrückung des Programmes bei der Programmusik. [...] So war die Hörerschaft nicht einmal über die äußeren Vorgänge, welche dem Werke zum Vorwurfe dienten, unterrichtet, auch viel weniger konnte sie ermessen, wie sehr sich Schönberg bemüht hat, in den Geist und die seltsame Wesensart dieses Dramas einzudringen.“ (GA3, S. 249)

Dies allerdings entsprang einem Irrtum im Umgang mit Programmmusik, der schon Mahler so geärgert hatte, dass er die literarischen Erklärungen zu seinen ersten Symphonien schließlich zurückzog. In der Tat gibt es, mit Liszt und Strauss angefangen, kaum Symphonische Dichtungen, die einen mitgeteilten Text einfach „abkomponieren“. Fast immer stehen musikalische Gestaltungsprinzipien im Vordergrund, auch wenn sich Ablauf und Details der Musik an der Textvorlage orientieren. Vor allem aber gilt dies für „Pelleas und Melisande".

Hören wir uns den Beginn des Werkes an.

Playlist #6 bis 3:32

Der Einstieg in „Pelleas und Melisande" klingt nicht schwierig. Das Werk beginnt (und endet) in d-Moll, jener Tonart, in der auch die „Verklärte Nacht" und das Erste Streichquartett stehen. Kurze, chromatische Motive reihen sich aneinander.

Mit **Chromatik** bezeichnet man die Halbtöne. Die Oktave besteht aus zwölf Halbtönen. Eine chromatische Tonfolge sind Töne im Halbtonabstand, also z. B. a-b-h. Im Unterschied dazu setzt sich die diatonische Skala aus Halb- und Ganztönen zusammen. Daher passen bei der **Diatonik** nur sieben Töne in eine Oktave. Die Dur- und die Moll-Skala z. B. sind diatonische Skalen.

Schönbergs Einleitung malt den finsteren Wald, in dem der Ritter Golo (französisch: Golaud) auf eine rätselhafte junge Frau trifft: Melisande. Diese wird dargestellt durch ein Motiv, das Du in den Holzbläsern hörst (Oboe, dann Englischhorn) und das Du, wie so oft bei Schönberg, an seinem profilierten Anfang erkennst: drei Schritte abwärts, ein Sprung hinab, dann drei Schritte aufwärts und wieder ein Sprung hinab. Viele Instrumente übernehmen das Melisanden-Motiv, setzen kurz nacheinander ein, fallen sich ins Wort. Ein leiser C-Dur-Akkord in den Hörnern unterbricht das Geschehen. Das ist bemerkenswert: Diese Musik ist so reich an Dissonanzen, dass ein einfacher Dur-Akkord bereits wie ein Fremdkörper auftritt.

Der Neuanfang danach erinnert an das „Tristan"-Vorspiel: Ein chromatisches Motiv setzt dreimal an, jedes Mal einen Schritt höher (Sequenztechnik), gestützt von Akkorden in den Fagotten, die immer einen Tritonus enthalten. Nichts löst sich auf, jeder Akkord ist so spannungsreich wie der vorangegangene. Bei 3:13 kommt eine beschwichtigende A-Dur-Musik, in ihrer Sanftheit ähnlich dem Anfang der 4. Strophe in der „Verklärten Nacht" („Die Stimme eines Mannes spricht …"). Das ist die Musik zu Golo, sein Motiv hörst Du in den Hörnern und Du erkennst es an der Punktierung.

Punktiert ist eine Note, wenn sie mit einem kleinen Punkt aufgeschrieben wird (gleich rechts neben dem Notenkopf). Dieser Punkt verlängert sie um die Hälfte ihres Wertes, sodass die nächste Note verkürzt ist. (Zum Beispiel die ersten zwei Noten von „Alle Vögel sind schon da".)

Der Abschnitt endet mit einer neuen Unterbrechung, diesmal in den Trompeten, diesmal G-Dur.

An Richard Wagner erinnert nicht nur die erwähnte Stelle am Anfang des Werkes. „Pelleas und Melisande" wird von Leitmotiven geprägt, als wär's eine Wagner-Oper.

Der Begriff **Leitmotiv** stammt aus der Oper, wird aber auch bei Symphonischen Dichtungen verwendet. Bezeichnet werden damit kurze melodische Themen (seltener auch Akkorde, Rhythmen oder Klänge), die mit einer Person, einem Gegenstand oder einer Idee verknüpft werden und dann wieder auftauchen, wenn die Handlung darauf anspielt. Dabei können sie verändert werden und sich der Handlung oder dem musikalischen Zusammenhang anpassen.

Die Motive für Melisande und Golo haben wir schon kennen gelernt. Pelleas, der junge Stiefbruder Golos, besitzt sogar zwei Motive. Darüber hinaus gibt es mehrere „Themen-Motive", z. B. ein Schicksalsmotiv, ein Ehemotiv (Golo heiratet Melisande, der ihr überreichte Hochzeitsring spielt eine zentrale Rolle in dem Drama), ein Motiv für Melisandes Liebeserwachen, eines für die Eifersucht Golos und noch andere mehr. Schönberg passt diese Motive dem jeweiligen musikalischen Kontext an, sie bleiben aber in der Regel gut erkennbar – wenn nicht gerade zu viel gleichzeitig passiert. Und genau das ist der Unterschied zu Wagner: Wagner stellt seine Leitmotive immer in den Vordergrund, so dass jedes einzelne von ihnen wie ein Hinweisschild aus der Musik herausragt. Bei Schönberg blitzen die Leitmotive so dicht nacheinander, oft auch übereinander auf, dass man durchaus welche überhören kann: Der „Schachspieler" lässt verschiedene Gedankenreihen gleichzeitig ablaufen. Das Golo-Thema im eben gehörten Abschnitt ist z. B. in der A-Dur-Stelle gut erkennbar. Dass das Thema ein paar Takte vorher schon eingeführt wurde (in den Hörnern), bleibt eher verborgen.

Hören wir den nächsten Abschnitt. Den Bezug auf das Drama erklärt uns hier (und später) der Dirigent und Komponist Winfried Zillig. Zillig (1905–1963) war in Wien Privatschüler bei Schönberg und dirigierte nach dem Zweiten Weltkrieg das Rundfunksinfonieorchester in Frankfurt. Am 18. April 1948 leitete er eine Aufführung von „Pelleas und Melisande", die vom Hessischen Rundfunk mitgeschnitten wurde und so gut war, dass Schönberg sie gerne auf Schallplatte verewigt gesehen hätte. Für diese Aufführung schrieb Zillig eine Inhaltsangabe, während Schönberg anlässlich der Sendung der Aufnahme im Rundfunk einen Einführungstext verfasste. Zillig über den Anfang: „Tief im Wald sitzt Melisande ganz verlassen und weint. So findet sie der alternde Prinz Golo, auf der Jagd verirrt, nimmt sie mit sich auf sein Schloss und macht sie zu seiner Gemahlin." (GA3, S. 288)

Playlist #6 3:30 bis 6:38

Das Mädchen will vor dem Fremden fliehen: In den aufgeregten Holzbläsern verbirgt sich das Melisanden-Motiv. Doch Golo präsentiert sich als galanter Weltmann: Sein Motiv baut Schönberg zu einem F-Dur-Hauptthema in den Streichern aus; „sehr warm" steht über den Noten. Golo führt die rätselhafte Schöne in das baufällige Schloss Allemonde und heiratet sie. Dass die Ehe unter keinem guten Stern steht, hört man am Ende dieses Abschnitts: In der Bass-Klarinette erklingt auf einem Dominantseptakkord (E-Dur) das Ehemotiv, dicht gefolgt vom Schicksalsmotiv (ein großer Sprung aufwärts, danach ein absteigender Durdreiklang), das bedrohlich im Orchester gellt und seine Schärfe daher bezieht, dass Schönberg d-Moll und Des-Dur schichtet, was zu Dissonanzen führt. Aber ein Schicksalsmotiv soll ja auch nicht beruhigen, sondern aufrütteln. Die Entspannung am Ende des Hörabschnittes ist fragil: Wir hören das kurze, in einen Takt gepresste Melisanden-Motiv (Englischhorn und Bassklarinette), dem ein Akkord aus Quarten zugrunde liegt. Das Motiv erscheint heimatlos.

Die Dur- und Moll-Akkorde sind auf Terzen aufgebaut und beziehen ihre Stellung aus dem Abstand zur Tonika. Die **Quartenakkorde** hingegen scheinen zu schweben, weil sie sich nicht auf einen Grundton beziehen lassen. Um die Jahrhundertwende wurden sie nicht nur von Schönberg verwendet, sondern auch von Alexander Skrjabin.[4] Schönberg wird sie in seiner Kammersymphonie op. 9 in den Mittelpunkt eines Werkes stellen (Kapitel 5).

Maurice Maeterlinck schrieb „Pelléas et Mélisande“ 1892, im kommenden Jahr wurde es in Paris uraufgeführt. Es gilt als Hauptwerk des „Symbolismus“, was zur Folge hat, dass die Handlung sämtlicher Hinweise auf die Realität entbehrt. Im Unterschied zum „Realismus“ und „Naturalismus“, die im 19. Jahrhundert vorherrschten und die ihre Personen sozial sehr genau bestimmten, erfahren wir in Maeterlincks Drama kaum etwas über die Handelnden. Selbst Golo tappt bezüglich Melisandes Herkunft im Dunkeln. Dafür aber enthüllt der „Symbolismus“ im Laufe des Dramas das Innenleben der Figuren.

Melisande wiederum ist eine Schwester im Geiste der Seejungfrauen Rusalka, Melusine, Undine und Arielle. Wie diese taucht sie unvermutet auf und wird einzig aufgrund ihrer Schönheit, vielleicht auch ihrer Rätselhaftigkeit wegen, geheiratet. Und wie diese wird sie in der Ehe unglücklich: Die Seejungfrau sieht sich vom Gatten betrogen, Melisande stirbt aus Kummer über den Tod des jungen Pelleas. Dass sie alle in der Natur „gefunden“ werden, ist das zentrale Symbol: Es beklagt den unsensiblen und letztlich zerstörerischen Umgang des Menschen mit der Natur.

Schönberg lernte Maeterlincks Drama möglicherweise bei der Wiener Erstaufführung im Jahre 1900 kennen (GA3, S. 205). Als er sich wenig später auf der Suche nach einem Opernstoff befand, riet ihm ein zehn Jahre älterer Kollege, sich dieses Drama genauer anzusehen. Dieser Kollege war Richard Strauss.

„Mahler und Strauss waren auf der Musikszene erschienen“, schreibt Schönberg 1949, „und ihr Auftreten war so faszinierend, dass jeder Musiker sofort gezwungen war, Partei zu ergreifen, pro oder contra. Da ich damals [1897] erst dreiundzwanzig Jahre alt war, sollte ich leicht Feuer fangen und damit beginnen, symphonische Dichtungen in einem ununterbrochenen Satz vom Umfang der durch Mahler und Strauss vorgegebenen Modelle zu komponieren. Eine von ihnen, die ich nicht beendete, war ‚Hans

---

4 Schönberg schreibt 1911 in seiner „Harmonielehre“: „Außer mir haben meine Schüler Dr. Anton von Webern und Alban Berg solche Klänge geschrieben. Aber auch der Ungar Béla Bartók oder der Wiener Franz Schreker, die beide mehr einen ähnlichen Weg gehen wie Debussy, Dukas und vielleicht auch Puccini, sind wohl nicht weit davon entfernt.“ (AS1911, S. 485f.)

im Glück' (ein Grimm'sches Märchen). Höhepunkte dieser Periode waren die ‚Verklärte Nacht' op. 4 und ‚Pelleas und Melisande' op. 5." (AS1976q, S. 410)

Lange Jahre pflegten Schönberg und Strauss vertrauten Umgang miteinander, und Strauss förderte den jungen Kollegen. 1901 war Schönberg von Ernst von Wolzogen nach Berlin engagiert worden. Die Tätigkeit an Wolzogens Kabarettbühne „Überbrettl", von der die Schönberg-Biografen bis heute nicht mit Sicherheit sagen können, worin sie eigentlich bestand, warf so wenig Honorar ab, dass Schönberg weitere Arbeiten annehmen musste, um Geld für seine junge Familie aufzutreiben. Denn nach der Heirat mit Mathilde war 1902 Tochter Gertrud zur Welt gekommen (1906 sollte Sohn Georg folgen). Insbesondere die Aufträge zur Instrumentation von Operetten hielten ihn vom Komponieren ab. (Gegenüber seinem Schüler Egon Wellesz erwähnte Schönberg, er habe „6.000 Seiten fremder Partituren geschrieben, Opern und Operetten, zum Teil von recht bekannten Autoren", was sich allerdings nicht mehr überprüfen lässt; Wellesz 1921, S. 22.) Da traf es sich, dass er in dem Berliner Generalmusikdirektor Richard Strauss einen einflussreichen Gönner hatte, der Schönberg eine Lehrtätigkeit am Stern'schen Konservatorium in Berlin nebst dem gut dotierten Liszt-Stipendium vermittelte. Im Dezember 1902 schrieb Strauss seinem Freund, dem Dirigenten Max von Schillings:

„Ich habe den Mann, der in bitterster Not lebt u. sehr talentvoll ist, dringend zum mehrjährigen Stipendium von je 1000 Mark empfohlen. Bitte unterstütze mich u. schreibe ihm auch Du ein glänzendes Zeugnis. Du wirst ebenfalls finden, dass die Sachen, wenn auch noch überladen, doch von großem Können u. Begabung zeugen"[5] (Stuckenschmidt, S. 59).

Ohne Kenntnis von Debussys Oper, die am 30. April 1902 in Paris uraufgeführt wurde, beschloss Schönberg, Maeterlincks Drama nicht in eine Oper umzuwandeln, sondern in jene Orchestergattung, mit der sein Mentor gerade größte Triumphe feierte: eine Symphonische Dichtung. Allerdings ging es ihm – wie in der „Verklärten Nacht" – nicht darum, eine Geschichte musikalisch zu illustrieren, weswegen es Schönberg auch hin-

5 Max von Schillings sollte später zum Präsident der Preußischen Akademie der Künste zu Berlin gewählt werden und in diesem Zusammenhang Schönberg in einer Senatssitzung am 1. März 1933 mitteilen, dass der jüdische Einfluss in der Akademie gebrochen werden müsse (Reich, S. 240). Vgl. Kapitel 11.

nahm, wenn (wie bei der Uraufführung) das Programm nicht mitgeteilt wurde. (Als Zemlinsky 1918 Schönberg bat, für eine Aufführung des Werkes in Prag dem Programmabdruck zuzustimmen, zeigte er sich einverstanden, wollte aber das Programm nicht selbst formulieren.) Schönberg suchte vielmehr eine Antwort auf die Frage, wie ein längeres Musikstück formal zu gliedern sei. Eine mehrsätzige Symphonie zu schreiben, kam für ihn nicht in Frage; diese Form galt ihm als veraltet. Ein Stoff wie der Maeterlincks hingegen erlaubte ihm die freie Gestaltung eines großen einsätzigen Werkes mit vielen Themen – unter Einschluss der wichtigsten Charaktere aus der guten alten symphonischen Viersätzigkeit. Wir kommen darauf zurück.

Die Freundschaft zwischen den beiden Komponisten bröckelte bald. Strauss konnte und wollte mit der weiteren Entwicklung Schönbergs nicht mithalten. Angesichts der Orchesterstücke op. 16 reagierte Strauss kühl. „Es ist mir sehr schmerzlich", schrieb er am 2. September 1909, „Ihnen Ihre Partituren ohne eine Zusage der Aufführung zurückschicken zu müssen. Sie wissen, ich helfe gern u. habe auch Mut. Aber Ihre Stücke sind inhaltlich u. klanglich so gewagte Experimente, daß ich vorläufig es nicht wagen kann, sie einem mehr als konservativen Berliner Publikum vorzuführen." Und als Gustav Mahlers Witwe Alma 1913 vorschlug, den Ertrag der Mahler-Stiftung in Höhe von 3000 Kronen Schönberg zuzuwenden, schrieb ihr Strauss: „Dem armen Schönberg kann heute nur noch der Irrenarzt helfen. Ich glaube, er täte besser Schnee zu schaufeln, als Notenpapier zu bekritzeln."[6] (Boyden, S. 265) Natürlich hinterbrachte Alma das böse Wort Schönberg, der ausgesprochen nachtragend war. Erst am Ende seines Lebens schluckte er den Ärger über Strauss hinunter und würdigte dessen Beitrag zu seiner persönlichen Entwicklung.

Das Verhältnis zu Mahler nahm den umgekehrten Weg. Anfangs hatte Schönberg mit Mahlers Symphonik nichts anfangen können. Mahler dagegen hatte auf Empfehlung seines Schwagers Arnold Rosé 1903 eine Probe der „Verklärten Nacht", die in „seiner" Hofoper stattfand, besucht und fand diese Musik bemerkenswert. Als Schönberg Ende 1904 der Wiener

6 Eine andere Form des Zitats findet sich bei Reich: „Ich stimme Ihnen bei, die Zinsen der Stiftung Arnold Schönberg zu geben. Wenn ich auch glaube, daß es besser wäre, wenn er Schnee schaufeln würde, als Notenpapier vollzukritzeln – so geben Sie ihm immerhin die Stiftung ... da man ja nie weiß, wie die Nachwelt darüber denkt." (S. 116)

Erstaufführung von Mahlers Dritter Symphonie beiwohnte, schrieb er sogleich am 12. Dezember an Mahler, seine Symphonie habe einen „unerhörten Eindruck" auf ihn gemacht. „[Ich] habe Ihre Seele gesehen, nackt, splitternackt. Sie lag vor mir wie eine wilde, geheimnisvolle Landschaft mit ihren grauenerregenden Untiefen und Schluchten und daneben heitere, anmutige Sonnenwiesen, idyllische Ruheplätze. Ich empfand sie wie ein Naturereignis mit seinem Schrecken und Unheil und seinem verklärenden, beruhigenden Regenbogen."

Zemlinsky stellte Schönberg im Haus des jungen Ehepaares vor, und Mahler genoss die kräfteraubenden ästhetischen Debatten mit den beiden Kollegen. Er verteidigte Schönbergs Kompositionen und unterstützte ihn finanziell, indem er anonym einige der Bilder kaufte, die Schönberg gemalt hatte.

Nach Mahlers Tod 1911 schrieb Schönberg in der ersten Auflage der „Harmonielehre", Mahler sei ein „Märtyrer", ein „Heiliger" gewesen (Wellesz 1921, S. 39), Worte, die er im überarbeiteten Vorwort zur dritten Auflage strich. Seinen lesenswerten Mahler-Vortrag, den er dank einer Vermittlung durch Zemlinsky am 25. März 1912 in Prag hielt, leitete er mit den Sätzen ein: „Statt viele Worte zu machen, täte ich vielleicht am besten, einfach zu sagen: ‚Ich glaube fest und unerschütterlich daran, daß Gustav Mahler einer der größten Menschen und Künstler war.'" (AS1976c, S. 7)

Den nächsten Hörabschnitt beschreibt Winfried Zillig so: „Auf dem Schloss begegnet sie [Melisande] dem Stiefbruder Golos, dem jungen Pelleas. Ihr noch unbewusst, erwacht die Liebe zu ihm." (GA3, S. 288)

Playlist #6 6:36 bis 10:28

Munter, ja tänzelnd kommt Pelleas in Schönbergs Musik angelaufen, verkörpert durch zwei Motive: eines in der gedämpften Solo-Trompete über gezupften Streichern, eines als geschwungene Streicherkantilene über leisem Paukenwirbel.

Eine **Kantilene** (lateinisch *cantilena:* Singsang, Lied) ist eine Melodie, die den Charakter eines Gesangs besitzt.

Dem lebenslustigen Jüngling widersteht Melisande nicht: Pelleas II und das Melisanden-Motiv (das Du immer gut an den langsam absteigenden

Noten erkennst) verschlingen sich ineinander, und schließlich präsentiert die Klarinette ein neues Motiv: Melisandes Liebeserwachen, eine aufsteigende Melodie, zielend auf eine Doppelschlagsfigur, als wär's ein Adagio von Gustav Mahler.

Das „Liebesspiel" der Themen wird durch die Rückkehr zu Golos Thema in der ursprünglichen Tonart F-Dur unterbrochen und steigert sich am Ende zu einem Holzbläser-Streicher-Tutti.

Schon in den ersten zehn Minuten fällt auf, wie farbenreich Schönbergs Partitur ist. Das liegt auch am sehr großen Orchester. Wie so viele Komponisten dieser Jahre schöpft Schönberg aus dem Vollen. Vergleichen wir „Pelleas und Melisande" mit zwei Werken, die zur gleichen Zeit komponiert wurden: Mahlers 5. Symphonie und Strauss „Sinfonia Domestica".

Schönberg besetzt bei allen Holzbläsern (Flöten, Oboen, Klarinetten und Fagotte) jeweils vier Instrumente, Mahler nur in den Flöten (die anderen je dreifach), Strauss die Klarinetten und Fagotte sogar fünffach zuzüglich von vier Saxophonen. Im Blech verlangt Schönberg 8 Hörner, 4 Trompeten, 5 Posaunen und 1 Tuba, Strauss hat zwei Posaunen weniger, Mahler zwei Hörner und zwei Posaunen weniger. Im Schlagzeug halten sich alle drei zurück; zwei Harfen sind zu dieser Zeit Standard. Bei den Streichern fordern sowohl Schönberg als auch Strauss zwei 2. Violinen mehr als üblich, Schönberg zudem zwei Violoncelli mehr. Zusammen gezählt ist Schönberg etwas größer als Mahler, Strauss größer als Schönberg.

Die riesigen Orchesterbesetzungen sind typisch für die Musik um die Jahrhundertwende. Die Steigerung der orchestralen Mittel verband sich mit der Tendenz, die Orchestermusik mit Bedeutung aufzuladen. Ausgehend von Beethovens Neunter Symphonie sollte Musik eine Botschaft, wenn nicht sogar eine „Weltanschauung" vermitteln. Viele dieser Werke übertreffen in der Besetzung sogar noch „Pelleas und Melisande". Strauss' „Alpensymphonie" etwa (zuzüglich mindestens 8 Blechbläser), Mahlers Achte Symphonie (5- bis 6-faches Holz, plus Orgel, Celesta und Mandoline sowie sechs Harfen) und natürlich die „Gurre-Lieder", ein Werk, an dem Schönberg unmittelbar vor „Pelleas und Melisande" arbeitete, das er aber erst 1911 beendete. Die Orchesterbesetzung der „Gurre-Lieder" ist gigantisch: 25 Holzbläser, 25 Blechbläser, mindestens 10 zusätzliche Streicher und vier Harfen. Hinzu kommen Solisten, drei vierstimmige Männerchöre und ein achtstimmiger gemischter Chor.

Schönberg nutzte das große Orchester, um Farben zu produzieren und ein reichhaltiges Arsenal an Themen und Motiven zum Klingen zu bringen, zuweilen auch auf Kosten von Deutlichkeit. Den Kritikern der Uraufführung war das zu viel, selbst Zemlinsky legte den Finger in die Wunde, kaum dass ihm Schönberg die Partitur im April 1903 übersandt hatte:

Es „ist das ungeheuer Schwierigste, das mir je untergekommen. R. Strauss' Heldenleben ist nur eine Kinderei dagegen. Ich komme nur ganz mühsam weiter. Verliere jeden Augenblick den melodischen od. harmonischen Faden; muss wieder beginnen, u. schliesslich thun mir Kopf u. Augen so weh, dass ich aufhören muss. Eines weiss ich heute schon: es ist das Kunstvollste, das in unserer Zeit geschrieben wurde. Ich glaube: R. Str. [auss] wird nicht lange Dein Freund bleiben!!! [...] Die Instrumentation ist durchaus geistvoll u. theilweise ganz neu – aber ... ich halte sie für *ganz unpraktisch* – nicht weil die Partitur schwer spielbar, ich glaube, daß vieles, sehr vieles nicht klingen kann, infolge der überladenen Polyphonie. Es ist menschenunmöglich die Wichtigkeit der verschiedenen Themen zu gleicher Zeit so abzutönen, daß die 1. Hauptsache die 2. u.s.w. zur Geltung kommt. Kommt dann noch dazu, daß jedes der Themen vonwegen der eigenen Klangwirkung, in den verschiedensten Combinationen der Instrumente gebracht wird –: ein Chaos! Ist es einem Dirigenten möglich u. irre ich mich nur halb, so ist das die schönste Partitur, die man haben kann. *Ich* glaube es – ehrlich gesagt – nicht." (Zemlinsky 1995, S. 42f.)

Die Reaktion Schönbergs ist nicht übermittelt. Aber er versuchte später, eine schlankere Version des Werkes herzustellen, wie er seinem Schwiegersohn Felix Greissle am 11. Januar 1947 schrieb: „Bestimmend für mich war, dass diese Musik, die ich für weit fortgeschrittener halte, als die Gurrelieder und die Verklärte Nacht, die mindestens ebenso schön ist [...,] hier vor allem wegen seiner Länge und des Riesenorchesters niemals aufgeführt wird. Ich habe also geplant es wirklich umzuinstrumentieren (unter Beibehaltung der originalformen) es aber in eine Suite von 4-5 Sätzen von ungefähr je 7-10 Minuten Dauer zu zerlegen". Der Plan wurde nicht realisiert.

Im nächsten Abschnitt entdecken die beiden Titelhelden ihre Liebe zueinander. Zillig: „Am Springbrunnen im Garten treffen sie sich. Melisande spielt mit dem Ringe, den sie von ihrem Gemahl Golo zum Geschenk erhalten hat. Pelleas beschwört sie, das unersetzliche Kleinod nicht leichtsinnig in Gefahr zu bringen. Zu spät, der Ring ist schon in den Brunnen gerollt. Zur gleichen Zeit – wie in magischem Zusammenhang – stürzt Golo auf wildem Ritt vom Pferd. Auf dem Krankenlager erfährt er vom Verlust des Ringes. Eifersucht gegen Pelleas erwacht. Sein Argwohn wird gestärkt, denn zu später Stunde trifft er Pelleas am Fenster Melisandes, wie er mit ihren langen herabwallenden Haaren spielt. –

Golo nimmt Pelleas mit in die schauerlichen Gewölbe unter dem Schloss. Er will ihn in den bodenlosen Abgrund stossen. Jedoch im letzten Augenblicke reisst er den Ahnungslosen zurück, zitternd steigen beide zum Tageslicht empor. –" (GA3, S. 288)

Playlist #6 10:26 bis 16:56

Die Flöte spielt auf. Die fröhliche Musik dieses neuen Abschnitts will die bekannten Themen zum Tanz verführen – Schönberg schreibt einen Dreiachtel-Takt –, doch immer wieder bremst eine unnachgiebige Ritardando-Vorschrift den Überschwang.

Die Katastrophe lässt nicht lange auf sich warten: Tuttiakkorde im ganzen Orchester verraten, dass Melisandes Hochzeitsring in den Brunnen fällt, während weit weg Golo vom Pferd stürzt; unheilvoll erklingt sein Motiv in den Posaunen. Die Musik versiegt. Schönberg schichtet einen Großteil seiner Motive auf engstem Raum: Melisande in der Flöte, Golo in den Geigen, das Ehemotiv im Englischhorn, Pelleas I in den Celli, Liebeserwachen in der Bratsche, bald auch das Schicksalsmotiv. Und tief in den Bässen warnt ein neues Motiv vor der Eifersucht Golos. Das Melisanden-Motiv in der Solobratsche steuert einen Akkord aus neun verschiedenen Tönen an, erst in den Bläsern, dann in den Streichern. Wie die Quartenakkorde kann man einen Neun-Ton-Akkord nicht auf einen einzigen Grundton beziehen. Die Lage ist instabil und vieldeutig.

Die folgende Szene am Schlossturm ist Jugendstil pur. Gemeint ist damit eine kurzlebige kunstgeschichtliche Epoche der Jahrhundertwende, die u. a. von der Verwendung von Ornamenten und geschwungenen Linien gekennzeichnet ist. In Wien hatte der Jugendstil großen Einfluss (wie man noch heute an zahlreichen Gebäuden sehen kann). Hier in „Pelleas und Melisande" hängt Melisande ihr langes Haar aus dem Turmfenster. Schönberg puzzelt zahlreiche Melisanden-Linien übereinander und bringt sie samt ornamentalem Harfenspiel in Fluss. Die Motive verdichten sich zur Fläche. Doch die Liebenden sind unruhig. Tatsächlich tritt Golo mit seinem Motiv (Posaune) sowie mit dem Eifersuchtsmotiv (tiefe Instrumente) dazwischen. Die Musik wird immer dramatischer, und wie ein Fanal erklingt das Eifersuchtsmotiv. Mit einer als „sehr rasch und heftig“ markierten Pelleas-I-Variante und dem Schicksalsmotiv endet die Szene.

Für die gruselige Atmosphäre im unterirdischen Gewölbe wählt Schönberg ungewöhnliche Farben. Tremolospiel am Steg der Celli, Flatterzunge in den Flöten und Posaunenglissandi, wobei Schönberg mehrfach betonte, er sei vermutlich der erste, der diesen Effekt verwendet habe (z. B. in AS1976r, S. 438). Keine Frage, dass in dieser Gruft alsbald das Schicksalsmotiv widerhallt – im vollen Orchester – und dass am Ende der Szene in den Streichern noch einmal markant Golos Eifersuchtsmotiv erklingt.

Flatterzunge ist eine Blastechnik bei den Holzbläsern, die ein Zittern (Tremolo) auf einem Ton bewirkt. **Glissando** nennt man den nahtlosen Übergang von einem zum anderen Ton, den z. B. eine Posaune hervorbringt, wenn der Musiker den Zug des Instrumentes während des Spielens eines Tones bewegt. (Die Streichinstrumente können sehr leicht Glissandi spielen, die Tasteninstrumente können es nur simulieren.)

Der formale Ablauf von „Pelleas und Melisande“ hat widersprüchliche Aussagen provoziert; selbst Schönbergs engste Vertraute, seine Schüler Berg und Webern, stimmen nicht miteinander überein. Schrieb Webern 1912, der Bau des Werkes sei „ganz frei“ (AS1912, S. 27), so analysierte Berg sieben Jahre später, dass sich darin die vier Sätze eines symphonischen Zyklus verbergen. Schönberg wiederum ignorierte in seiner Einführung sämtliche traditionellen Formabschnitte und betonte lediglich die Bezüge zwischen Maeterlincks Drama und seiner Musik.

Bergs Analyse, entstanden zum Jahreswechsel 1919/20 im Auftrag der Universal Edition, ist beizupflichten. Es kann überdies kein Zweifel daran bestehen, dass sie mit Schönberg abgestimmt worden war. Demzufolge hast Du soeben das „Scherzo“ gehört.

In der viersätzigen klassischen Symphonie übernimmt das **Scherzo** den tänzerischen Part. Hervorgegangen aus dem „Menuett“ (ein auf den französischen Barock zurückgehender höfischer Tanz), steht das Scherzo in der Regel im Dreivierteltakt. Beethoven hat es in der Satzabfolge seiner Symphonien schließlich von der dritten Stelle auf die zweite vorgereiht.

Die Exposition geht demnach bis 10:28, wobei die Pelleas-Themen den Seitensatz vertreten. Der gleich folgende dritte Teil des Werkes markiert den „Langsamen Satz", und der vierte Teil beginnt mit einer Wiederkehr des Anfangs: Reprise. Diese Begriffe dienen der Orientierung, mehr aber auch nicht. Denn das „Scherzo" bleibt nicht lange Scherzo, in der „Reprise" gibt es viel neues Material zu hören und praktisch überall werden Motive und Themen verarbeitet und also durchgeführt. Dies macht die Abschnitte, so deutlich sie auch markiert sind, vieldeutig.

Der nächste Abschnitt leitet formal den dritten Teil ein. Winfried Zillig: „Jetzt ahnt Pelleas kommendes Unheil. In schwerem Entschluss will er sich von Melisande trennen. Nur zum Abschied treffen sie sich noch einmal am Springbrunnen im Garten." (GA3, S. 288)

Playlist #6 16:56 bis 18:13

In dieser kurzen Einleitung kannst Du die Sequenztechnik gut hören, die das ganze Werk prägt: Kurze Taktgruppen werden auf der nächsthöheren Tonstufe wiederholt (hier das Motiv über Melisandes Liebeserwachen), wodurch eine Steigerung entsteht. Schließlich beruhigt sich die Musik, und die Streicher beenden mit dem Melisanden-Motiv diesen Abschnitt.

Nun beginnt der „Langsame Satz", den Berg und Schönberg als „Abschieds- und Liebesszene" bezeichnen. Zillig: „In dieser letzten Stunde sprechen sie das erste Mal von ihrer Liebe. Golo, der sie belauscht hat, steht plötzlich vor ihnen. Melisande wirft sich in sinnloser Hingabe Pelleas an die Brust. Golo stürzt sich schweigend auf Pelleas und erschlägt ihn." (GA3, S. 288)

Playlist #6 18:13 bis 24:57

Den Anfang macht ein befriedeter Streichergesang in E-Dur. Das Thema ist neu, verarbeitet aber Motive der beiden Titelfiguren (gut zu erkennen ist der Doppelschlag aus Melisandes Liebeserwachen). Lange Zeit bleiben die Liebenden unter sich – auch musikalisch. Zu spät merken sie, dass Golo sie belauscht. Als die Musik sehr unruhig wird, kann man Golos Motiv in den Bässen und Celli wahrnehmen, während Melisande in der Pikkolo-Flöte entsetzt aufschreit. Der Eifersüchtige fackelt nicht lange: Während das Schicksalsmotiv ertönt, kracht es im Schlagwerk, und alsbald verlöscht das Pelleas-Motiv in den Hörnern. Klagend beendet das Englischhorn den Abschnitt.

Bei 21:11 findet sich eine jener vielen Stellen mit mehreren Leitmotiven gleichzeitig. Bratschen und Celli sind geteilt (in jeder Stimmgruppe spielt eine Hälfte der Musiker eine andere Stimme als die andere Hälfte), so dass sich ein vierstimmiger Satz ergibt. Darin erklingen das Melisanden-Motiv sowie beide Pelleas-Motive gleichzeitig. Solche Stellen meinten die Kritiker, aber auch Zemlinsky, als sie beklagten, dass Schönbergs Polyphonie (Gleichzeitigkeit eigenständiger Stimmen) das Verständnis der Musik erschwere.

Zu hören bleibt noch der vierte und letzte Großabschnitt. Zillig: „Melisande liegt zu Tode krank im Schloss. Golo von Gewissensqualen gemartert, versucht verzweifelt, von ihr Gewissheit über Pelleas' Schuld oder Unschuld zu erlangen. Vergebens. In der Raserei der Eifersucht reisst Golo die Kranke aus dem Bett und schleift sie an den Haaren durchs Zimmer. Sterbend sinkt sie aufs Bett zurück. Inzwischen ist die Dienerschaft ins Zimmer getreten und betet ergriffen. Melisande stirbt. Golo muss sein Leben, erfüllt von Zweifel und Schmerz, einsam weiter tragen." (GA3, S. 288)

Playlist #6 ab 24:57

Der vierte und letzte Abschnitt der Symphonischen Dichtung beginnt wie eine Reprise: Kurz wiederholt Schönberg den Anfang des Werkes mit seinen chromatisch aufsteigenden Motiven und in der vorherigen Instrumentation. Die Tonart allerdings ist, gemäß des tragischen Verlaufs der Erzählung, abgedunkelt: Von d-Moll rutscht Schönberg hinab nach cis-Moll.

Inhaltlich ist eine Rückkehr zur anfänglichen Atmosphäre nicht aus dem Drama heraus erklärbar. Die Reprisenwirkung hier verdankt sich einer formalen, nicht narrativen Entscheidung. Schönberg entschloss sich vergleichsweise spät dazu, denn ursprünglich wollte er an dieser Stelle mit dem „Eintritt der Dienerinnen" (30:45) fortfahren. (GA3, S. 137 und 140)

Gegenüber Zemlinsky verteidigte Schönberg den Abschnitt. 1918 wollte Zemlinsky das Werk in Prag dirigieren und bat Schönberg vorab (am 17. Februar 1918) um Genehmigung, den Anfang des vierten Teiles zu streichen. Er sah in diesem Abschnitt keinen Bezug mehr zum Drama und hielt ihn daher für ein „Ueberbleibsel aus der Zeit des Formalismus" (Zemlinsky 1995, S. 184). Schönberg war nicht einverstanden:

„Auch deine andere Behauptung, daß in dieser Partie ‚nichts mehr so entscheidend Neues' vorkäme, ist, wie ich glaube unzutreffend. Vor allem tritt das Motiv im 2. Takt nach 50 [...] hier zum erstenmal auf. Dann ist aber [...] insbesondere diese Wiederholung hier mehr als eine variierte Reprise. Abgesehen davon, daß sie dem Drama folgt (was mir heute nicht mehr als Notwendigkeit erschiene) begründet sie sich mir (was mir wichtiger ist, als die Begründung nach einem Formschema) aus dem Form- oder Raumgefühl, das mich immer beim Komponieren, einzig und allein geleitet hat und welchem zufolge ich diese Gruppe als notwendig empfand. Das muß man mir glauben, blind glauben, und das kann mir derjenige glauben, der zu dem Übrigen Zutraun gefaßt hat, daß ich diesen Teil nicht nur wegen der Reprise, weil ich ihn *formell für notwendig* empfunden habe, dahin gesetzt habe." (Zemlinsky 1995, S. 187)

Tatsächlich fügt Schönberg in die Reprise zwei neue Motive ein, die in der Folge die Hauptrolle spielen. Die beiden Motive klingen neu, sind aber Ableitungen. Das erste Motiv besteht vor allem aus einer aufsteigenden Tonfolge. Es stammt aus Melisandes Liebeserwachen und wird am Anfang (in der Bassklarinette) noch etwas versteckt. Danach aber tritt es deutlich hervor. Das zweite Motiv – von ihm schreibt Schönberg – ist eine ebenso fröhliche wie traurige Melodie im Englischhorn, die sich als Variante des Melisanden-Motivs entpuppt. Es folgt eine Steigerungspartie, die zunächst harmonisch auf einem Orgelpunkt auf cis verharrt, bedrohlich vorangetrieben von der Pauke.

Der Begriff **Orgelpunkt** geht auf das Wort „Organum" aus dem 9. bis 11. Jahrhundert zurück. Man bezeichnet damit eine Passage, in der sich die Melodiestimmen frei bewegen, während der Bass über längere Zeit hinweg auf einem Ton verharrt, oft auch in einem wiederkehrenden Rhythmus.

Am Höhepunkt kehrt einmal mehr das Schicksalsmotiv zurück, die Steigerung fällt in sich zusammen. Bedrohlich steigt in den Celli und Bässen ein Rezitativ empor, in dem sich das zweite neue Reprisen-Motiv wiederfindet, angeführt vom Golo-Motiv.

Ein **Rezitativ** ist ein einstimmiger, oft unbegleiteter Gesang. Gegenüber einer Melodie ist das Rezitativ rhythmisch und motivisch freier, ja es wirkt nicht selten improvisiert und insgesamt dem Sprechen näher als dem Singen.

Bei 28:37 entfacht Golos Thema eine wütende Steigerung (Schönberg: „Golaud schleift Melisande an den Haaren"; Zemlinsky 1995, S. 189). Der Abschnitt enthält die Reprise des Themas aus dem „Langsamen Satz", aber in grotesker Verschnellerung – als würde der Geist des Themas verhöhnt. Ein langsames Solo des Englischhorns beschließt diesen Teil; ein letztes Mal erklingt das zweite neue Reprisen-Motiv.

Der Tod Melisandes (30:45) ist von Schönberg mit einer atemberaubenden Musik vertont worden, die die Szene des Dramas genau beschreibt: In Ganztonskalen, wie sie für den musikalischen Impressionismus von Claude Debussy bezeichnend sind, schweben die Flöten hinab, unbeeindruckt vom stoischen es-Moll-Grund der tiefen Instrumente und von dem gegenläufigen, aufsteigenden ersten neuen Reprisen-Motiv in den Klarinetten und Bratschen. Der schreitende Viervierteltakt der Flöten spiegelt den „Eintritt der Dienerinnen", die den Tod der jungen Frau begleiten. Dieser ist in Schönbergs Partitur deutlich lokalisierbar: Die Solovioline spielt noch einmal das Motiv von Melisandes Liebeserwachen, klettert dann immer höher und verlischt sehr einsam. Melisande haucht ihre Seele aus.

Der musikalische Epilog (32:35) gehört Golo. Der Hauptsatz mit seinem Thema (3:38) wird reprisenhaft wiederholt. Jedoch hat er sich von F-Dur nach d-Moll eingedunkelt und erklingt in geradezu verzweifelter Dramatik. Gleich einer Erinnerung an glücklichere Tage ziehen die Leitmotive noch einmal an ihm vorüber: Melisande in der Flöte, Pelleas in der Trompete, die Musik des Springbrunnens (Scherzo) in der Klarinette, das Liebeserwachen in der Oboe. Breit singen die Holzbläser das Thema des „Langsamen Satzes". Schließlich steuert das Golo-Thema wieder auf einen Höhepunkt zu. Seine Tat hat sein Schicksal, das seiner Familie und seines Stammsitzes besiegelt. Das Schicksalsmotiv läutet den Schluss des Werkes ein. In den letzten Takten verkürzt sich das Motiv Golos allmählich, bis es nur noch aus dem Ton d besteht. Die Symphonische Dichtung ist zu Ende.

„Pelleas und Melisande" op. 5 ist das letzte Werk, das Schönberg im Geiste des 19. Jahrhunderts komponiert – ein Werk an der Schwelle und demzufolge durchzogen von Spannungen, die der Komponist in späteren Jahren kritisch bewerten wird. In seiner einsätzigen Form und dem vielgliedrigen Aufbau, in der Länge von einer guten Dreiviertelstunde, schließlich in der monumentalen Besetzung wurzelt das Werk in der Spätromantik. Gegen die zeitliche und formale Ausdehnung wird der Komponist sechs

Jahre später mit den Orchesterstücken op. 16 vorgehen, gegen die klangliche bereits mit der Kammersymphonie op. 9 aus dem Jahre 1906. Während Schönberg aber solche Merkmale auch später als zeitgebundene und damit notwendige Erscheinungen seiner Entwicklung akzeptiert, bereitet ihm die Sequenztechnik größere Pein. Noch während der Arbeit an der Symphonischen Dichtung beginnt er an diesem Verfahren zu zweifeln.

In der Rückschau (1948) formuliert er selbstkritisch: „Es scheint, dass mein Hang, jedes Werk mit einer übermäßigen Fülle von musikalischen Themen auszustatten, als der wahre Grund [für Hindernisse beim Verständnis] gelten muss. Dies bewirkte in den Werken meiner ersten Periode die Ausdehnung zu einer Länge, die mich bald zu stören begann. Es war natürlich die Tendenz der wagnerischen und nach-wagnerischen Epoche. Man erinnere sich an die Ausdehnung der Sinfonien von Bruckner und Mahler und an andere Formen von Strauss, Reger, Debussy, Tschaikowsky und vielen anderen. Viel von dieser Länge (außer bei Mahler und Reger) ging auf die Technik zurück, zahlreiche kleine variierte oder auch unveränderte Wiederholungen kurzer Phrasen zu verwenden. Mir wurde die ästhetische Minderwertigkeit dieser Technik bewusst, als ich den Schlussabschnitt der Sinfonischen Dichtung ‚Pelleas und Melisande' komponierte. Im größeren Teil dieses Werkes trugen Sequenzen beträchtlich dazu bei, die notwendige Ausdehnung der Darstellung zu erreichen, wie sie zum besseren Verständnis erforderlich ist." (AS1976o, S. 387)

Freilich kam eine Selbstdistanzierung für Schönberg nicht in Frage. Er schätzte das Werk als Zeugnis jener Jahre, in denen sich die Abkehr von den Exzessen der spätromantischen Klangmagier abzeichnete, in denen die Tür entdeckt wurde, die den Weg zu einer neuen, weniger emotional aufgeladenen, prägnanteren Musik weisen sollte. Die gewählte Form aber betrachtete er als stimmig und nicht korrigierbar.

IV
Schönberg und die Freundschaft

Streichquartett Nr. 1 op. 7

Bei seinen ersten kompositorischen Schritten suchte Schönberg Halt. Er fand ihn bei musikalischen Vorbildern ebenso wie bei literarischen. Die Werke mit den Opuszahlen 1, 2, 3 und 6 sind Liederzyklen, die Werke op. 4 und op. 5 vertonen, wie wir gesehen haben, literarische Vorlagen. Mit dem Streichquartett Nr. 1 op. 7 wandte sich Schönberg erstmals der **absoluten Musik** zu, d. h. er schrieb ein Werk ohne außermusikalischen Bezug, das sich allein auf die große, mit Joseph Haydn anhebende Geschichte der Streichquartette bezog.

Das Streichquartett – zwei Violinen, eine Bratsche, ein Violoncello – genießt den Ruf einer „Königsdisziplin“: die höchste Gattung der Kammermusik. Von Haydn über Mozart und Beethoven, bis zu Schubert, Mendelssohn, Schumann und Brahms schenkten die Komponisten ihren Zeitgenossen und der Nachwelt exemplarische Streichquartette. In diese Tradition reihte sich Schönberg ein. Es ist die einzige Gattung, der er sich sein ganzes Komponistenleben hindurch immer wieder widmete. Vier dieser Werke veröffentlichte er.

Den Nimbus der Gattung verstärkte, dass das Streichquartett kein großes Publikum anvisiert, sondern mit Kammermusiksälen rechnet und mit einem überschaubaren Kreis an fachkundigen Zuhörern. Das Zusammenspiel von vier individuellen Stimmen (**vierstimmiger Satz**) wirkt wie ein „Gespräch“ – ein Gedanke, den Goethe in einem Brief an den befreundeten Komponisten Carl Friedrich Zelter 1829 zwar nicht erfand, aber besonders nachdrücklich formulierte: „Man hört vier vernünftige Leute sich untereinander unterhalten, glaubt ihren Diskursen etwas abzugewinnen und die Eigentümlichkeiten der Instrumente kennen zu lernen.“ (MGG Sachteil Bd. 8, Sp. 1926)

Dass Schönberg mit seinem op. 7 das Feld der absoluten Musik betreten hätte, hält einem zweiten Blick indes nicht Stand. Zum einen war dieses Streichquartett nicht sein erstes. Der junge Komponist versuchte sich, *vor* Beginn seines offiziellen Werkkataloges, gerade nicht an Liedern, sondern an Kammermusik. Schönberg zufolge gingen seinem Streichquartett op. 7 „mindestens fünf oder sechs Vorläufer" voraus (AS1976q, S. 409). Nur eines von diesen vollendete er: das Streichquartett in D-Dur, das heute in mehreren Einspielungen vorliegt. Die ersten zwei Sätze zeigte er 1897 seinem neuen Freund und Kompositionslehrer Alexander Zemlinsky. Dieser empfahl eine vollständige Revision des Quartetts, und Schönberg folgte dem Rat. Das derart überarbeitete Werk erlebte dank Zemlinskys Fürsprache zwei Aufführungen, am 17. März 1898 im Wiener Tonkünstlerverein an einem nicht-öffentlichen Vereinsabend sowie am 20. Dezember des gleichen Jahres in einem öffentlichen Konzert, bei dem Schönberg auch eine lobende Zeitungskritik erhielt.[7]

Zum anderen liegt dem Streichquartett durchaus eine Art „Programm" zugrunde. Ich komme darauf zurück. Schönberg hielt das Programm jedoch für eine Privatsache; ihm ging es um rein musikalische Fragestellungen. Im Rückblick formulierte er: „Danach ließ ich von der Programmusik ab und wandte mich der Richtung zu, die viel mehr meine eigene war als alles Vorhergehende. Es war das *erste Streichquartett op. 7*, in dem ich alle Errungenschaften meiner Zeit (einschließlich meiner eigenen) kombinierte sowie: den Bau extrem großer Formen; sehr ausgedehnte Melodien, die auf einer reich bewegten Harmonik und neuen Klangfortschreitungen beruhten; und eine Kontrapunkttechnik, die die Probleme löste, welche sich durch übereinandergeschichtete eigenständige Stimmen ergaben, die sich frei in entfernteren Regionen einer Tonalität bewegten und häufig in vagierenden Harmonien zusammentrafen. In Anpassung an den Glauben der Zeit sollte diese große Form alle vier Charaktere des Sonatentyps in einem einzigen ununterbrochenen Satz enthalten. Durchführungen sollten nicht fehlen, und es sollte ein gewisses Maß an thematischer Einheit innerhalb der kontrastierenden Abschnitte vorhanden sein." (AS1976q, S. 410)

Halten wir zwei Aspekte fest: Wie kann ein einsätziges Werk von gut dreiviertelstündiger Dauer so komponiert werden, dass es erstens die traditionellen Charaktere eines viersätzigen Werkes ausprägt und sich zweitens die vielen unterschiedlichen Themen auf gemeinsame Wurzeln zurück-

---

7 In der Neuen Freien Presse vom 24. 12. 1898 stand: Ein „neues Streichquartett von Arnold Schönberg errang nicht nur einen ungewöhnlichen Erfolg, sondern machte auf alle anwesenden Musikfreunde den Eindruck, daß man es in seinem Autor mit einem wahrhaften Talente zu thun habe, das da sein erstes bedeutsames Wort gesprochen." (GA4, S. XV)

führen lassen? Der erste Aspekt begegnete uns schon in der „Verklärten Nacht“ und in „Pelleas und Melisande“, wo Schönberg umfangreiche einsätzige Werke so gestaltet, dass die einzelnen Abschnitte mehrdeutig interpretierbar sind. Insofern schließt das Streichquartett an den opera 4 und 5 an. Dem zweiten Aspekt haben wir bei der Brahms-Bearbeitung das Etikett „Einheit in der Mannigfaltigkeit“ angeheftet. Wir vertiefen mit dem vierten Werk unserer Schönberg Challenge diese beiden Aspekte.

Schönberg begann im Frühjahr 1904 mit der Komposition. Ein halbes Leben später erinnert er sich: „Auf meinen Morgenspaziergängen komponierte ich im Kopf für gewöhnlich vierzig bis achtzig Takte, die in fast jedem Detail vollständig waren. Ich benötigte nur zwei oder drei Stunden, um diese großen Abschnitte aus dem Gedächtnis niederzuschreiben.“ (AS1976m, S. 112) Der Großteil der Komposition erfolgte im Sommer 1905 in Gmunden am Traunsee.

Schönberg und Zemlinsky standen damals einander näher denn je. 1895 war Schönberg in das von Zemlinsky gegründete Amateurorchester „Polyhymnia“ als Cellist mit einem selbstgebastelten Instrument eingetreten. Der 24-jährige Zemlinsky blickte zu diesem Zeitpunkt bereits auf eine fundierte Ausbildung zurück: Als 13-Jähriger hatte er die Aufnahmeprüfung am Konservatorium der Gesellschaft der Musikfreunde bestanden, und 1892, im Alter von 21 Jahren, erhielt er sein Diplom als Pianist und Komponist. Schönberg, drei Jahre jünger, war hingegen Autodidakt und beschloss, bei Zemlinsky Kompositionsunterricht zu nehmen. Die Biografen wissen wenig über diesen Unterricht, sind sich aber einig: Eine Lehre, so wie Schönberg sie Berg, Webern und vielen anderen angedeihen lassen sollte (vgl. Kapitel 12), war das nicht. Zemlinskys Unterricht bestand wohl eher aus Gesprächen über Kompositionen und über allgemeine musikalische Fragestellungen; „freundschaftliche Unterredung“ hat Webern das genannt (AS1912, S. 22). Sein op.1, die „Zwei Gesänge für Baritonstimme und Klavier“, widmete Schönberg dem Freund, der den Klavierpart bei der Uraufführung am 1. Dezember 1900 übernahm.[8] Schönberg erinnerte sich

8 Schönberg schrieb Zemlinsky im Widmungsbrief am 14. Oktober 1903 anlässlich der Druckausgabe: „Lieber Alex, […] Wenn's auch nicht das worden ist, was ich hoffte, als ich mir vornahm, dir meine ersten gedruckten Noten zu widmen – vielleicht wird es das später: Lohn des Lehrers durch den Freund!“ (Beaumont, S. 723f.)

zeitlebens mit großer Dankbarkeit an diese Zeit. 1949, sieben Jahre nach Zemlinskys Tod, schrieb er: „Der dritte meiner Freunde, Alexander von Zemlinsky, ist derjenige, dem ich fast all mein Wissen um die Technik und die Probleme des Komponierens verdanke." (AS1976p, S. 397)

Die beiden halfen einander nach besten Kräften. Schönberg fertigte den Klavierauszug von Zemlinskys erster Oper, „Sarema", an, und jeder versuchte, Aufführungen für den anderen durchzusetzen. Als Zemlinsky 1911 Musikdirektor am Deutschen Theater Prag geworden war, lud er Schönberg ein, die tschechische Erstaufführung von „Pelleas und Melisande" zu dirigieren (29. Februar 1912). Sie fochten Seite an Seite für eine Erneuerung der Musik und wehrten sich gegen Widersacher.

Schließlich festigte sich die Freundschaft auch auf private Weise: Am 7. Oktober 1901 heirateten Schönberg und Zemlinskys Schwester Mathilde. Doch die Ehe stand unter keinem guten Stern. Zum einen geriet Schönberg durch eine Affäre zwischen seiner Frau und dem Maler Richard Gerstl außer Fassung. Gerstl hatte Schönberg Malunterricht erteilt und richtete sich sein Atelier in dem gleichen Haus ein, in dem auch Schönbergs wohnten. Die Liaison endete mit dem Freitod Gerstls am 4. November 1908. Das Ehepaar Schönberg entfremdete sich voneinander, beschloss aber der Kinder wegen, beisammen zu bleiben. Zum anderen starb Mathilde nach schwerer Krankheit früh, am 18. Oktober 1923, und Schönberg heiratete nur 10 Monate später Gertrud Kolisch, die Schwester des Geigers Rudolf Kolisch. Vor seinem Schwager Zemlinsky rechtfertigte er sich in einem Brief: „Muß ich dir sagen, daß ich selbst nicht begreife, wie es möglich ist, daß ich nach Mathilde noch eine Frau liebe. Und daß ich mich selbst damit quäle, daß ich ihrem Andenken eine Schmälerung zufüge. Wirst du mich verstehen und Nachsicht haben? Ich weiß, daß du viel zu großherzig bist, um nicht einzusehen, daß vielleicht gerade, weil ich Mathilde so geliebt habe, diese Lücke irgendwie ausgefüllt werden muß. Und daß ich gewiß nicht aufhören werde, ihrer zu gedenken und nie vergessen werde, was sie mir war und was ich ihr verdanke." (Zemlinsky 1995, S. 265)

Auch enge Freundschaften haben ihre Schattenseiten. Zemlinskys Karriere als Operndirigent überstieg seine Bedeutung als Komponist bei weitem. Schönberg, der weder eine Ausbildung zum Klavierspielen noch zum Dirigieren absolviert hatte, blickte nicht ohne Neid auf seinen Freund – zumindest in den Jahren 1910/11, da er selbst unsicher über den eingeschlagenen Weg als Komponist wurde.[9] Zu ernster Verstimmung aber führten ästhetische Differenzen. Während Schönberg die Harmonik schnell weiterentwickelte, die Grenzen der Tonalität immer stärker ausreizte, bald darauf einriss und schließlich in der Zwölftonmethode Halt fand, stellte Zemlinsky in seinen Werken die (wie auch immer strapazierte) Funktionsharmonik nicht in Frage. 1925 – Schönberg hatte seine ersten zwölftönigen Werke komponiert – tauschten sich die beiden darüber aus: „Lieber Alex", schrieb Schönberg am 17. Juni, „erinnerst du dich noch der Frage, die du mir letzthin über die 12-Ton-Kompositions-Technik gestellt hast? So fängt der Satz meiner Suite [op. 29] an: 4 sechsstimmige Akkorde, I-IV-V-I.-Ouverture. Der 3te Satz ist schon fertig; über dieselbe Reihe! Du siehst das geht also auch!" (Zemlinsky 1995, S. 267f.) Zemlinsky antwortete freundlich, leicht ironisch, vor allem aber ratlos: „Lieber Schönberg, es ist sehr lieb von dir mir diese kurze Unterweisung zu schicken. Aber – trotz aller Mühe – ich hab es nicht recht verstanden scheinbar." (Zemlinsky 1995, S. 268) Die Auseinandersetzung dreht sich um Schönbergs Kürzel „I-IV-V-I", das eine harmonische Folge suggeriert (Tonika – Subdominante – Dominante – Tonika), die nicht existiert. Dass Zemlinsky sich auf dieses Spiel nicht einließ, verdross Schönberg nachhaltig. Noch sieben Jahre später notierte er auf seinem Brief: „Damals wußte ich nicht, daß die Frage boshaft ist und hielt sie bloß für merkwürdig dumm. Heute weiß ich, daß Leute wie Z. sich richtig blöd stellen, wenn sie nur ungestraft (ungefragt!!) den anderen ärgern können. Ich habe zum Glück immer erst *viel später* seine Bosheiten verstanden." (Zemlinsky 1995, S. 268)

Schönberg reagierte gereizt auf Zweifel an seiner Musik und an der Zwölftonmethode. Eine Freundschaft mit ihm musste dadurch am Leben erhalten werden, dass man sich in den Dienst seiner Kunst stellte. Zahlreiche Episoden aus dem Kreis der ihm nahestehenden Komponisten, Schüler und Musiker belegen das. Als Beispiel sei der Pianist Eduard Steuer-

9 Als Schönberg in Prag im Beisein Zemlinskys sein „Pelleas und Melisande" probte, spielte sich eine Szene ab, die Schönberg in seinem Tagebuch unter dem 11. März 1912 festhielt: „Alex schien durch ein Lob, das Webern mir spendete, sehr aufgebracht und hielt es für nötig, mir zu ‚helfen'. Das hat mir gewiß beim Orchester geschadet. Jedenfalls hat es mich enorm entmutigt. Denn als er sich neben mich stellte und stellenweise sogar dirigierte, kam ich mir recht überflüssig vor. Ich war sehr beschämt und unglücklich, und als ich nach Hause ging, überlegte ich ernstlich, ob ich den Vorsatz, selbst zu dirigieren, nicht aufgeben sollte." (AS1974a, S. 29f.)

mann erwähnt, der 1912–14 bei Schönberg Kompositionsunterricht in Berlin nahm und bald *der* Pianist des Schönberg-Kreises wurde. Dies hatte allerdings seinen Preis. In den Jahren, als Schönberg seine Zwölftonmethode entwickelte, fiel Steuermann in Ungnade. Zum einen hatte dieser zwar eine Klavier-Transkription von Schönbergs Kammersymphonie op. 9 angefertigt, dann aber die Drucklegung durch die Universal Edition verzögert; zum anderen verfolgte er ein von Schönberg initiiertes Recital, in dem er auch Schönbergs Klavierstücke op. 23 und seine Klaviersuite op. 25 hätte uraufführen sollen, nicht mit der „angemessenen" Begeisterung. Den drohenden Bruch versuchte Steuermann mit unterwürfigen Briefen abzuwenden: „Hochverehrter Herr Schönberg", schrieb er am 31. Mai 1923, „da ich bisher keine Antwort erhalten habe fürchte ich, daß mein Brief wieder verfehlt war. Ich bitte Sie nun nochmals allerherzlichst mir eine Möglichkeit geben zu wollen mich zu rechtfertigen, oder wenigstens ein Wort, woraus ich ersehen kann, daß es später möglich sein wird. Ich bitte Sie es mir zu ersparen, daß ich mit den Gefühlen eines Verstoßenen Ihr Werk [die Konzerttranskription von op. 9] in Berlin spielen muß."

Traurige Berühmtheit hat auch die Auseinandersetzung mit Hanns Eisler erlangt, den Schönberg in den Jahren 1919 bis 1923 unterrichte. Eisler und Zemlinsky hatten sich bei einer gemeinsamen Zugfahrt über die Zwölftonmethode ausgetauscht, und Zemlinsky hinterbrachte Schönberg Eislers Kritik daran. Schönberg reagierte am 3. März 1926 mit inquisitorischer Schärfe: „Lieber Alex, da Herr Eisler behauptet, Du müßtest ihn mißverstanden haben, als Ihr im Eisenbahnzug über die Zwölftonkomposition spracht, so wäre ich Dir sehr dankbar, wenn Du folgende Fragen beantworten wolltest. Bitte schreibe Deine Antwort gleich neben die Fragen. I. Hat Herr E. gesagt, daß er von allen diesen modernen Dingen abkomme? II. daß er die Zwölftonmusik nicht verstehe? III. daß er sie überhaupt nicht für Musik halte? Das hast Du mir seinerzeit erzählt, und da E. es bestreitet, so läge mir daran, die Wahrheit festzustellen. Du erinnerst Dich vielleicht auch an das Lob, das Du ihm gespendet hast: er sei der einzige selbständige Kopf unter meinen Schülern, der nicht alles nachbete." (Zemlinsky 1995, S. 271)

Schönberg brach am Ende weder mit Steuermann noch mit Zemlinsky. Im amerikanischen Exil, in das beide vor dem Judenhass der Österreicher und Deutschen flohen, nahmen sie kaum noch Kontakt zueinander auf. Zemlinsky war bereits krank in den USA angekommen, Schönberg hatte alle Hände voll zu tun, sich eine neue Existenz aufzubauen. Als aber Schönberg Zemlinskys Sinfonietta op. 23 am 29. Dezember 1940 im Radio hörte, telegrafierte er umgehend: „Just heard your wonderful Symfonietta. Hope it is the beginning of your american success." Die berührende Antwort erfolgte durch Zemlinskys Ehefrau Louise: „Sehr geehrter Herr Schönberg! Mein Mann wollte Ihnen selbst schreiben u für Ihr Telegram, das ihn ganz besonders gefreut hat, danken. Da sich aber der Zustand meines Mannes leider sehr verschlechtert hat – so hab ich ihn überredet, daß ich es für ihn tun werde. Ich mußte meinem Mann Ihr Telegram immer wieder vorlesen. Sie haben ihm mit Ihrem Besuch damals [am 21. November 1940 hatte Schönberg, der in Los Angeles wohnte, Zemlinsky in New York besucht] eine große Freude bereitet – ich möchte Ihnen sagen, daß mein Mann – seit ich ihn kenne – bis heute für Sie eine ganz große und selbstlose Bewunderung u eine tiefe Zuneigung empfunden hat." (Zemlinsky 1995, S. 279f.)

Hören wir nun den Anfang des Ersten Streichquartetts von Arnold Schönberg.

Playlist #7 bis 3:45

Wie gesagt: Das ganze Quartett dauert eine gute Dreiviertelstunde und es ist einsätzig. Es hilft, um den Überblick zu behalten, zunächst festzustellen, dass Schönberg den einsätzigen Verlauf gliedert, indem er die traditionellen Satzcharaktere erkennen lässt. Was Du soeben gehört hast, entspricht dem **Hauptsatz** eines Sonatensatzes: jener Teil, in dem das Hauptthema vorgestellt wird.

Das Wort **Satz** ist in der Musik vieldeutig. Es bezeichnet a) den in sich abgeschlossenen Teil eines mehrsätzigen Musikstücks, etwa einer Symphonie: Kopfsatz, Langsamer Satz, Scherzo, Finalsatz; b) die einzelnen Abschnitte einer Exposition (im Kopfsatz): Hauptsatz, Überleitung, Seitensatz, Schlussgruppe; c) einen Teil des Themas: Vordersatz (die ersten Takte, in denen sich die Melodie „öffnet") und Nachsatz (in denen sie sich wieder „schließt")[10]. Darüber hinaus bezeichnet „Satz" auch das Zusammenspiel von unterschied-

10 Nimm als Beispiel das Volkslied „Komm, lieber Mai". Die beiden Melodiehälften sind gleich, bis auf den Schluss. Der Vordersatz geht nach oben (er öffnet sich), der Nachsatz nach unten (er schließt).

lichen Stimmen (instrumental oder vokal); das Streichquartett steht im vierstimmigen Satz.

Schönbergs Quartett beginnt ohne Umschweife mit dem Hauptthema. Sicher hast Du auch die Wiederholungen gehört, oft ohne große Änderung, einmal mit längeren Notenwerten, also vergrößert (**augmentiert**, im Gegensatz zu **diminuiert**, wenn ein Thema mit kleineren Notenwerten erklingt). Falls nicht, höre Dir die ersten Minuten noch einmal an. Als sich Schönbergs Schüler Alban Berg 1924 (zum 50. Geburtstag seines Lehrers) mit der Frage beschäftigte, warum Schönbergs Musik so schwer verständlich sei, erklärte er es anhand dieses Quartett-Beginns, „deren Reichtum an […] thematischen, kontrapunktischen und rhythmischen Schönheiten eben jene Schwierigkeit" des Verständnisses ergibt (AS1924, S. 335). Dennoch: Lass Dich nicht einschüchtern, wenn sehr viel gleichzeitig passiert

Dreieinhalb Minuten für einen Hauptsatz sind lang. Klassische Kopfsätze in den Sonaten Beethovens oder Brahms' handeln in dieser Zeit manchmal eine ganze Exposition ab. Schönberg streckt die Exposition auf eine knappe Viertelstunde. Dann folgen ein Scherzo, ein langsamer Satz sowie ein Rondo mit Coda. An drei Stellen in dem Quartett gibt es Durchführungen. Darüber hinaus hängen die Themen eng miteinander zusammen: Das Scherzo-Thema stammt aus der Überleitung der Exposition, das Rondo-Thema aus dem „Langsamen Satz". So viel zur Vogelperspektive.

Betrachten wir aus der Graswurzelperspektive nun das Hauptthema. Du erkennst es – auch bei den Wiederholungen – an seinem profilierten Anfang. Wie es weitergeht, bleibt hingegen offen. Schönbergs Themen starten oft markant und verlieren sich danach im Zusammenspiel mit anderen Stimmen. Dieser Anfang besteht vor allem aus zwei Intervallen: einem absteigenden Sekundintervall (auch Seufzermotiv genannt) und einem punktierten aufsteigenden Terzintervall.

Seufzermotiv ist die griffige Bezeichnung für ein absteigendes Sekundintervall, im engeren Sinne eine kleine Sekunde (Halbton), aber auch verwendet für eine große Sekunde (Ganzton). Bei dem Volkslied „Weißt du, wieviel Sternlein stehen?" hört jede Gesangsphrase mit einem Seufzermotiv auf, sowohl mit großer Sekunde („Weißt du, wieviel Sternlein **ste-e**hen)" als auch mit kleiner Sekunde („an dem blauen Him**melszelt**?").

Schönberg würfelt diesen beiden Intervalle mehrmals durcheinander und baut so aus ihnen nahezu das ganze Thema. Man fühlt sich an Brahms erinnert, in dessen vierter Symphonie drei der vier Sätze von Terzen bestimmt werden (AS1976j, S. 42). Schönberg aber hat auf Beethovens Dritte Symphonie verwiesen: „Auf gleiche Weise erfuhr ich aus der *Eroica* Lösungen für meine Probleme: wie man Eintönigkeit und Leere vermeidet, wie man aus Einheit Mannigfaltigkeit erzeugt, wie man aus Grundmaterial neue Formen schafft; wieviel aus oft ziemlich unbedeutenden kleinen Gebilden durch geringfügige Modifikationen, wenn nicht durch entwickelnde Variation zu machen ist." (AS1976q, S. 411)

Das Ende des Hauptsatzes ist bezeichnend: Die Musik kommt zur Ruhe und schließt mit einem tiefen d im Cello, denn das Stück steht in d-Moll. Schönbergs Streichquartett op. 7 verliert die Funktionsharmonik nicht aus den Augen und kommt immer wieder auf die Tonika zurück. Beim Hören mag sich ein anderer Eindruck einstellen, weil Schönberg oft weit von der Tonika abweicht. Und zwar nicht, weil sich wie in der „Verklärten Nacht" unbestimmbare Akkorde dazwischenschieben. Wagners Harmonik, die ohnehin nach „Tristan und Isolde" wieder in traditionellere Bahnen geriet, war für Schönberg eher ein Übergang. Er selbst hat von einer „Welle" gesprochen, „in der ich Wagner, den ich vorher zu den Höchsten gezählt hatte, durchaus ablehnend, ja feindselig gegenüberstand." (AS1976c, S. 22)

Den Unterschied zwischen beiden Werken kann man so auf den Punkt bringen: In der „Verklärten Nacht" komponiert Schönberg Harmonien (Vertikale), im Streichquartett Themen und Motive (Horizontale). Diese sind so eigenständig, dass sie keine Rücksicht auf den Zusammenklang und damit auf die harmonische Struktur nehmen. Die Freiheit der Horizontale entfernt Schönberg einen weiteren Schritt von der Funktionsharmonik. Nur an den „Nahtstellen" der Form (also z. B. an dem Übergang zwischen Hauptsatz und folgender Überleitung) nimmt der Komplexitätsgrad ab. Wir werden mehrere Stellen hören, an denen Schönberg regelrecht „ausatmet", indem er an den Nahtstellen „einfache" Dur-Akkorde setzt. Die funktionsharmonisch erklärbaren Harmonien verdeutlichen den Aufbau seines Streichquartetts.

Wir hören nun die vollständige Exposition mit Hauptthema, Überleitung, zwei Seitenthemen und einer ersten Durchführung. Damit Du den Überblick behältst, skizziere ich, was Dich erwartet:

Für die Überleitung bremst Schönberg das Tempo. Achte auf das zweite Instrument, das Du hörst (2. Violine): Hier erklingt das Überleitungsthema. Du erkennst es an einer Sprungfigur, dem Kernmotiv dieses Themas: mittlerer Sprung nach unten (Quinte), großer Sprung nach oben (Septime). Die Überleitung endet mit einem lauten Abwärtssprung in den beiden Violinen (5:57), Bratsche und Cello wiederholen. Der Seitensatz umfasst zwei Themen: Seitenthema 1 schwankt rund um eine Wechselnote. (Bei einer **Wechselnote** wechselt die Melodie von einer Ausgangsnote zu einer anderen und kehrt wieder zurück.) Seitenthema 2 klingt wie ein freundliches C-Dur-Lied in einfachen Strukturen: eine Oberstimme mit dem Thema, eine Begleitstimme, die die Harmonik umspielt, eine Bassstimme (6:41).

In der Folge mischen sich die bekannten vier Themen (Hauptthema, Überleitungsthema und die beiden Seitenthemen). Diesen Teil hat Schönberg als „Durchführung" bezeichnet (AS1976q, S. 412). Gut hörbare Stationen sind: Das Seitenthema 1 erklingt als Walzer, erst über dem aufgewühlten Tremolo der Mittelstimmen (7:59), gleich darauf langsamer und „sehr zart" (Spielanweisung). Das Überleitungsthema ist im Cello zu erkennen (8:58). Die Musik nimmt Fahrt auf, Schönberg stellt ein punktiertes Motiv in den Mittelpunkt, das aus dem Seitenthema 1 stammt. Deutlich hörbar kehrt das Hauptthema in Cello und Bratsche zurück (10:04). Kurzzeitig wird es ruhiger, die Streicher spielen leise tremolo „am Griffbrett" (also etwas neben der Stelle, an der der Bogen normalerweise aufsetzt; das Resultat ist ein fahler, „papierner" Klang, weil weniger Obertöne hörbar sind) (10:23). Schönberg komponiert eine Steigerung, für die er ein aus dem Hauptsatz abgespaltenes Motiv verwendet (samt seiner Umkehrung). Diese Steigerung mündet in einer Kurzversion des Hauptthemas im unisono aller vier Instrumente und in einem Abschluss auf dem Dominantseptakkord von B-Dur (11:07). Nun jagt das Überleitungsthema durch alle vier Stimmen, die Einsätze folgen kurz aufeinander; damit wendet Schönberg eine barocke Technik an, die **Engführung**. Seitenthema 1 kehrt als ein etwas „schmieriger" Walzer wieder: 1. Violine und Bratsche spielen im Terzabstand (11:33). Seitenthema 2 beruhigt das Geschehen und etabliert D-Dur (12:03). Es ist die letzte Ruhephase dieses Hauptsatzes. Eine Steigerung, aus der vor allem das Überleitungsthema hervorsticht, beendet diesen Teil. Mit lauten Akkorden markieren die vier Instrumente den Schluss. Dabei handelt es sich um eine regelrechte funktionsharmonische Kadenz:

Dominantseptakkord auf As, dann auf Des, hinführend zur neuen Tonika Ges-Dur. Wir finden bestätigt: Die Nahtstellen markiert Schönberg mit traditionellem Musik-Vokabular.

Playlist #7

In der „Verklärten Nacht“ und in „Pelleas und Melisande“ brachte Schönberg die Musik vorwiegend durch Sequenztechnik voran. Im Streichquartett tritt diese zurück.[11] Stattdessen verwendet Schönberg erstens die bereits erwähnte Abspaltungstechnik: Ein Motiv wird aus einem Thema herausgeschnitten und verselbstständigt sich. Wenn dieses Motiv dann eine ganze Passage dominiert (wie bei dem punktierten Motiv), wird Energie freigesetzt. Zweitens häufen sich die Passagen, in denen Schönberg ein Thema versetzt durch alle vier Stimmen schickt: die „Engführung“.

Eine dritte Technik wirst Du im nächsten Teil hören: die **Thementransformation**, also die Veränderung eines Themas. Wie bereits erwähnt, gewinnt Schönberg aus der Überleitung das Thema des nun folgenden Scherzos.

Um das Überleitungsthema in den Dreivierteltakt des Scherzos einzupassen, nimmt Schönberg kleine rhythmische Korrekturen vor: Die dritte Note wird gekürzt und ist nun genauso lang wie die zweite. Allerdings bindet er die erste Zählzeit des zweiten Taktes vom vorausgehenden Takt hinüber. Auf diese Weise unterläuft er den Dreivierteltakt, denn die typische Betonung der ersten Zählzeit erfolgt nur jedes zweite Mal. Es legt sich gleichsam über zwei Scherzo-Takte ein doppelt so großer Dreiertakt drüber, wofür Schönberg bei Brahms ein Vorbild gefunden haben mag.[12]

Bei den Tonhöhen des Themas spreizt Schönberg das große Intervall des Kernmotivs von einer Septime zur Oktave. Und auch harmonisch wird eingegriffen. Scherzo- wie Überleitungsthema beginnen mit einem **Quartauftakt**. Damit ist gemeint, dass die erste *betonte* Note (auf der ersten Zähl-

---

11 Die Skizzen zeigen sogar, dass Schönberg eine ursprünglich geplante Passage mit Sequenztechnik in dem eben gehörten Abschnitt wieder entfernte. (Handbuch, S. 69)

12 Schönberg zitiert in seinem Aufsatz „Brahms, der Fortschrittliche“ das Hauptthema aus Brahms’ Sextett op. 18, wo ebenfalls in mehreren Dreivierteltakten die Eins vom vorangegangenen Takt übergebunden ist (AS1976j, S. 51). Auch im 3. Satz des von Schönberg bearbeiteten Klavierquartetts op. 25 gibt es eine entsprechende Stelle: 4./5. T. n. Zf. A.

zeit) von unten im Abstand eines Quartintervalls „angesprungen" wird. Mit einem solchen Quartauftakt beginnen viele Volkslieder (z. B. „Im Märzen der Bauer"), und angesprungen wird der Grundton der Tonika. Während aber bei der Überleitung das anvisierte C-Dur von der Begleitstimme mehr umspielt als gefestigt wird, springt das Scherzothema in einen reinen Ges-Dur-Akkord, den Schönberg mittels einer Kadenz (Tonika – Dominante – Tonika – Subdominante – Tonika) auf klassische Weise bestätigt. Die Thementransformation zielt hier rhythmisch, melodisch und harmonisch auf eine Vereinfachung ab, wie ja auch das klassische Scherzo gegenüber dem Ersten Satz einer Symphonie eine leichtere und einfachere Musik aufweist. Tanzmusik eben.

Playlist #8

Der zweite Teil enthält folgende Orientierungspunkte: Das Scherzothema bleibt nicht so einfach wie zu Beginn, aber es ist immer gut hörbar. Bei einer kurzen Steigerung isoliert die 1. Violine eine punktierte Bewegung ähnlich der aus dem ersten Teil. Nach einem markanten Dominantseptakkord auf As-Dur beginnt ein „lyrischer Mittelteil" (AS1976q, S. 413), den Du an dem Gesang des Cellos erkennst (0:54). Die Rückkehr des Scherzothemas erfolgt ebenfalls deutlich, auch weil zuvor erneut ein lauter Akkord so etwas wie einen Punkt setzt (1:58). Diese Rückkehr ist kurz, den Schluss markiert eine harmonisch wörtliche Wiederholung des Scherzoanfangs (Ges-Dur), beantwortet von einer Flageolett-Version des Kernmotivs – wie ein silberner Lichtstrahl.

Nun beginnt das Trio, traditionell der Mittelteil in einem Scherzo (2:33). Vom Scherzothema bleibt nur sein Rhythmus übrig, den erst die Bratsche allein spielt, bevor er von den beiden Violinen im Terzabstand übernommen wird. Das Zusammenspiel der vier Streicher ist jetzt löchrig, viel weniger komplex als zuvor, es erscheinen neue Motive, einfache Tonleiter-Figuren. Die Streicher spielen **con sordino**, sie haben den Dämpfer auf den **Steg** gesetzt (das ist das dünne Holzstück, das die Saiten vom Korpus des Instrumentes wegdrückt), dadurch überträgt der Steg weniger Klang auf den Korpus. Ganz leise beginnt das Trio von neuem, diesmal in E-Dur (5:36): Zeit für eine, wie Schönberg schreibt, „zweite Durchführung. Nachdem sie zunächst im Charakter des Scherzos beginnt und eine ganze Weile dessen thematisches Material behandelt, ergeht sie sich bald in sehr komplizierten kontrapunktischen Kombinationen aus den meisten der vorausgegangenen Themen. Ihren Höhepunkt erreicht sie in einer teilweisen Wiederaufnahme der Hauptthemen von Teil I." (AS1976q, S. 413) Die Wiederaufnahme des Hauptthemas in der 1. Violine ist deutlich hörbar – auch wegen des typischen Schönberg-Abschlusses zuvor: Vom Scherzothema, das zunächst in der Bratsche wieder auftaucht, bleibt sein Kernmotiv übrig: erst gestrichen, dann pizzicato (7:22). Das nun folgende Hauptthema erklingt verlangsamt in der 1. Violine als Kantilene. Später kommt es sogar in der Originaltonart d-Moll wieder, von 2. Violine und Bratsche energisch gespielt (10:41). Daraus resultiert der Abschlusston des Scherzos: Der ganze Satz steuert auf den Ton d zu. Mit einem Cellosolo schließt der 2. Teil.

Der 3. Teil im Ersten Streichquartett entspricht dem langsamen Satz in der traditionellen viersätzigen Form. Höre Dir zunächst nur das Thema in der 1. Violine an:

Playlist #9 bis 1:13

Ein Musterbeispiel für Schönbergs Melodiebildung. Sehen wir es uns einmal mit der Lupe an. Die 1. Violine spielt unbegleitet zunächst ein abfallendes Quintintervall. Dieses Intervall kennen wir bereits, es stammt aus dem Kernmotiv des Überleitungs- und Scherzothemas. Durch eine solche Verbindung schafft Schönberg „Einheit in der Mannigfaltigkeit".

Nun entwickelt Schönberg das Thema in mehreren Schritten, indem er die jeweils vorausgehende Figur verändert. Das abfallende Quintintervall vom Beginn wird im nächsten Schritt gespreizt: Der Sprung umfasst nun eine Septime. Danach wird es verkleinert zur Quarte, aber wenn wir den Auftakt mitrechnen, handelt es sich immer noch um eine Quinte. Im vierten Schritt verlängert sich die Figur auf vier Töne, der Schluss ist jetzt zu einem absteigenden Halbtonschritt gedehnt, einem „Seufzer". Im fünften Schritt (jetzt setzen die anderen Instrumente ein) wird der Seufzer durch ein neues Anfangsmotiv erweitert. Der sechste Schritt gleicht dem fünften, aber der Sprung zum Seufzer ist gespreizt. Jetzt dramatisiert sich die Musik, der Seufzer erklingt allein, dann kehrt die Figur des ersten Schrittes laut zurück und wird sogleich insistierend wiederholt. So kann „entwickelnde Variation" *auch* funktionieren, nämlich ganz wörtlich genommen: Eine Figur – die noch dazu durch ein gemeinsames Intervall eine Brücke zu anderen Themen der Komposition schlägt – wird durch ständige Veränderung entwickelt, eines ergibt sich aus dem anderen, um wieder zum Ausgangspunkt zurückzukehren, jedoch mit gestiegener Intensität.

Wie geht es weiter im 3. Teil? Das Thema kehrt mehrmals wieder, wobei drei seiner Motive ein Eigenleben entfalten: der Quintsprung vom Anfang, der Seufzer mit dem punktierten Auftakt und das Motiv, das im 5. Schritt neu vor den Seufzer gestellt wurde. Wenn Du genau hinhörst, kannst Du auch die Anfänge der beiden Seitenthemen erkennen. Den Mittelteil (3:29) markieren der Gesang der Bratsche, ruhig fließende Dreier-Achtelfiguren der beiden Violinen und die harmonische Beruhigung (E-Dur). Ein kurzes Bratschensolo erinnert an das Hauptthema des Werkes (4:46). Die Rückkehr des Themas dieses 3. Teiles folgt gut hörbar, allerdings von der Anfangstonart F-Dur nach f-Moll eingetrübt (6:31). Die Rückkehr ist kurz. Schönberg fügt eine Passage ein, die klanglich aus ihrer Umgebung herausragt: Wieder spielen die Instrumente nach einem Flageolett-Abschluss tremolo am Steg (8:43). Der 3. Teil endet hier, und Schönberg leitet zum 4. Teil über. Man kann darin auch eine dritte Durchführung erkennen, denn wieder wird auf bereits bekannte Themen zurückgegriffen: auf das Hauptthema (9:39, begleitet von seiner eigenen Umkehrung) und auf die beiden Seitenthemen (10:19, dicht nacheinander). Zum Abschluss kennzeichnet erneut ein Tremolofeld (in E-Dur) die Nahtstelle zum 4. Teil.

Playlist #9

Das Thema des 4. Teils transformiert das des 3. Teils. Nun aber muss es ein Rondo im Viervierteltakt anführen, Schönberg überschreibt den Teil mit „Mäßig = heiter“. Die rhythmischen Feinheiten des Themas entfallen, es besteht jetzt größtenteils aus Viertelnoten. Ohne dass sich die Tonhöhen zunächst verändern, wird das Thema in eine A-Dur-Umgebung versetzt und hört sich darin konventioneller an als zuvor. Erst nach ein paar Takten korrigiert Schönberg sachte den Tonhöhenverlauf. Um beide Themen direkt zu vergleichen, höre Dir noch einmal den Anfang von Playlist #9 an, danach den Anfang von Playlist #10.

Ein Rondo zeichnet sich durch ein wiederkehrendes Thema als Refrain aus, abgelöst durch kontrastierende Abschnitte, so genannte Couplets. Haydn und Mozart haben häufig Rondos als Schlusssätze ihrer Symphonien und Streichquartette geschrieben, Beethoven schon seltener. Inhaltlich, und das bestätigt Schönberg durch die Vereinfachungen, die er an dem Thema vorgenommen hat, steht das Rondo für populäre, liedhafte, ja fröhliche Musik.

Playlist #10

Zum Rondothema gesellt sich bald (Bratsche, 0:25) das Hauptthema des Streichquartetts. Damit markiert Schönberg gleich zu Beginn dieses Teils, dass es sich hier auch um eine finale Gegenüberstellung der Themen des ganzen Werks handeln wird. Kurz nachdem auch das Cello das Hauptthema übernommen hat, verharrt es mehrere Takte lang auf einem E: Schönberg setzt die für diesen Abschnitt geltende Tonika E-Dur deutlich und kehrt immer wieder dorthin zurück. Am Ende des ersten Refrains begleiten die Mittelstimmen das Rondothema mit bewegten Figuren (1:25).

Das Couplet (1:46) steht in F-Dur und beginnt – in rascherem Tempo – in der Bratsche mit dem bekannten Thema aus der Überleitung (bzw. dem Scherzo-Thema) in leichter rhythmischer Veränderung. Bald mischen sich auch die anderen Themen ein: Seitenthema 1 (1. Violine), Hauptthema (Bratsche), Thema des „Langsamen Satzes“ (= Rondothema) (1. Violine), Seitenthema 2 (Cello), wieder Seitenthema 1 (beide Violinen, sehr deutlich zu hören). Ein letztes Mal kehrt das Rondothema in ungetrübtem, ja triumphalem A-Dur zurück (3:43), gefolgt von einem energischen Tremolo, das plötzlich am Steg des Instrumentes verschwindet und dann erneut anschwillt, bevor die 1. Violine einen kurzen solistischen Abstieg spielt.

Oft haben solche Tremolofelder eine Nahtstelle gekennzeichnet, also den Übergang eines Abschnitts zum anderen, und so ist es auch hier. Damit ist das Rondo untypisch kurz. Dennoch beginnt jetzt die Coda, der Schlussabschnitt eines Satzes, benannt nach dem italienischen Wort für das Hinterteil eines Tieres: den Schwanz. Die Coda steht in D-Dur. Wie die „Verklärte Nacht“ bewegt sich auch das Streichquartett op. 7 von d-Moll nach D-Dur. Schönberg liebte diese Tonart, wie Zemlinsky auch. In diesem D-Dur erscheint zunächst das Überleitungsthema in der Bratsche wie in „mildem Lichte“, dann auch das Hauptthema in der 1. Violine. Mit dem Hauptthema endet das Streichquartett, ein letztes Mal erklingt es im Cello (7:32). Schönberg: Der Codateil „bringt unaufhörlich neue kontrapunktische und harmonische Kombinationen hervor, obgleich er eine Stimmung stiller Resignation und Gelassenheit ausdrückt.“ (AS1976q, S. 414)

Mit der Formulierung „stille Resignation und Gelassenheit“ erinnert Schönberg unfreiwillig an das eingangs erwähnte „Programm“, das er in seinen Skizzenbüchern notierte und das der Herausgeber der Schönberg-Gesamtausgabe 1984 beim 2. Internationalen Schönberg-Kongress vorstellte. Darin finden sich die dem ersten Teil des Quartetts zuzuordnenden Worte „Auflehnung, Trotz, ungewohnte Liebesgefühle, Verzweiflung, Kampf aller Motive mit dem Entschluß ein neues Leben zu beginnen". Zum zweiten Teil gehören die Überschrift „Neues Leben fühlend" sowie „Kampffrohe Kraft, Schwung, Neue Liebe: höchster Sinnenrausch, Enttäuschung, Wiederkehr gedrückter Stimmungen". Zum dritten Teil: „Aufsteigende Sehnsucht nach den verlassenen Lieben, Einschlummern, steigende Sehnsucht nach Frieden und Ruhe". Zum vierten Teil: „Heimkehr, freudiger Empfang, stille Freude und Einkehr von Ruhe und Harmonie." (Schmidt, S. 233f.)

Das ungekürzte „Programm" ist detaillierter, aber ebenso stichworthaft, wie es hier zusammengefasst wurde. Mit einiger Phantasie kann man diese Auszüge auf den Lauf der Musik beziehen. Und doch darf man sie nicht als „Programm" wie bei opus 4 und opus 5 missverstehen. Schönberg kam darauf zu sprechen, als er das Quartett seinen amerikanischen Kompositionsschülern vorstellte. Schülerin Dika Newlin hat in ihrem Tagebuch zum 6. März 1940 festgehalten: „Er sagte, dass einige Besonderheiten der Form darauf zurückgingen, dass es sich bei dem Stück tatsächlich um eine Art ‚Symphonischer Dichtung' handele, und als [Erwin] Stein ihn bedrängte, ob es ein genaues Programm gäbe oder nicht, antwortete er sofort: ‚Oh ja, ein sehr genaues – aber ein privates!' Danach flüsterte er Stein ein paar Worte zu, und wenn ich auch nicht alles davon mitbekam, verstand ich doch, dass er ihn dafür tadelte, danach gefragt zu haben, um dann noch zu sagen: ‚Solche Dinge teilt man nicht mehr mit!'" (Schmidt, S. 230, Übersetzung: C. B.)

Anders als Gustav Mahler, der die Programme zu seinen ersten drei Symphonien zunächst veröffentlichte, sie aber zurückzog, als er die Erfahrung machte, dass sie die verständnislose Aufnahme durch das Publikum eher noch förderten, hatte Schönberg höchstwahrscheinlich niemals vor, das tatsächlich sehr persönliche „Programm" seines Werkes mitzuteilen. Es mag ihn bei der dramaturgischen Entwicklung der Musik geleitet haben. Aber der Verlauf der Musik orientiert sich so genau an den klassischen Satzcharakteren, dass man an keiner Stelle eine literarische Begründung der Emotionen benötigt. Am Ende entfernte sich Schönberg auch von dieser Skizze, denn sie beschreibt nur drei Teile (der dritte und der vierte sind unter einen Punkt zusammengefasst). Zwar darf man sich zuweilen über den Willen des Komponisten hinwegsetzen. Hier aber bringt es keinen Gewinn. Wir wollen daher Schönbergs Privatsphäre respektieren.

Bei der Wiener Uraufführung seines Streichquartetts am 5. Februar 1907 durch das Rosé-Quartett erlebte Schönberg den ersten von vielen Konzertskandalen, in den auch Hofoperndirektor Gustav Mahler einbezogen wurde. Die Darstellungen der Ereignisse werden von den Berichterstattern unterschiedlich wiedergegeben. Der Musikschriftsteller Paul Stefan, der sich sehr für Mahler einsetzte und später Schriftleiter der „Musikblätter des Anbruch" wurde, erzählt sie so: Das Werk schien damals „vielen unmöglich und sie benahmen sich fast so schlimm wie bei ‚Pelleas'; das heißt sie verließen während des Spieles [...] den Saal; ein besonders Witziger sogar durch den ‚Notausgang'. Als auch nachher noch vernehmlich gezischt wurde, ging Gustav Mahler, der unter dieser Hörerschaft saß, auf einen der Unzufriedenen los und sagte in seiner wunderbar tätigen Ergriffenheit und gleichsam für die entrechtete Kunst aufflammend: ‚Sie haben nicht zu zischen!' Der Unbekannte, stolz vor Königen des Geistes (vor seinem Hausmeister wäre er zusammengebrochen): ‚Ich zische auch bei Ihren Sinfonien.' Die Szene wurde Mahlern sehr verübelt. Denn die Geduld mit ihm hatte längst ein Ende." (AS1924, S. 320)

Stefans Bericht deutet an, wie sehr die Unzufriedenheit des Wiener Publikums mit dem Direktor der Hofoper – der tatsächlich bald nach New York wechseln sollte – in die Auseinandersetzung über Schönbergs Musik hineinreicht. Mahler jedenfalls hielt zu Schönberg, auch wenn er dessen Musik nicht nachvollziehen konnte. Als Schönberg ihm die Noten seines Quartetts zeigte, soll Mahler gesagt haben: „Ich habe die schwierigsten Wagner-Partituren dirigiert; ich habe selber komplizierte Musik in Partituren von dreißig und mehr Liniensystemen geschrieben: und hier ist eine Partitur mit nur vier Systemen, und ich kann sie nicht lesen." (AS1976l, S. 348) Gleichwohl schickte er die Partitur an Richard Strauss: „Ich habe gestern das neue Schönberg'sche Quartett gehört, und einen so bedeutenden, geradezu imponirenden Eindruck erhalten, daß ich nicht umhin [kann], Ihnen dasselbe für die Tonkünstlerversammlung von Dresden dringendst zu empfehlen." (Mahler, S. 122) Strauss nahm an, doch auch diese Aufführung erntete wütende Publikumsreaktionen.

Schönberg hatte gehofft, dass die harmonisch schwer verständlichen Stellen durch die einfacheren Passagen ausgeglichen würden. Doch er musste erkennen: „Wie bei der *Verklärten Nacht* geschah es wiederum, daß jene Stellen von verständlichem glatten Fluß das Publikum nicht beruhigen konnten.“ (AS1976l, S. 350) Mit diesem Streichquartett begannen Schönberg und das Publikum sich voneinander zu entfremden.

V
Widerstand in Wien
Kammersymphonie op. 9

„Pelleas und Melisande“ war groß besetzt und dauerte lang. So lang, dass Schönberg zur Sequenztechnik griff, die ihm aber bald als zu schematisch erschien. Die Kammersymphonie für 15 Solo-Instrumente op. 9 war die Antwort darauf. Schönberg verkleinerte: Die Kammersymphonie benötigt nur 15 Musiker und damit sehr viel weniger als ein großes Orchester, enthält aber fast alle Instrumente eines solchen. Und sie dauert keine 25 Minuten.

Schönberg komponierte das Werk in nur wenigen Monaten des Jahres 1906. „Nachdem ich die Komposition der Kammersymphonie beendet hatte, war es nicht nur die Erwartung des Erfolgs, die mich mit Freude erfüllte. Es war etwas anderes und Wichtigeres. Ich glaubte, daß ich jetzt meinen eigenen persönlichen Kompositionsstil gefunden hätte, und erwartete, daß alle Probleme [...] gelöst wären, sodaß ein Weg aus den verwirrenden Problemen gewiesen wäre, in die wir jungen Komponisten durch die harmonischen, formalen, orchestralen und emotionalen Neuerungen Richard Wagners verstrickt waren.“

Und er führte weiter aus: „Ich glaubte Wege gefunden zu haben, Themen und Melodien zu bilden und auszuführen, die verständlich, charakteristisch, originell und expressiv waren trotz der erweiterten Harmonik, die wir von Wagner geerbt hatten. Es war ein ebenso schöner Traum wie enttäuschender Fehler.“ (AS1976l, S.354)

Damit spielte Schönberg an auf die Uraufführung am 8. Februar 1907. Wie bei der „Verklärten Nacht“ und dem Ersten Streichquartett, dass nur drei Tage zuvor uraufgeführt worden war, nahm sich Arnold Rosé des neuen Werkes an. Rosé, Konzertmeister der Hofoper und Vertrauter Gustav Mahlers (und dessen Schwager, nachdem er Mahlers Schwester Justine geheiratet hatte), verstärkte für die Kammersymphonie das nach ihm benannte Streichquartett um die Bläser der Hofoper. Es standen somit hervorragende und erfahrene Musiker zur Verfügung. Die Schönberg-Biografen gehen gleichwohl davon aus, dass das Ensemble zu wenig Probenzeit investierte. Da es außerdem ohne Dirigent spielte, scheint die Uraufführung nicht besonders gut gewesen zu sein. Jedenfalls reagierte das Wiener Publikum mit wütender Ablehnung. Andererseits vergrößerte Schönberg 1918 seine Anhängerschar mit öffentlichen Proben des Werkes, was ihn zur Gründung des „Vereins für musikalische Privataufführungen" ermutigte.

Mit der Kammersymphonie verändert sich das Verhältnis zwischen Schönberg und seinem Publikum. Beide werden sich von nun an in herzlicher Abneigung ignorieren. Wenn wir ehrlich sind: bis heute.

Die Kammersymphonie interessiert uns vor allem wegen ihrer Harmonik, wegen der Einheit von Horizontale und Vertikale, der Mehrsätzigkeit in der Einsätzigkeit und der Instrumentation. Zum Einstieg hören wir die ersten sechs Takte des Stückes. Sie dauern 20 Sekunden, und da sich über sie viel sagen lässt, hörst Du sie Dir am besten gleich zweimal an.

Playlist #11 bis 0:19

Ein spannungsreicher Klang türmt sich auf und gleitet in einen F-Dur-Akkord. Dann folgt eine aufwärts schreitende Hornmelodie. Schauen wir genauer hin. Der Titel der Komposition sagt: Kammersymphonie in E-Dur. Es gibt also eine Tonika. E-Dur ist vorgezeichnet, mit E-Dur endet das Werk. Der erste Ton (Oboe und Violine) scheint auch die Terz der Tonika zu sein: ein gis. In den Noten steht aber ein as. Das ist auf dem Klavier die gleiche Taste, die Musiker sprechen von **enharmonisch verwechselt**: In E-Dur sieht ein as „falsch" aus, weil es zu einer anderen Tonart gehört; der Ton wurde „verwechselt". Wenn man den Ton von einem Streichinstrument hört, kann man das auch wahrnehmen, denn ein as klingt minimal tiefer als ein gis. Und wirklich führt das as bei Schönberg heraus aus E-Dur. Denn nicht die Tonika ist die Folge, sondern ein Akkord aus **Quartintervallen**. Das Werk beginnt mit einem Quartenakkord, der sich in einen F-Dur-Akkord auflöst, als wolle Schönberg sagen: So war es *früher.* Doch Schönberg entthront die auf Terzen aufgebaute Harmonik und ersetzt sie durch das schwerelose System der Quartenakkorde – „schwerelos" deshalb, weil der Quartenakkord keinen Grundton kennt, auf den sich seine Töne bezögen. Es fehlt ihm das Gravitationsfeld. Das Horn reiht anschließend fünf Quartintervalle zu einer melodischen Linie aneinander. Beide Motive – den Quartenakkord des Anfangs und das Quartenmotiv des Horns – solltest Du Dir merken, denn sie kehren öfters wieder, vor allem dann, wenn ein Abschnitt in den nächsten übergeht, also an den „Nahtstellen der Form“.

Die ersten Quartenakkorde hat Schönberg in „Pelleas und Melisande“ geschrieben, in der Kammersymphonie nun breiten sie sich, wie Schönberg später in seiner „Harmonielehre“ schreibt, „architektonisch über das ganze Werk aus und geben allem, was vorkommt, ihr Gepräge. So kommt es, dass sie dann hier auch nicht bloß mehr als Melodie oder als rein impressionistische Akkordwirkung auftreten, sondern ihre Eigentümlichkeit durchdringt die gesamte harmonische Konstruktion, sie sind Akkorde wie alle anderen.“ (AS1911, S. 482) Dass Schönberg die Idee einer Quartenharmonik nicht weiter verfolgen wird, spricht für seinen rastlosen Geist, der nach der Kammersymphonie bereits einer neuen Tonsprache nachspürt. Um die alte Terzharmonik zu verabschieden, kommen die Quarten 1906 indes gerade recht.

Mit der Darstellung der Quarten in Form eines Akkordes wie auch in Form eines melodischen Motivs nimmt die Kammersymphonie ein zentrales Prinzip der späteren Zwölftonmethode vorweg: die **Synthese von Horizontale und Vertikale**, wie es die Schönberg-Forscher nennen. Gemeint ist damit, dass eine Tongruppe sowohl *nacheinander* „lesbar“ ist (horizontal, als Melodie) als auch *gleichzeitig* (vertikal, als Akkord). Die Quarten stellen in der Kammersymphonie das zentrale Baumaterial dar, und es spielt aus Sicht des Komponisten keine Rolle, ob dieses Material als Akkord oder als Melodie erklingt. Auch dies signalisiert die unmittelbare Nähe von Quartenakkord und Hornmotiv in den ersten 20 Sekunden des Werkes.

Damit deutet sich ein Konflikt an, der uns noch mehrmals beschäftigen wird: Für den Komponisten mag offensichtlich sein, dass Akkord und Melodie aus dem gleichen Material gebaut sind, so dass behauptet werden kann, die Struktur der beiden Erscheinungsformen sei identisch. Der Zuhörer aber hört einen Akkord und eine Melodie und damit zwei unterschiedliche Formen. Es gibt einen großen Unterschied zwischen **klanglicher Identität** und **struktureller Identität.** Letztere ist oft nur schwer und manchmal gar nicht hörbar, und dass Schönberg sich dem bewusst ist, sehen wir daran, dass er dort, wo Identitäten erkannt werden müssen, weil sie den formalen Ablauf verständlich machen, immer so komponiert, dass man die Identitäten auch erkennen kann. Wir haben das in den bisherigen Kompositionen unserer Challenge gesehen und werden das auch bei op. 9 beobachten.

Wir hören den ersten Teil des Werkes.

Playlist #11 bis 5:18

Es wird Dich nicht überraschen: Auch die Kammersymphonie ist einsätzig und birgt zugleich eine Viersätzigkeit. In Schönbergs eigenen Worten handelt es sich um „das letzte Werk meiner ersten Periode, das aus nur einem durchgehenden Satz besteht. Sie hat noch eine gewisse Ähnlichkeit mit meinem *ersten Streichquartett op. 7*, das auch die vier Satztypen der Sonatenform kombiniert, und in mancher Hinsicht mit den Symphonischen Dichtungen *Verklärte Nacht op. 4* und *Pelleas und Melisande op. 5*" (AS1976s, S. 440). Eingefügt ist eine eigene Durchführung, so dass die Kammersymphonie aus fünf Teilen besteht: Exposition – Scherzo – Durchführung – Adagio – Finale/Reprise. Du hast gerade die Exposition gehört mit zwei Hauptthemen, einer Überleitung, einem Seitensatz und einer Schlussgruppe. Da die Themen schnell aufeinander folgen, empfehle ich Dir, diese fünfeinhalb Minuten noch einmal zu hören und dabei auf die unterschiedlichen Themen zu achten:

- Das *erste Hauptthema* erkennst Du an der zackig aufwärts gerichteten Melodie, die in eine punktierte Note mündet. Das Thema erklingt im Cello, sowohl bei seinem ersten Auftreten als auch bei späteren Wiederholungen.
- Das *zweite Hauptthema* (0:58) liegt ebenfalls im Cello (verstärkt von Bratsche und Englischhorn). Es führt erst nach unten, dann nach oben, beides in großen Schritten. Der Abschnitt ist viel ruhiger als die Musik des ersten Hauptthemas. (Übrigens hat Schönberg später betont, dass im absteigenden zweiten Hauptthema eine Tonfolge enthalten sei, die sich auch im ersten finde, dort allerdings aufsteigend und nicht nacheinander. Das ist ein gutes Beispiel für eine „strukturelle Identität", die nicht zu hören ist und auch nicht gehört werden muss.[13])
- Kurz vor Beginn der Überleitung rundet eine Rückkehr zum ersten Hauptthema den Hauptsatz ab. Indem Schönberg das Thema in der

13 „Wenn es einen Komponisten gibt, der imstande ist, Themen zu erfinden, deren Zusammenhang auf einer so entfernten Verwandtschaft beruht – ich bin kein solcher! Wohl: ein Hirn, gründlich geübt in musikalischer Logik, wird sicherlich unter allen Umständen logisch funktionieren." (AS1976p, S. 402)

originalen Tonhöhe und im originalen Instrument wiederholt, will er sicherstellen, dass man diese Rückkehr erkennt. Anschließend gibt es eine klassische Kadenz, die man ebenfalls gut hören kann: Die Violine stürzt in Triolen abwärts und umschreibt dabei einen H-Dur-Akkord, der auf die E-Dur-Tonika zielt. Der folgende „ausdrucksvolle" (Spielanweisung) Gesang der Bratsche ist das Überleitungsthema (2:04). In dessen Mitte ragt eine Doppelschlagsfigur heraus.

- Den Seitensatz (2:34) erkennst Du daran, dass die Musik zur Ruhe kommt. Die Violine spielt das *Seitenthema*, während die anderen Streicher A-Dur als Grundlage dieses Abschnitts markieren. Es beginnt mit zwei aufsteigenden Quarten, die zweite ist übermäßig.

Übermäßig nennt man ein Intervall, wenn es um einen Halbton gespreizt ist. Die Quart c-f wird übermäßig, wenn das f zu einem fis erhöht wird. Ist das Intervall um einen Halbton gestaucht, nennt man es **vermindert** (in unserem Beispiel c-fes).

- In der *Schlussgruppe* (3:54) präsentieren die Bläser das Thema (Klarinette und Fagott), während die Violine mit einer schnellen Sechzehntelbewegung begleitet und das Cello Pizzicati spielt. Du erkennst den Teil auch daran, dass das Tempo plötzlich anzieht und mehrmals hintereinander A-Dur-Akkorde im Orchester erklingen.
- Am Ende des 1. Teils der Kammersymphonie wird viermal hintereinander ein Cis-Dur-Akkord im Tutti gespielt (4:24, gut hörbar!). Daraufhin kehrt das erste Hauptthema zurück, als ob die Exposition wiederholt würde. Doch hier legt Schönberg eine falsche Fährte. In Wahrheit leitet er zum 2. Teil über, und kurz vor diesem gibt es eine sehr charakteristische ruhige Stelle in E-Dur mit einer mehrmals wiederholten punktierten Viertonfigur in der Bratsche (4:53).

Die **Mehrsätzigkeit in der Einsätzigkeit** von op. 9 ist weder für Schönberg neu noch musikhistorisch. Schönberg konnte sich auf starke Vorbilder berufen: etwa auf Schuberts „Wanderer-Fantasie" für Klavier (1822), wo die vier Sätze so eng miteinander verzahnt sind, als handelte es sich um Teile eines einzigen Sonatensatzes, und auf Liszts h-Moll-Sonate (1852/53), deren drei große Teile ebenfalls sowohl als Sätze wie auch als Abschnitte eines Sonatensatzes gedeutet werden können. Schönberg erläuterte die Form von op. 9 in einer Einführung, die er 1949 anlässlich einer in Aussicht gestellten Schallplattenaufnahme für Columbia verfasste. Aber auch Alban Berg schrieb eine „Kurze thematische Analyse“ (anlässlich der erwähnten zehn öffentlichen Proben des Werkes). Zwischen diesen beiden Beschreibungen gibt es Differenzen, zwei unbedeutende (Schönberg nennt das Seitenthema „Nebenthema“ und den zweiten Scherzoabschnitt „Trio“) und eine bedeutende bezüglich des Finales, mit der wir uns später beschäftigen wollen.

Hören wir den 2. Teil, das Scherzo. Wir starten ein paar Takte vorher, um „reinzukommen“.

Playlist #11 4:53 bis 7:17

Anders als die klassischen Scherzi steht dieses hier nicht als Ganzes im Dreivierteltakt, sondern allenfalls für einige Takte. Im Unterschied zum 1. Teil fällt auf: Die Musik wird von kurzen Motiven vorangetrieben. Das Thema des Scherzos beginnt zwar mit langen Tönen (Oboe und Kontrabass), geht aber sogleich in ein Dreitonmotiv über, das atemlos wiederholt wird (5:18).

Dieses Motiv hat einen **anapästischen** Rhythmus: kurz-kurz-lang, mit Betonung auf dem langen Ton. Den umgekehrten Rhythmus (lang-kurz-kurz) nennt man **daktylisch**.

In Bratsche, Fagott und Englischhorn erklingt ein Viertonmotiv (Wechselnote und Sprung nach oben), das Schönberg aus der punktierten Bratschenfigur entwickelt, mit der wir diesen Hörabschnitt gestartet haben und die noch zum 1. Teil gehört. Auf diese Weise verbindet Schönberg die beiden Teile motivisch. Die beiden kurzen Motive kannst Du in der folgenden Steigerung gut hören. Dann bricht dieser Abschnitt ab.

Den nächsten Abschnitt bezeichnet Schönberg als „Trio“, Berg als „Zweites Scherzothema“ (5:56). Das Tempo zieht deutlich an. Die Bläser spielen kurze und leise Motive, in die laute Streicherakkorde im Pizzicato hineinplatzen, erst c-Moll, dann G-Dur. Der Abschnitt klingt etwas gespenstisch. Ein einfacher Ton im Horn unterbricht das Geschehen. Nun mischen sich wieder Motive des ersten Scherzoabschnitts ein. Vielleicht erkennst Du im Englischhorn das umgedrehte Scherzothema (die Töne steigen hinab, nicht wie zuvor hinauf). Danach (6:24) nimmt die Musik wieder Fahrt auf, bis hin zu einem energischen Tutti (7:08), aus dem das Horn mit dem bekannten Quartenmotiv, diesmal in umgekehrter Richtung, abstürzt. Damit markiert Schönberg das Ende des Scherzo-Teils – ein weiteres Beispiel dafür, wie Schönberg im komplexen Umfeld Signale setzt, die es erlauben, den Überblick zu behalten.

Der Beginn des Scherzos lohnt eine genauere Betrachtung. Die Aufteilung in Haupt- und Nebenstimmen in der Orchestermusik ist oft vorhersehbar: Die hohen Instrumente spielen die Hauptstimme, die mittleren Nebenstimmen, die tiefen legen das Fundament. Oder die Blechbläser erheben sich als Hauptstimme über die Streicher und Holzbläser. Diese zugegebenermaßen sehr schematische Darstellung trifft schon auf Mahler nicht mehr zu und auf Schönberg schon gar nicht. Am Beginn des Scherzos mischt Schönberg die Instrumente auf ungewöhnliche Weise: Das Hauptthema liegt in der Oboe, einem hohen Instrument, wird aber verstärkt vom Kontrabass, der auch dann tief klingt, wenn er so hoch gespielt wird wie hier. Dadurch fehlt das Bass-Fundament, denn das Cello beschäftigt sich mit einem punktierten Sprungmotiv, das sich im Laufe der Scherzos verselbstständigen wird. Das Viertonmotiv wiederum ist weniger eine Nebenstimme als eine zweite Hauptstimme: Fagott und Bratsche, die eher für Neben- oder Bassstimmen zuständig sind, bekommen Unterstützung durch das Englischhorn, ein klassisches Hauptstimmen-Instrument, das zudem in direkte Konkurrenz mit der Oboe der ersten Hauptstimme tritt. Durch diese Instrumentenkombinationen erzielt Schönberg den unruhigen, fragilen Orchesterklang, der für die gesamte Kammersymphonie charakteristisch ist.

Damit sind wir bei der **Instrumentation** der Kammersymphonie angelangt, Schönbergs Antwort auf die großen Orchester der Jahrhundertwende. Die Kammersymphonie besitzt ein symphonisches Klangbild, da sie die wichtigsten Orchesterinstrumente enthält:

- Alle vier Holzbläsergruppen sind vertreten: eine Flöte (die auch mit der hohen Pikkoloflöte abwechselt); eine Oboe und ihre Verwandte, das tiefere Englischhorn; drei verschiedene Klarinetten: die „normale" A-Klarinette (wenn in den Noten ein c steht, erklingt im Instrument ein a), die schärfer klingende D-Klarinette und die tiefe Bassklarinette; ein Fagott und das tiefe Kontrafagott. Die A- wechselt später zur B-Klarinette, die D- zur Es-Klarinette.
- Für die Blechbläser spielen zwei Hörner.

– Das klassische Streichquintett ist vollständig: 1. Violine, 2. Violine, Bratsche, Cello und Kontrabass.

Der Tonsatz des Werkes aber ist kammermusikalisch: *Kammersymphonie für 15 Solo-Instrumente* lautet das Werk in seinem vollen, ernst zu nehmenden Titel. Die Musiker spielen nicht in Gruppen, die sich zu einem gemeinsamen symphonischen Klang addieren, sondern jeder der 15 Solisten ist – wie in der Kammermusik üblich – individuell für das Ergebnis verantwortlich. Mit diesem Orchester *en miniature* schuf Schönberg eine neue Gattung, für die sich in den 1980er-Jahren eine ganze Reihe von Spezialistenensembles formierten: das Ensemble Modern in Frankfurt, das Klangforum Wien, das Ensemble Intercontemporain in Paris u. v. a. Für junge Komponistinnen und Komponisten ist das Kammerensemble bis heute meist die einzige Möglichkeit, wenigstens mit einer Skizze des Orchesterklangs gehört zu werden.

Im 3. Teil der Kammersymphonie, der Durchführung, kehren alle bisher vorgestellten Themen und Motive wieder. Erneut steigen wir ein paar Takte vorher ein und hören noch einmal das letzte Tutti und das abstürzende Quartenmotiv im Horn.

Playlist #11 7:08 bis 10:23

Die Durchführung beginnt sehr ruhig. Du hörst in den Streichern eine Figur aus dem Hauptsatz (sie beginnt mit einem punktierten Motiv), in der Oboe das Seitenthema, in den Klarinetten Girlanden aus der Überleitung. Bald kommt Bewegung in die Sache. Einer kurzen Steigerung folgt ein Neuanfang, wieder etwas ruhiger, diesmal mit dem Thema der Überleitung in der Bratsche, das Du an der Doppelschlagsfigur erkennst (8:50). Wieder Steigerung, wieder Abbruch. Nun kehrt das erste Hauptthema im Cello zurück (9:28). In der letzten Steigerung der Durchführung bleibt Schönberg lange leise. Wir erkennen das erste Hauptthema, vorangetrieben durch die kurzen Motive des Scherzos. Am Ende mischt sich das Quartenmotiv wieder ein, sowohl in aufsteigender Bewegung (original), als auch in absteigender (Umkehrung). Damit wird der Schluss des Teiles markiert und der Beginn eines neuen angekündigt.

Schönbergs Wille, komplexe Strukturen mit erkennbaren Signalen so auszubalancieren, dass man dem Verlauf folgen kann, führte nicht zum erwünschten Erfolg. „[Ich] hatte während des Komponierens so viel Vergnügen empfunden, alles ging so leicht und schien mir so überzeugend, daß ich sicher war, daß das Publikum spontan auf die Melodien und Stimmungen reagieren und diese Musik so schön finden würde, wie ich sie empfand", schreibt Schönberg im Rückblick (AS1976l, S. 354). Das Gegenteil war der Fall. Stärker als je zuvor erwartete Schönberg eine Welle der Entrüstung. Aus der Vielzahl negativer und verletzender Kritiken zitiere ich eine, die schon 1907 die menschenverachtende Diktion der Nationalsozialisten vorwegnimmt. Im Illustrierten Wiener Extrablatt schreibt Hans Liebstöckl am 9. Februar 1907:

„In einer Loge stand bleich und mit verkniffenen Lippen der Herr Hofoperndirector Gustav Mahler, der das hohe Protectorat über alle entartete Musik schon längere Zeit führt. Herr Schönberg ist trotzdem weder ein ‚Fall', noch ein Problem. Er schreibt einfach Noten, die miserabel klingen, er macht wilde, ungepflegte Demokratengeräusche, die kein vornehmer Mensch mit Musik verwechseln kann. Ob er Talent hat oder Genie, ist gar nicht mehr festzustellen. Wahrscheinlich sind sie ihm im Augenblicke einer schweren Verwirrung abhanden gekommen. Vielleicht ist es schade um ihn, vielleicht auch nicht. Vielleicht wird er wieder gesund, vielleicht auch nicht." (Eybl, S. 110)[14]

Das Jahr 1907 besiegelte die Trennung zwischen Schönberg und dem Publikum. Im Rahmen einer Dokumentation der Presseberichterstattung über die großen Schönberg-Skandale der Jahre 1907 und 1908 hält der Musikwissenschaftler Martin Eybl fest, dass damals die „Auseinandersetzung über den Platz der neueren Musik von Schönberg und seinen Schülern [...] entschieden gewesen" sei (Eybl, S. 24). Manifest wurde die Trennung sechs Jahre später, am 31. März 1913, beim „Skandalkonzert". An diesem Abend veranstaltete der „Akademische Verband für Literatur und Musik" ein Konzert im Großen Saal des Wiener Musikvereines, dirigiert von Arnold Schönberg. Geschichte hat dieses Konzert gemacht, weil die heftigen Publikumsreaktionen einen Abbruch erzwangen. Die Zuhörer tobten und sie rauften sich.

14 Nach Liebstöckls ebenfalls ablehnender Kritik zur Uraufführung des 2. Streichquartetts am 21. Dezember 1908 schreibt Schönberg die polemische Entgegnung „Eine Rechtsfrage", die er dem Herausgeber der „Fackel", Karl Kraus, schickt. Der aber lehnt eine Veröffentlichung ab. (Eybl, S. 221–228)

Am nächsten Tag war in der „Neuen Freien Presse“ zu lesen: „Zu Szenen aber, wie sie sich in dem heutigen Konzert des Akademischen Verbandes ereignet haben, ist es unseres Erinnerns in einem Wiener Konzertsaale kaum je zuvor gekommen.“ (Szmolyan, S. 296) Das „Skandalkonzert“ wurde sofort als Ereignis mit geschichtlicher Dimension verstanden. Dabei bestand das Programm aus Werken, die heute als „Meisterwerke“ gelten. Die Uraufführung von Weberns Orchesterstücken op. 6 (damals noch op. 4) erntete ein Gelächter, das im krassen Widerspruch zu den Gefühlen stand, die Webern mit diesen Kompositionen hatte ausdrücken wollen. Zemlinskys Maeterlinck-Gesänge op. 13, von denen damals erst vier komponiert waren, beruhigten die Gemüter und gefielen sogar. Aber nach Schönbergs Kammersymphonie lieferten sich Anhänger und Gegner minutenlange verbale Kämpfe, die anscheinend auf dem Balkon bereits in Handgreiflichkeiten mündeten.

Die Situation entglitt bei den Nummern zwei und drei der fünf „Altenberg-Lieder“ von Alban Berg. Schönberg forderte nach dem Lied „Sahst du nach dem Gewitterregen“ das Publikum zur Ruhe auf und drohte mit Rausschmiss der Störer. Nach dem Lied „Über die Grenzen des Alls“ kam es zum offenen Radau, in dem weder die Ansprachen des anwesenden Gendarmen, noch des Vorsitzenden des „Akademischen Verbandes“, Erhard Buschbeck, und erst recht nicht die erregten Ausrufe Weberns Ruhe schaffen konnten. Vollends die Bitte der Veranstalter, „Gustav Mahlers Kindertotenlieder in Ruhe anhören zu wollen oder – heimzugehen“, sorgte für große Aufregung bei den Mahler-Verehrern, die „ihren“ Mahler nicht im Zusammenhang eines solchen Abends aufgeführt sehen wollten. Als das Orchester die Bühne verließ, wurde das Konzert abgebrochen.

Die Härte der kulturellen Auseinandersetzung kann als Symptom für den Vorabend zum Ersten Weltkrieg gelten. Die politischen und gesellschaftlichen Auseinandersetzungen schwappten in die kulturellen über. 1913 wehrten sich die Musikhörer gegen die Auflösung der traditionellen Harmonik, gegen die beispiellose Dichte der unterschiedlichen Themen und Motive, auch gegen Überschreitung der überlieferten Schemata, seien es formale oder die der Orchesterbesetzung. Schönbergs Hörer mochten ahnen, dass sich darin auch der Zerfall jener gesellschaftlichen Sicherheit spiegelte, die jahrzehntelang dank der Selbstverständlichkeit sozialer und politischer Hierarchien bestanden hatte. Die Demokratisierung der Gesellschaft, die Vereinzelung des Menschen in den explodierenden Städten, die schwindende Bedeutung der Großfamilie, schließlich das sich selbst überschlagende Tempo, mit dem wissenschaftliche und technische Entdeckungen gemacht wurden, die wiederum in den Alltag jedes Einzelnen eingriffen – all das rüttelte an den Grundfesten. Wenigstens musikalisch sollte alles beim Alten bleiben.

Wenn es zutrifft, dass in der Musik von Schönberg und seinen Schülern die gesellschaftlichen Umbrüche ihrer Zeit gehört wurden, fällt eine Verurteilung der Störer von 1913 nicht mehr ganz so leicht. Ohnedies ist es billig, sich heute auf die Seite von Schönberg zu schlagen, heute, wo ein solcher Standpunkt nichts kostet. Wer aber damals die Tonsprache Schönbergs und seiner Schüler als rückhaltlosen Ausdruck des aller Ordnungen entfesselten Individuums übersetzte, eines Individuums, das sich Ordnungen mühsam aus dem Scherbenhaufen zusammenbuchstabieren musste, wer also diese Musik so hörte, der mochte wohl aufbegehren. Denn reagiert nicht der, der das Fatale seiner Situation nicht wahrhaben will, sehr menschlich?

Die Gemüter waren also erhitzt, und auch wir brauchen etwas Beruhigung. Zeit für den 4. Teil der Kammersymphonie, das „Adagio". Dieses beginnt mit einer mehr klanglich als motivisch gestalteten Passage, aufgebaut auf Quartenmotiv und -akkord. Schönberg bringt damit seine Kammersymphonie vollständig zur Ruhe.

Playlist #11 10:22 bis 15:08

Wie zu Beginn der Kammersymphonie gleitet der Quartenakkord erst nach F-Dur, bei der Wiederholung dann aber nach g-Moll, bevor die 1. Violine in höchster Höhe die Mollterz des Akkordes in eine Durterz verwandelt, denn G-Dur ist die Tonika dieses Teils. Die Violine stellt auch das einprägsame, „sehr ausdrucksvolle" (Spielanweisung) Thema des Adagios vor, das in seiner ruhigen Bewegung und Punktierung fast wie ein Wiegenlied klingt (11:40). Neue Motive wandern durch die Streicher, bevor das Cello das Adagio-Thema übernimmt. Nachdem auch das Horn das Thema gespielt hat, kehren Quartenmotiv und -akkord zurück und der Hauptteil des Adagios endet (14:04). Die Bratsche intoniert nun ein neues, bewegtes Thema, das bald das ganze Orchester erfasst und zu einer Steigerung führt. Man kann dies als zweiten Teil des Adagios ansehen, der vor allem die Funktion hat, zum Finale und 5. Teil überzuleiten.

Die Zeitungen schilderten nach dem „Skandalkonzert“ genüsslich die unrühmlichen Szenen im Musikverein. Drei Wochen zuvor, am 23. Oktober 1913, hatte Franz Schreker Schönbergs „Gurre-Lieder“ im Musikverein uraufgeführt und Schönberg damit endlich den einhelligen Triumph beschert, den er bisher vergeblich herbeigesehnt hatte. Die Begeisterung beim Wiener Publikum war so einhellig, dass man ihn nun anlässlich des „Skandalkonzertes“ nicht mehr so ohne weiteres abkanzeln konnte. Stattdessen unterstellte man ihm, die Werke Bergs und Weberns nur aus Dankbarkeit gegenüber seinen ihm tief ergebenen Schülern auf das Programm gesetzt zu haben. Schönberg nahm die Ereignisse ernst und vollzog die Trennung vom Publikum. Fünf Jahre später gründete er mit Berg und Webern den „Verein für musikalische Privataufführungen“ unter Ausschluss von Öffentlichkeit und Kritik: nichts weniger als der Versuch, ein neues, der zeitgenössischen Musik gerecht werdendes Konzertwesen zu etablieren.

Vorausgegangen war dem eine Serie von zehn öffentlichen Proben im Mai und Juni 1918, wo unter Schönbergs Leitung die Kammersymphonie einstudiert und mehrmals durchgespielt wurde. Die Anregung hierzu stammte von Schönbergs Schüler Erwin Ratz (GA3, S. 274), und Schönberg war sofort angetan, erlaubte es ihm doch, das Werk so sorgfältig zu studieren, dass am Ende eine klanglich ausbalancierte und melodisch fassliche Aufführung stand. Im Subskriptionsaufruf – die Teilnahme an den Proben wurde im Abonnement verkauft – hieß es: „Auf diese Weise soll dem Hörer die Möglichkeit geboten werden, das Werk so oft zu hören, daß er es im ganzen und in den Einzelheiten auffassen kann.“ (GA5, S. 153) Und an Alma Mahler schrieb Schönberg am 19. Mai 1918: „Diese Woche beginnen die Proben zu meiner Kammersymphonie. […] Mir liegt dieses Werk sehr am Herzen. Es ist mein Schmerzenskind. Ich möchte es einmal klar herausbringen. Die Leute glauben immer, wenn etwas recht unklar klingt, dann ist es der richtige Schönberg. Das sind meine Freunde. Aber ich möchte deutlich verstanden werden: von Freund und Feind. Das wird diesmal hoffentlich gelingen. Und dann werden die Verständigen sehen, daß das eine sehr einfache klare Musik ist; nicht verschwommen! Es wurde nur noch nie richtig probiert.“ (GA5, S. 154)

Die öffentlichen Proben fanden mit Musikern der Volksoper im Musikverein statt (im heutigen Brahms-Saal), einige auch im Konzerthaus (heutiger Schubert-Saal). Die Anzahl der Besucher stieg ein ums andere Mal,

Schönbergs neuer Wiener Verlag, die Universal Edition, verkaufte mehr Partituren des Werkes als jemals zuvor, und nach der letzten Probe erhielt er einen Lorbeerkranz überreicht und von einem anonymen Spender die stattliche Summe von 10.000 Kronen. Kurz: Die Proben waren ein Erfolg. Elsa Bienenfeld, eine ehemalige Schülerin Schönbergs, die bei der Uraufführung noch über den „Eindruck größter Verworrenheit" den Kopf geschüttelt hatte (GA5, S. 154), schrieb im Neuen Wiener Journal: „Nun hat Schönberg, dem es schwerer wird, sich durchzusetzen als manchem anderen, weil er ein grüblerisches, den Menschen und den Dingen abgewandtes Talent ist, einen merkwürdigen Versuch gewagt, der – es sei gleich vorweg gesagt – durch einen Erfolg gekrönt war. Er hat seine Kammersymphonie, die ebenso schwer einzustudieren ist, wie schwierig zu verstehen, in sämtlichen Proben der Öffentlichkeit, soweit sie dafür Teilnahme bezeigt, zugänglich gemacht. [...] Eine bemerkenswerte Tatsache war sogleich am Beginn bis fortgesetzt zum Ende dieses eigentümlichen Unternehmens festzustellen: Schönberg hat bereits eine ganze Gemeinde in Wien; der kleine Musikvereinssaal, in dem sich an unregelmäßig aufeinanderfolgenden, mehrfach abgesagten und verschobenen Abenden, Nachmittagen und Vormittagen diese halb freizügigen, halb belehrenden Übungen vollzogen haben, war jedesmal voll besetzt, und als nach der letzten Probe, in der das Stück in einem Zug durchgespielt wurde, dem Komponisten ein Lorbeerkranz überreicht wurde, stürmte starker Beifall durch den Saal. Es war sehr viel jüngste Jugend unter denen, die am lebhaftesten ergriffen schienen. Der Enthusiasmus, den ein Künstler bei der Jugend zu entfachen vermag, spricht für ihn. [...] Schönberg hat die Jugend so sehr für sich, wie er die Einwände und Bedenken gereifter und erfahrener Musikfreunde noch gegen sich hat." (GA5, S. 158)

Ermutigt durch den erfreulichen Verlauf der öffentlichen Proben gründeten Schönberg und seine Anhänger noch im gleichen Jahr 1918, am 23. November, den „Verein für musikalische Privataufführungen". Präsident war Schönberg, dem die Vereinsstatuten „in der Leitung des Vereines vollkommen freie Hand" einräumten. Man zielte auf Aufführungen, die die zeitgenössische Musik verständlich und klar darbieten sollten. Unter den „Vortragsmeistern" Webern, Berg und Steuermann probte man die Stücke so lange und so oft, bis dieses Ziel erreicht war – stellenweise wurden bis zu 30 Proben angesetzt. Die Aufführungen fanden wöchentlich in Vereinsabenden statt, zugänglich nur für Mitglieder mit Mitgliedsausweis.

Beifalls- oder Missfallenskundgebungen waren untersagt. In den „Statuten“ heißt es hierzu: „Die Mitglieder des Vereines sind verpflichtet: [...] c) die Tendenz des Vereines nicht zu verletzen, welcher sich vom öffentlichen Musikgetriebe grundsätzlich fernhält, d. h. jede öffentliche Berichterstattung über seine Aufführungen und Tätigkeit, insbesondere Rezensionen, Notizen und Besprechungen in periodischen Druckschriften weder selbst zu verfassen, noch zu inspirieren.“ Und noch etwas drastischer im von Alban Berg verfassten „Prospekt“: „Die Aufführungen müssen dem korrumpierenden Einfluß der Öffentlichkeit entzogen werden, das heißt, *sie dürfen nicht auf Wettbewerb gerichtet und müssen unabhängig sein von Beifall und Mißfallen.*“[15]

Der erste Vereinsabend fand am 29. Dezember 1918 statt. In den folgenden drei Jahren wurden in dem Verein weit über 200, zumeist zeitgenössische Werke aufgeführt; manche bis zu fünf Mal. Das Programm bestimmte Schönberg. Wie weit gespannt sein Interesse war, beweist der Umstand, dass seine Musik erst in der zweiten Vereinssaison erklang, hingegen Reger und Debussy, die stilistisch einen ganz anderen Weg verfolgten, zu den meistgespielten Komponisten zählten: Debussy verzeichnete 45 Aufführungen (16 Werke) und Reger 61 Aufführungen (23 Werke).

Die meisten Programme enthielten klein besetzte Musik, zumeist Klaviermusik und Lieder, doch fanden auch symphonische Werke in Bearbeitungen seitens der Mitglieder den Weg ins Programm, etwa Mahlers Symphonien Vier, Sechs und Sieben. Seine „Lieder eines fahrenden Gesellen“ beispielsweise wurden am 6. Februar 1920 in Schönbergs Bearbeitung im Wiener Konzerthaus aufgeführt. Das Ensemble sah neben der für den Verein typischen Besetzung von Streichquartett, Klavier und Harmonium die Instrumente Flöte, Klarinette und Kontrabass vor, es sang Stella Eisner. Aus Sicht Schönbergs transportierte eine stimmige Instrumentalbearbeitung durchaus den Gedanken einer Komposition, so wie dem Schönberg-Kreis auch Mahlers Eingriffe in die Instrumentation der Beethoven- und Schumann-Symphonien als ein Mittel der Verdeutlichung gerechtfertigt schienen. Die Substanz einer Komposition fand man im Notentext, nicht im Klang.

---

15 Kursiv im Original gesperrt. Digitalisierte Faksimiles im Arnold Schönberg Center. https://archive.schoenberg.at/resources/pages/home.php Signaturen: VMP4986 (Prospekt) und VMP5024 (Statuten).

Zu hören bleibt uns noch der 5. Teil der Kammersymphonie. Er gliedert sich in zwei Hälften, wobei Schönberg die zweite Hälfte als „das eigentliche Finale“ (AS1976s, S. 445) bezeichnet, während Berg hier die „Coda“ beginnen lässt (Berg 1994, S. 129). Die Differenz lässt tief blicken. Schönbergs Beitrag zur Tradition der Viersätzigkeit in der Einsätzigkeit besteht in der Verschränkung mit dem Sonatensatz, wie er es 1905, in seinem 1. Streichquartett op. 7, erprobt hatte. Folglich muss das Finale gleichzeitig die Reprise der Exposition sein. Dies aber sind zwei grundverschiedene Anforderungen: Die eine ruft nach Wiederholung, das andere nach Höhepunkt. Und da eine – wie auch immer modifizierte – Wiederholung des 1. Teiles nicht in Frage kam, musste Mehrdeutigkeit die Folge sein.

Playlist #11 ab 15:08

Von allen „Nahtstellen der Form“ ist der Übergang in den 5. Teil der dezenteste. Kein Quartenmotiv, keine Kadenz, keine Klangfläche. Aber man hört, wie die Themen zurückkehren: das Überleitungsthema in der Violine, das Adagio-Thema im Horn, nach einem Tutti-Akkord auf es-Moll dann das Seitenthema im Cello. Die Reihenfolge, in der die Themen wiederkehren, entspricht also nicht ihrer Chronologie und erinnert eher an eine Durchführung als an eine Reprise.

Nach einem Abschlag im Orchester beginnt ein neuer, bewegter Abschnitt (16:14). Du erkennst ihn an den punktierten Terzen in den Hörnern, eine Abspaltung (und Verschnellerung) vom Beginn des Adagio-Themas. Auch die anderen Instrumente spielen „Reste“: die tiefen Streicher den Beginn vom ersten Hauptthema, die beiden Violinen eine Figur aus dem Seitenthema. Bald kommt das erste Hauptthema zurück.

Nach einem Höhepunkt folgt die zweite Hälfte des 5. Teiles (17:07). Wir sind in E-Dur gelandet, und die tiefen Instrumente markieren die Tonika sehr deutlich. Du erkennst die zweite Hälfte aber auch daran, dass Schönberg das Tempo bremst. Das Adagiothema (zunächst in der Bratsche) bleibt nun lange Zeit bestimmend, als habe Schönberg vor dem Schluss noch eine lyrische Episode einbauen wollen. Doch die letzte Steigerung kommt. Schönberg erzielt nun orchestrale Wirkungen, indem er die Soloinstrumente zu Gruppen zusammenfasst: erstens Holzbläser, zweitens Bassklarinette und Fagotte gemeinsam mit den tiefen Streichern, drittens hohe Violinen und Bratsche; die Hörner bilden eine extra Gruppe. Figuren aus Hauptsatz, Seitensatz und Schlussgruppe überlagern sich. Das absteigende Quartenmotiv führt zum Schlussabschnitt, den Berg „Endcoda" nennt, da er den Begriff „Coda" schon verwendet hat (19:33). In dem komplett in E-Dur stehenden Schluss arbeitet Schönberg vor allem mit dem Hauptthema, dem Quartenmotiv und anderen Figuren aus den Anfangstakten der Kammersymphonie.

Die Instrumentation am Schluss der Kammersymphonie dürfte die zeitgenössischen Hörer besonders empört haben. Der Komponist und Schönberg-Schüler Egon Wellesz, der beim „Skandalkonzert" zugegen war, schreibt darüber: „Die Unruhe begann, als im Scherzo Schönberg die große Flöte mit kleiner Flöte und die ohnedies scharfe D-Klarinette mit Es-Klarinette wechseln ließ; der Sturm aber brach los, als gegen Schluß Kleine Flöte, Oboe, Englischhorn und D-Klarinette in der höchsten Lage in Triolen gegen die Hörner und die Streicher *fortissimo* blasen mußten." (Wellesz 1981, S. 57)

Da die Kammersymphonie zwischen den Polen Kammermusik und Symphonieorchester changiert, ergaben sich aufführungspraktische Probleme. Erstens musste das Stück aufgrund seiner Komplexität dirigiert werden, nicht zuletzt auch, weil damit Probenzeit gespart werden kann. (Schönberg hat bei späteren Aufführungen auf sechs Proben bestanden, was im heutigen Konzertalltag nahezu unmöglich wäre.) Dass Arnold Rosé es bei der Uraufführung vom Pult aus leitete (gleichzeitig spielend und dirigierend), war ein Fehler, der der Rezeption des Stückes schadete. Zweitens braucht das Ensemble aus 15 Musikern Raum zur Entfaltung, ist also zu groß für einen Kleinen Saal und zu klein für einen Großen. Drittens sind die fünf Streicher gegenüber den zehn Bläsern dynamisch derart im Nachteil, dass die Klangbalance nach einer **chorischen** Streicherbesetzung verlangt. (Die Streicher spielen „im Chor", d. h., jede Stimme wird mehrfach besetzt.) An Zemlinsky schrieb Schönberg am 13. Dezember 1916: „Ich glaube das ist doch ein Irrtum, diese Solobesetzung der Streicher gegen soviele Bläser. Es fehlt nämlich eine Möglichkeit: kein einziges Instrument, keine einzige Gruppe kann im vollen Tutti *dominierend* über dem Ganzen stehen. Die Musik aber ist so erfunden, daß das nötig wäre." (Zemlinsky 1995, S. 159)

Schönberg bevorzugte die chorische Besetzung der Streicher gleich nach der Uraufführung von op. 9, so auch beim „Skandalkonzert". Noch 20 Jahre später, ein Jahr nach seiner Emigration in die Vereinigten Staaten, berichtete er dem Verleger vom Plan einer weiteren Bearbeitung, welche

„die Aufführungsschwierigkeiten (auf Grund meiner Erfahrungen) auf einen Bruchteil reduzieren [würde], so daß […] die Kammersymphonie endlich ihren Platz im Konzertleben einnehmen könnte." (GA5, S. 81) Tatsächlich ging es ihm auch darum, sich durch eine Neuausgabe des Werkes das amerikanische Copyright zu sichern, das die Universal Edition nicht rechtzeitig für die USA deklariert hatte. Die so hergestellte Orchesterbearbeitung fand als op. 9b einen eigenen Platz im Werkkatalog. Nach der Erstaufführung am 27. Dezember 1935 unter Schönbergs Leitung in Los Angeles schrieb er am 15. Januar 1936 Webern: „Die klingt jetzt vollkommen klar und plastisch, vielleicht ein bisschen zu laut, was daran liegt, dass ich mich nicht genug vom Original weggetraut habe."

Die Kammersymphonie op. 9 blieb Schönbergs „Schmerzenskind" – gerade weil sich Euphorie aus dem Kompositionsprozess und Zurückweisung in der Rezeption so eklatant widersprachen. Noch 1931 antwortete er auf eine Anfrage von Julius Bahle: „Ich habe es immer *sehr* bedauert, daß es mir mit einemmal versagt war, mich weiter etwa im Stile meiner Kammersymphonie zu bewegen, da ich fand, daß es hier noch unermeßliche, ungenützte Möglichkeiten gab. So mußte ich leider einige fast fertige Werke stehenlassen und habe x-mal zum Beispiel eine zweite Kammersymphonie, die sehr weit fertig ist, vergebens zu vollenden versucht (worauf ich noch immer hoffe)." (Reich, S. 307) Seine zweite Kammersymphonie begann Schönberg unmittelbar nach der ersten, doch in den Kompositionsprozess platzte die Begegnung mit der Lyrik Stefan Georges, um die es im nächsten Kapitel gehen wird. Er vollendete sie erst 1939. Sie erhielt die Opuszahl 38 und zählt heute zu den Werken Schönbergs, die am seltensten im Konzert zu erleben sind.

VI
Schönberg liest

15 Gedichte aus „Das Buch der hängenden Gärten" op. 15

Wir nähern uns der Mitte unserer Schönberg Challenge, und Du hast noch keinen Ton Gesang gehört. Dabei hat Schönberg mehr Vokalwerke komponiert als Instrumentalwerke. Gleich die ersten drei Opuszahlen sind Liederzyklen, auch die opera 6, 12 und 14, bevor dann mit op. 15 jener bedeutende Liederzyklus folgt, um den es in diesem Kapitel geht. Der volle Titel des Werkes lautet: 15 Gedichte aus „Das Buch der hängenden Gärten" von Stefan George op. 15, für eine Singstimme und Klavier.

Weitere Vokalwerke von Schönberg: Zwei Zyklen für Gesang und Orchester, op. 8 und op. 22. Für Chor entstehen „Friede auf Erden" op. 13 sowie die Stücke mit den Opuszahlen 27, 28, 35 und 44. Auch seine letzten Werke, op. 49 und op. 50, sind Chöre. Hinzu kommen Werke für Gesang und Ensemble („Herzgewächse" op. 20 und „Pierrot lunaire" op. 21, Kapitel 8) sowie ein letzter Zyklus Klavierlieder op. 48. Gesungen bzw. gesprochen wird auch im 2. Streichquartett op. 10, in der Serenade op. 24, im „Kol nidre" op. 39, in der „Ode to Napoleon Buonaparte" op. 41 und im „Überlebenden aus Warschau" op. 46 (Kapitel 12). Und natürlich in den Opern: „Erwartung" op. 17 (Kapitel 7), „Die Glückliche Hand" op. 18, „Von heute auf morgen" op. 32 und „Moses und Aron". Von 50 Opuszahlen sind demnach 27 mit Stimme. Und die Liste verlängert sich durch Werke ohne Opuszahlen: die „Gurre-Lieder", das Oratorium „Die Jakobsleiter" (Kapitel 9) und eine Reihe weiterer Lieder, Chöre und Kanons.

Warum komponierte Schönberg so viele Vokalwerke? Oft wollte er über die Texte bestimmte Botschaften übermitteln, z. B. in „Moses und Aron", „Die Glückliche Hand", „Die Jakobsleiter" und „Ein Überlebender aus Warschau", aber auch in den drei „Satiren" op. 28. Ebenso oft inspirierten ihn die Texte dazu, in künstlerisch neue Bereiche vorzustoßen. Dies ist bei den „George-Liedern" der Fall.

Das Klavierlied spielte für Schönberg eine zentrale Rolle. Damit stand er in seiner Generation nicht allein. Zwischen 1880 und 1910 waren es erstens Gedichte, die die Komponisten dazu inspirierten, harmonisch, rhythmisch und melodisch Neues auszuprobieren, was in den traditionellen Gattungen wie Streichquartett oder Symphonie noch nicht realisiert werden durfte. So erklärt sich auch die Bedeutung von Liederzyklen im Schaffen von Mahler, Hugo Wolf, Zemlinsky und Webern. Zweitens passte das Klavierlied in eine Zeit des privaten Rückzugs aus einer Außenwelt, die angesichts ungebremst expandierender Städte und einer rasanten technologischen Entwicklung zusehends als unübersichtlich und bedrohlich wahrgenommen wurde. Und drittens konnten sich die Komponisten mit einem Klavierlied vom offiziellen Musikleben entkoppeln. Eine Sängerin (seltener: ein Sänger) und ein Klavier waren leichter aufzutreiben als ein Orchester.

Schönberg las viel, seine Bibliothek war reichhaltig. Das Arnold Schönberg Center listet 726 Einzeltitel, darunter Peter Altenberg (6 Bände), Balzac (11), Ausgaben der Bibel auf deutsch, englisch und hebräisch (7), „Der letzte Mohikaner“ von James F. Cooper, ein dänisches Sprachlehrbuch, Stefan George (7), Goethe (9), Gerhart Hauptmann (3), Kafka (3), Kant (11), Maeterlinck (19), Thomas Mann (5), eine Gesamtausgabe von Molière, Nietzsche, Novalis und Nestroy, Ovid, Plato (8), Edgar Allan Poe, Rilke (10), Walter Scott (4), Shakespeare und Bernard Shaw, Rabindranath Tagore (3), Mark Twain (3), Otto Weininger (3), Franz Werfel (7) und Émile Zola (3). Sein Interesse spannte sich über die Literaturgeschichte mit einem Schwerpunkt auf den Zeitgenossen und umfasste auch Schriften der Komponistenkollegen Busoni, Cowell, Eisler, Hába, Hauer, Ives, Koechlin, Krenek, Leibowitz, Rameau, Wagner und Weber.

Unter den Texten, die Schönberg seinen Kompositionen zugrunde legt, lassen sich grob drei Gruppen unterscheiden. Anfangs dominieren jene Dichter, die in seinem Umfeld gelesen wurden: Ludwig Pfau, Karl von Levetzow, Johannes Schlaf, Hermann Lingg, Heinrich Hart, Jens Peter Jacobsen, Gottfried Keller, außerdem die Sammlung „Aus des Knaben Wunderhorn“. Die meisten von ihnen werden heute kaum noch gelesen, auch Richard Dehmel nicht. Schönberg entdeckt ihn Ende des 19. Jahrhunderts und fängt sofort Feuer. 1912 schreibt er ihm: „Ihre Gedichte haben auf meine musikalische Entwicklung entscheidenden Einfluß ausgeübt. Durch sie war ich zum erstenmal genötigt, einen neuen Ton in der Lyrik zu suchen.“ Ich habe den Brief bereits im Zusammenhang mit der „Verklärten Nacht“ zitiert.

Dehmel führt uns zur zweiten Gruppe von Textquellen. Es handelt sich um Texte, die den Weg in die Verinnerlichung antreten und damit bei Schönberg eine bislang ungehörte Musik hervortreiben. Maeterlinck und Rilke gehören dazu, vor allem aber Stefan George, dessen Gedichte Schönberg im „Ansorge-Verein" kennen gelernt haben dürfte. Der Verein, benannt nach dem Liszt-Schüler Conrad Ansorge, gründet sich 1903, mit Zemlinsky als Musikalischem Leiter. Hier wird Lyrik gelesen, hier lädt man Richard Dehmel zu einer Dichterlesung ein und hier erklingen die ersten Liederzyklen von Zemlinsky und Schönberg. Am 11. Februar 1904 werden neben einigen Schönberg-Liedern auch Gedichte aus Georges Sammlung „Waller im Schnee" vorgetragen; Schönberg hat diesen Abend zweifelsohne besucht, jedenfalls fand sich in seinem Nachlass ein Programmheft dieses Abends (Dümling, S. 175).

Die dritte Gruppe sind Schönbergs eigene Texte. Schon für den Einakter „Die glückliche Hand" schreibt Schönberg den Text 1910 selbst. Nach dem Ersten Weltkrieg tritt der Komponist immer öfter als sein eigener Librettist in Erscheinung, gerade bei so wichtigen Werken wie „Moses und Aron" und der „Jakobsleiter".

Als Mahler 1907 Wien Richtung New York verlässt, empfindet Schönberg ein Vakuum. Er sucht nach einer neuen geistigen Autorität und findet sie in Stefan George. Seine erste George-Vertonung ist „Ich darf nicht dankend an Dir niedersinken". Schönberg vollendet sie am 17. Dezember 1907 und veröffentlicht sie mit „In diesen Wintertagen" (Karl Henckell) als op. 14. In den folgenden Monaten beschäftigt ihn Georges Lyrik intensiv: neben dem Zyklus op. 15 insbesondere bei den Sätzen drei und vier des Zweiten Streichquartetts op. 10, komponiert im Juli 1908, also kurz nach den ersten Liedern aus op. 15. Über einen Zusammenhang mit Schönbergs Ehekrise in jener Zeit mag spekuliert werden, würde uns aber von dem Umstand ablenken, dass es vor allem künstlerische Gründe gibt, die Schönberg zu George führen.

Die 15 Gedichte aus Georges „Buch der hängenden Gärten" vertont Schönberg zwischen März 1908 und März 1909. Ich wähle einige Lieder aus, um deutlich zu machen, worin die Herausforderung, aber auch die Schönheit dieser Musik besteht. Hören wir zunächst die Nr. 10: „Das schöne Beet betracht ich mir im Harren".

Playlist #12

Das Lied „duftet“ nach D-Dur wie ein schönes Beet. Es ist dasjenige Lied des Zyklus’, das am stärksten nach frühem Schönberg klingt – zumindest am Anfang. Wie in op. 9 eröffnet ein spannungsreicher Quartenakkord, der sich in drei Schritten nach d-Moll auflöst. Am Schluss des Liedes kehrt der Anfang wieder: Diesmal geht es nach D-Dur, das sich sogleich eintrübt.

Georges Gedicht umfasst acht Verse. Außer am Versanfang schreibt George alle Worte klein. Schönberg korrigiert die Groß- und Kleinschreibung sowie die Interpunktion gemäß der aktuellen Orthografie. Die Verse reimen sich (abbacdcd), aber der Gesang scheint über die Verse hinweg zu gleiten. Dass dies nicht der Fall ist, werden wir gleich sehen.

Auffallend oft verändert die Musik ihre Gestik. Bei „drin ragen Kelche“ reiht Schönberg Seufzermotive in der Oberstimme des Klaviers, bei „sammtgefiederte“ spielt die linke Klavierhand besonders kurzatmig, bei „von einem Odem“ ertönen volle Akkorde. Bei letztgenannter Stelle greift Schönberg auf den Anfang zurück: Nach „weiß und mild“, dem Ende des sechsten Verses, gibt es eine **Zäsur** (kurzes Innehalten, höchstens einen Atemzug), dann beginnt die „Reprise“; die linke Klavierhand spielt den Anfang im Bass wörtlich, die Singstimme geht auf einer anderen Tonhöhe mit. Hat diese „Reprise“ etwas mit dem Aufbau des Gedichtes zu tun?

Höre Dir das Lied noch einmal an und merke Dir die drei ersten Töne: kleiner Schritt aufwärts (kleine Sekunde), Sprung abwärts (Quinte). Zusammengeschoben ergibt dieses Motiv den ersten Akkord des Liedes. Wie in op. 9 stellt Schönberg das Kernmotiv gleichzeitig horizontal (Motiv) und vertikal (Akkord) vor. Danach kommt es immer wieder, und zwar bevorzugt am Anfang oder am Ende eines Verses: gut hörbar weil original beim Einsetzen des Gesangs „Das schöne Beet“, beim Beginn des 3. Verses („drin ragen Kelche“), zwischen 5. und 6. Vers (nach „wassergrün und rund“) und, wie erwähnt, am Beginn des 7. Verses („von einem Odem“). Damit nicht genug: Am Beginn des 2. Verses („Es ist umzäunt“) erscheint das Motiv **permutiert** in der Gesangsstimme, d. h. die Töne sind vertauscht, der 3. Ton rutscht vor den ersten. Schönberg hat also durchaus die Verse in seiner Musik markiert. Die „Reprise“ beim 7. Vers spiegelt darüber hinaus den Aufbau des Gedichtes, denn die ersten sechs Verse bilden zusammen einen Satz, die Verse 7 und 8 einen zweiten.

Schönberg empfand die „George-Lieder“ als eine wichtige Etappe in seinem Schaffen. Für die Uraufführung durch die Sängerin Martha Winternitz-Dorda und die Pianistin Etta Werndorf am 14. Januar 1910 im „Verein für Kunst und Kultur“ (wie der „Ansorge-Verein“ inzwischen hieß) formulierte er in einer Einführung: „Mit den Liedern nach George ist es mir zum erstenmal gelungen, einem Ausdrucks- und Form-Ideal nahezukommen, das mir seit Jahren vorschwebt. Es zu verwirklichen, gebrach es mir bis dahin an Kraft und Sicherheit. Nun ich aber diese Bahn endgültig betreten habe, bin ich mir bewusst, alle Schranken einer vergangenen Aesthetik durchbrochen zu haben. [...] Nicht Mangel an Erfindung oder an technischem Können, oder an Wissen um die anderen Forderungen jener landläufigen Aesthetik [drängen] mich in diese Richtung [...], sondern dass ich einem innern Zwange folge, der stärker ist, als Erziehung; dass ich jener Bildung gehorche, die als meine natürliche mächtiger ist, als meine künstlerische Vorbildung.“ (AS1912, S. 39f.)

Das neue „Ausdrucks-Ideal“ manifestiert sich im vollständigen Außerkraftsetzen der Funktionsharmonik. Mit den „George-Liedern“ op. 15 und den zeitgleich komponierten Drei Klavierstücken op. 11 beginnt die „atonale“ Periode Schönbergs. Anders als noch in op. 9 sind in beiden Werken keine Tonarten vorgezeichnet und keine Kadenzen markieren Übergänge zwischen verschiedenen Abschnitten, wie wir es noch in den vorangegangenen Werken gesehen haben. Dur- und Moll-Akkorde kommen vor, aber nur noch als Farben, ohne Einfluss auf den formalen Ablauf. Im 10. Lied bleiben d-Moll und D-Dur folgenlos. Das D-Dur am Ende verwandelt sich sogleich in einen „dissonanten“ Schlussakkord. Tatsächlich emanzipiert Schönberg jene Intervalle, die im Rahmen der Funktionsharmonik als „dissonant“ galten (Sekunde und Septime sowie die übermäßigen und verminderten Intervalle). Sie verlangen nicht mehr nach Auflösung und treten gleichberechtigt neben die konsonanten Intervalle (Terz, Quarte, Quinte, Sexte, Oktave).

Im Rückblick hat Schönberg von seiner „zweiten Periode“ gesprochen, „jener Periode, die auf ein tonales Zentrum verzichtet, was man fälschlich ‚Atonalität‘ nennt. Schon im ersten und zweiten Satz [des Zweiten Streichquartetts op. 10] kommen Stellen vor, in denen die unabhängige Bewegung der einzelnen Stimmen keine Rücksicht darauf nimmt, ob deren Zusammentreffen in ‚anerkannten‘ Harmonien erfolgt. [...] Doch konnte die überwältigende Vielheit dissonanter Klänge nicht länger durch gelegentliche Anbringung von solchen tonalen Akkorden ausbalanciert werden, die man gewöhnlich zum Ausdruck einer Tonart verwendet. Es schien nicht angemessen, eine Bewegung in das Prokrustesbett der Tonalität zu zwingen, ohne diese gleichzeitig durch solche Harmoniefolgen zu unterstützen, die ihr zugehören. Dieses Dilemma war nicht ausschließlich das meinige, sondern hätte das Denken aller zeitgenössischen Komponisten beschäftigen müssen. Daß ich der erste war, der den entscheidenden Schritt wagte, gilt wohl nicht allgemein als ein Verdienst – was ich zwar bedaure, aber ignorieren muss. Dieser erste Schritt erfolgte in den *Zwei Gesängen op. 14* und gleich darauf in den *Fünfzehn Gesängen der Hängenden Gärten op. 15* sowie in den *Drei Klavierstücken op. 11.*" (AS1976p, S. 403)

Den Begriff der „Atonalität" lehnte Schönberg also ab. In einer 1922 zur „Harmonielehre" hinzugefügten Fußnote konterte er: Ich „bin Musiker und habe mit Atonalem nichts zu tun. Atonal könnte bloß bezeichnen: etwas, was dem Wesen des Tons durchaus nicht entspricht. [...] Ein Musikstück wird stets mindestens insoweit tonal sein müssen, als von Ton zu Ton eine Beziehung bestehen muß, vermöge welcher die Töne, neben- oder übereinander gesetzt, eine als solche auffaßbare Folge ergeben. Die Tonalität mag dann vielleicht weder fühlbar noch nachweisbar sein, diese Beziehungen mögen dunkel und schwerverständlich sein, unverständlich sogar. Aber atonal wird man irgend ein Verhältnis von Tönen sowenig nennen können, als man ein Verhältnis von Farben als aspektral oder akomplementär bezeichnen dürfte. Diesen Gegensatz gibt es eben nicht." (AS1911, S. 486)[16]

Und Alban Berg sekundierte 1936 in der Musikzeitschrift „23" in seinem Aufsatz „Was ist atonal?", indem er den Begriff „atonal" als Kampfbegriff enttarnte, der die Behauptung in sich trägt, die damit etikettierte Musik sei eine „Unmusik". Hingegen Berg: „Kein Takt – und sei er von der kompliziertesten harmonischen, rhythmischen und kontrapunktischen Faktur – steht in dieser, unserer Musik, der nicht der schärfsten Kontrolle des Gehörs, des äußeren und des inneren Gehörs, unterworfen wäre und für dessen Sinn, an sich sowohl als in der Stellung zum Ganzen, nicht [...] die künstlerische Verantwortung übernommen wird" (Reich, S. 51).

---

16 Dass Schönberg den Begriff später durchaus verwendete, zeigt ein Brief an Pablo Casals vom 20. Februar 1933 über seine Bearbeitung des Cembalokonzertes von Matthias Georg Monn: „Nirgends aber geht es wesentlich weiter als Brahms, jedenfalls gibt es keine Dissonanzen, die nicht im Sinn der älteren Harmonielehre zu verstehen sind; und: nirgends ist es atonal!"

Wir hören die Nr. 8: „Wenn ich heut nicht deinen Leib berühre“:

Playlist #13

Dieses wilde Stück gehört zu den vier ersten Liedern, die Schönberg im März/April 1908 komponierte und die den Grundstock zum Zyklus op. 15 bilden sollten. Es ist typischer für den gesamten Zyklus als die zuvor gehörte Nr. 10. Zunächst fällt seine Kürze auf: Keine Minute dauert es. Im Vergleich etwa mit Gustav Mahlers manchmal siebenminütigen Liedern („Wo die schönen Trompeten blasen“, „Das himmlische Leben“) setzt Schönberg seinen Weg der Reduktion fort, der mit der Kammersymphonie begann und nach op. 15 weiter zu den Fünf Orchesterstücken op. 16 sowie zu den Klavierstücken op. 11 und op. 19 führt. Bei aller Kürze aber hören wir deutlich, dass in der Mitte des Liedes das Tempo und die Ereignisdichte der Musik nachlassen. So entsteht ein Mittelteil, das Lied ist dreiteilig. Die Teile passen mit den acht Versen des Gedichtes zusammen: Die ersten drei Verse schildern das Verlangen des „lyrischen Ich“ nach Berührung der Geliebten (das Geschlecht der Angebeteten klärt sich erst im letzten Lied). Der langsamere Mittelteil umfasst die Verse vier bis sechs, die vom Leiden handeln, das das liebende „Ich“ verspürt. Die letzten beiden Verse kehren zum Tempo der ersten drei zurück und stellen eine Forderung an die Geliebte („Kühlung sprenge mir, dem Fieberheißen“). Zwar konnte und wollte Schönberg mit Georges Gedichten die traditionelle Strophenform des Kunstliedes nicht verwirklichen – sämtliche Gedichte in op. 15 umfassen einen einzigen Textblock zwischen 7 und 18 Versen –, aber Schönberg teilt die meisten seiner Lieder in drei Teile, wobei er im letzten fast immer reprisenhaft auf den ersten Teil zurückgreift und auf diese Weise einen Anker in die Tradition wirft.

Was hält das achte Lied zusammen? Ein aus drei Tönen bestehendes Motiv, das Schönberg sowohl als Melodie wie auch als Akkord präsentiert. Es ist ein übermäßiger Dreiklang.

Ein übermäßiger Dreiklang besteht aus drei großen Terzen. „Übermäßig“ heißt er, weil das Rahmenintervall eines aus großen Terzen aufgetürmten Akkordes eine übermäßige Quint ergibt.

Du hörst den übermäßigen Dreiklang gleich am Anfang: Im Klavier liegt er als aufsteigendes Motiv in der linken Hand (Bassstimme) und als Akkord in der rechten Hand. Auch die Singstimme beginnt damit („Wenn ich heut nicht dei-"). Hast Du das Motiv einmal im Ohr, kannst Du es im Bass ständig hören. Im ersten Teil besteht die linke Hand aus nichts anderem als aus Varianten des Motivs. Im Mittelteil bleibt es im Bass des Klaviers, verändert sich aber stärker: Es erklingt absteigend, also in der Umkehrung (bei „Liebe Zeichen"), dann verschnellert („mir, der leidet"), schließlich auf einen Terzschritt verkürzt, der zum Ende des Mittelteils langsam und gleichmäßig absteigt („gehöre, Richte, ob mir solche Qual gebühre?"). Und auch der dritte Teil beginnt mit dem Motiv im Bass, diesmal wieder schneller.

Zugegeben: Das Motiv ist nicht leicht zu identifizieren. Das achte Lied ist ein gutes Beispiel dafür, wie der Komponist ein Lied zusammenhält. Schönberg sichert mit dem Motiv die „strukturelle Identität", für eine „klangliche Identität" erscheint das Motiv zu wenig charakteristisch. Typisch für op. 15 ist außerdem, dass das Material der „strukturellen Identität" im Klavier liegt. Die Singstimme partizipiert daran seltener. Beim 6. Vers, „ob mir solche Qual gebühre?", wiederholen sich z. B. die Töne des 1. Verses mit nur leichter rhythmischer Änderung. Damit schiebt Schönberg die „Reprise" auseinander: Im Gesang setzt sie mit dem 6. Vers ein (der 6. Vers reimt sich auch mit dem ersten), im Klavier erst mit dem siebten. Diese Ungleichzeitigkeit der Ereignisse verstärkt den Eindruck des Hastigen, der dem Lied insgesamt eigen ist.

Wie die Nr. 10 hört auch die Nr. 8 nicht in Dur oder Moll, sondern mit einem spannungsreichen Akkord auf. Nicht die Rückkehr in die Tonika beschließt das Lied, denn diese gibt es nicht mehr. Es ist die musikalische **Gestik**: In Nr. 8 spielt die linke Hand in den letzten Sekunden fünfmal den gleichen Akkord. Die rechte Hand steigt dagegen kontinuierlich ab, zunächst in Sprüngen, dann in einer chromatischen Linie. Beides sind Gesten des Aufhörens: die Wiederholung wie der lange Abstieg. In Nr. 10 wie auch in Nr. 15, dem letzten Lied des Zyklus, besteht die Geste im Verlöschen: Der Klaviersatz wird langsamer und leiser.

Stefan George, geboren 1868 im heutigen Bingen am Rhein (Rheinland-Pfalz) und gestorben 1933 in einem Krankenhaus im schweizerischen Locarno, besitzt einen hohen Stellenwert in der Literaturgeschichte, obwohl seine Lyrik heute kaum noch gelesen wird. Zunächst vom Symbolismus beeinflusst und in bewusster Gegnerschaft zum Realismus und Naturalismus seiner Zeitgenossen, entwickelt George eine formal strenge, inhaltlich aber schillernde, alle Feinheiten des Deutschen auskostende Sprache. Er schart einen Kreis von jungen Literaten um sich, die ihrem „Meister“ ergeben sind und seine Lyrik neben Goethe stellen. Namhafte Schriftsteller-Kollegen setzen sich ausführlich mit seinem Schaffen auseinander: Nach Hugo von Hofmannsthal, der George in Wien unterstützt, bevor er sich von ihm abwendet, sind dies vor allem Thomas Mann und Gottfried Benn. Dabei geht es zunächst noch um die literarische Qualität der Gedichte, die meistens bewundert, von manchem aber auch als unzureichend empfunden wird. Später diskutiert man hauptsächlich seine Esoterik, die Flucht aus dem Alltag, die kultische Vorlese-Praxis und die Exklusivität des George-Kreises, über den auch homoerotische Details gemunkelt werden, und seine elitäre Haltung.

Die „Bücher der Hirten- und Preisgedichte, der Sagen und Sänger und der Hängenden Gärten“ erscheinen 1895. Das „Buch der Hängenden Gärten“ ist der letzte Teil des Bandes, die ausgewählten 15 Gedichte folgen auch bei George so aufeinander, wie Schönberg sie angeordnet hat (lediglich ein Gedicht lässt Schönberg aus). Im orientalischen Ambiente, das für die Weltflucht Georges und seines Kreises typisch ist, handeln die Gedichte von einem jungen Prinzen und seinem erotischen Verlangen. Dessen unglücklicher Verlauf spiegelt sich in der Wahrnehmung des Gartens. Am Anfang erscheint der Garten als verzauberter Ort, in dem uralte Geschichten aus der Kindheit zum Leben erwachen: „Fabeltiere aus den braunen Schlünden / Strahlen in die Marmorbecken speien, / Draus die kleinen Bäche klagend eilen“. Am Ende herrscht Verfall: „Nun ist wahr, dass sie für immer geht. / Hohe Blumen blassen oder brechen, / Es erblasst und bricht der Weiher Glas / Und ich trete fehl im morschen Gras, / Palmen mit den spitzen Fingern stechen“.

Es sind Dichter wie Dehmel und George, die Schönberg dazu inspirieren, seine Tonsprache zu verändern. Programmatisch lesbar ist in diesem Zusammenhang Georges Gedicht „Entrückung“, das Schönberg im letzten Satz seines Zweiten Streichquartetts op. 10 vertont: „Ich fühle Luft von anderem Planeten“. Genauso mag sich Schönberg gefühlt haben. Wenige Jahre später, nämlich 1912, spielt Schönberg den Zusammenhang in dem Aufsatz „Das Verhältnis zum Text“ herunter, indem er behauptet, nur die ersten Worte eines Gedichtes bewusst gelesen zu haben.

„Ich war vor ein paar Jahren tief beschämt, als ich entdeckte, daß ich bei einigen mir wohlbekannten Schubert-Liedern gar keine Ahnung davon hatte, was in dem zugrunde liegenden Gedicht eigentlich vorgehe. Als ich aber dann die Gedichte gelesen hatte, stellte sich für mich heraus, daß ich dadurch für das Verständnis dieser Lieder gar nichts gewonnen hatte, da ich nicht im geringsten durch sie genötigt war, meine Auffassung des musikalischen Vortrags zu ändern. Im Gegenteil: es zeigt sich mir, daß ich, ohne das Gedicht zu kennen, den Inhalt, den wirklichen Inhalt, sogar vielleicht tiefer erfaßt hatte, als wenn ich an der Oberfläche der eigentlichen Wortgedanken haften geblieben wäre. Noch entscheidender als dieses Erlebnis war mir die Tatsache, daß ich viele meiner Lieder, berauscht von dem Anfangsklang der ersten Textworte, ohne mich auch nur im geringsten um den weiteren Verlauf der poetischen Vorgänge zu kümmern, ja ohne diese im Taumel des Komponierens auch nur nachzusehen, was denn eigentlich der poetische Inhalt meines Liedes sei. Wobei sich dann zu meinem größten Erstaunen herausstellt, daß ich niemals dem Dichter voller gerecht worden bin, als wenn ich, geführt von der ersten unmittelbaren Berührung mit dem Anfangsklang, alles erriet, was diesem Anfangsklang eben offenbar mit Notwendigkeit folgen mußte.

Mir war daraus klar, daß es sich mit dem Kunstwerk so verhalte wie mit jedem vollkommenen Organismus. Es ist so homogen in seiner Zusammensetzung, daß es in jeder Kleinigkeit sein wahrstes, innerstes Wesen enthüllt. [...] So hatte ich die Schubert-Lieder samt der Dichtung bloß aus der Musik, Stefan Georges Gedichte bloß aus dem Klang heraus vollständig vernommen." (AS1976b, S. 4f.)

Damit erklärt Schönberg den formalen Aufbau wie auch den Inhalt der vollständigen Textvorlage für nachrangig zugunsten einer knappen literarischen Momentaufnahme, die die Essenz des Ganzen enthalte. Das mag zu seiner Überzeugung passen, dass der Gehalt eines Werkes auch in seinen Details gegenwärtig sein muss. Das klassische Ideal von der Einheit in der Mannigfaltigkeit geht ja bereits in diese Richtung. In dem zitierten Aufsatz heißt es kategorisch: „Wenn man einen Vers von einem Gedicht, einen Takt von einem Tonstück hört, ist man imstande, das Ganze zu erfassen." (AS1976b, S. 5) Bezogen auf seine Vertonungen handelt es sich gleichwohl um eine Zuspitzung, noch dazu motiviert durch die Empörung, die eine Kritik über sein Chorwerk „Friede auf Erden" am 11. Dezember 1911 im „Wiener Fremdenblatt" bei ihm ausgelöst hatte und die den Anstoß gab, den Aufsatz zu schreiben (Dümling, S. 210f.). In den 30er-Jahren, also nach der Entwicklung der Zwölftonmethode, wird Schönberg die Funktion des Textes für seine Musik wieder stärker gewichten: Er habe nach der Überwindung der Funktionsharmonik Texte benötigt, um den formalen Aufbau seiner Stücke zu motivieren:

„Früher hatte die Harmonie nicht nur als Quelle der Schönheit gedient, sondern, was wichtiger war, als Mittel zur Unterscheidung der Formmerkmale. [...] Die Erfüllung all dieser Funktionen [...] war kaum mit Akkorden zu gewährleisten, deren konstruktive Werte bisher noch nicht erforscht worden waren. Daher schien es zunächst unmöglich, Stücke von komplizierter Organisation oder großer Länge zu komponieren.

Wenig später entdeckte ich, wie sich größere Formen konstruieren ließen, indem man einem Text oder Gedicht folgte. Die Unterschiede in der Länge und Form der Teile und der Wechsel im Charakter und in der Stimmung wurden in der Form und dem Umfang der Komposition, in ihrer Dynamik und ihrem Tempo, in der Figurierung und Akzentuierung, Instrumentierung und Orchestrierung widergespiegelt. Auf diese Weise wurden die Teile genauso deutlich differenziert wie früher durch die tonalen und strukturellen Funktionen der Harmonie." (AS1976k, S. 74)

Diese Auffassung kommt dem, was wir in den Liedern Nr. 8 und Nr. 10 feststellten, schon näher: Der formale Verlauf des Gedichtes und die Versanordnung bestimmen auch die Liedvertonung.

Fast alle Lieder in op. 15 sind kurz. Sie geben nur einem Gedanken, einer Stimmung, einer Atmosphäre Raum. Zu den kürzesten gehört das vierzehnte Lied, „Sprich nicht immer von dem Laub". Georges Gedicht besteht aus vierzehn Versen, die jeweils nicht mehr als drei Worte, nicht mehr als vier Silben umfassen. Schönbergs elf Takte dauern keine Minute. Überliefert sind mehrere Kompositionsversuche, und erst mit der letzten Revision von Nr. 14 schloss er die Arbeit an dem Zyklus im März 1909 ab. Das Gedicht besteht aus einer Aufzählung von herbstlichen Ereignissen, über die nicht gesprochen werden soll, weil bereits ihre Erwähnung das Ende herbeiruft. Die musikalischen Ideen drängen sich in wenige Takte, die Musik gleicht einem Aphorismus, der mit wenigen Worten einen Gedanken ausdrückt. Von hier aus sind wir schnell bei den ebenfalls sehr kurzen Werken von Schönbergs Schüler Anton Webern.

Der Kürze zum Trotz offenbart die Singstimme Elemente einer Gliederung. Der erste Vers „Sprich nicht immer" beginnt mit einem Seufzermotiv. Die Verse drei bis acht sind melodisch ähnlich gebaut, indem sie alle mit einem Seufzermotiv schließen: „-desraub", „-schellen", „Quitten", „Tritten" und „im Jahr". Die Verse vier bis sechs („vom Zerschellen / reifer Quitten, / von den Tritten") besitzen die gleiche Rhythmik (kurz, kurz, lang, kurz), die auf das kurze Klaviervorspiel zurückgeht. Auch die Verse sieben und acht gehorchen diesem Modell in einer verlängerten Melodie („der Vernichter / spät im Jahr"). Der Mittelteil danach umfasst nur zwei Takte. Mit „und der Lichter / deren" greift Schönberg wieder das beschriebene rhythmische Modell auf und orientiert sich außerdem am Anfang: „Lichter / deren Flim-" besitzt den gleichen Verlauf wie „Sprich nicht immer / von dem Laub", indem die Melodie von einem hohen Ton ausgehend abstürzt und mit einem Tritonus wieder aufsteigt. Zum Zusammenhalt trägt auch bei, dass das Stück im Klavier mit einem Seufzermotiv endet und dass – auch wenn es hörend kaum erkennbar sein dürfte – beim Wort „Lichter" die rechte Hand im Klavier einen Akkord anschlägt, der die ersten drei Noten der Singstimme vertikal zusammenklappt.

Gleichzeitig illustriert das Klavier den Text, worauf der Schönberg-Forscher Reinhold Brinkmann aufmerksam gemacht hat: Man „könnte die zerplatzenden Quitten zählen." In der linken Hand erklingen kurz vor dem Mittelteil absteigende und immer tiefer kletternde Nonenintervalle, offensichtlich die „Schritte der Vernichter", unter denen die Quitten zerplatzen. Und im Mittelteil „spiegelt sich das nervöse Zittern der Libellen in der Klavierbegleitung" (Brinkmann, S. 21). Das Lied zieht zwar so schnell an einem vorbei, dass diese Zusammenhänge kaum wahrnehmbar sind, aber wenn Du es ein paar Mal hörst, kannst Du sie erkennen, und dies gilt auch für die anderen Lieder aus dem Zyklus. Immer wieder hat Schönberg formale wie illustrative Details des Textes direkt in Musik übersetzt.

Das längste Lied des Zyklus ist das letzte. Das lange Vorspiel und das ebenfalls lange Nachspiel im Klavier werden Dir gleich auffallen. Außerdem kannst Du ein punktiertes, absteigendes Motiv identifizieren und die Dreiteiligkeit des Liedes erkennen. Die Rückkehr zum ersten Abschnitt nach bewegterem Mittelteil markiert ein kurzes Klavierzwischenspiel.

Also wieder dreiteilig. Schönberg entspricht damit dem zugrundeliegenden Gedicht – aber nur halb. „Wir bevölkerten die abend-düstern Lauben" enthält zwölf Verse, die sich in drei Vierzeiler gruppieren. Man könnte also ohne weiteres eine Dreiteiligkeit herstellen. Der erste Vierzeiler (Reimschema: abab) umfasst einen Satz und endet mit „Nun ist wahr, dass sie für immer geht." Der zweite Vierzeiler (cddc) enthält ebenfalls genau einen Satz, der den Verfall des Gartens beschreibt. Der dritte Vierzeiler wiederholt das Reimschema des zweiten und gliedert sich in zwei Sätze: der erste besteht aus drei Zeilen, der zweite aus dem Schlussvers „Die Nacht ist überwölkt und schwül." Schönbergs erster Teil entspricht Georges erstem Vierzeiler. Der Mittelteil jedoch reicht über den zweiten Vierzeiler hinaus und schließt noch drei Verse des dritten Vierzeilers ein. Schönbergs Wiederholungsteil enthält also nur noch Georges Schlussvers. Damit befreit sich Schönbergs Dreiteiligkeit von der Georges, unterstreicht aber die Binnengliederung des dritten Vierzeilers.

Musikalisch ist die Dreiteiligkeit gut hörbar. Das Klavier stellt das Thema des Liedes vor. Das Kernmotiv des Themas besteht aus einem punktierten absteigenden Dreiklang, der in einen langen Ton mündet. Noch im Vorspiel wird das Motiv so oft wiederholt, dass man es sich gut einprägen kann. Wenn die Singstimme einsetzt, schweigt das Klavier, setzt aber bald die Musik des Vorspiels fort. Damit beherrscht das Dreiklangs-Motiv den musikalisch homogenen Eröffnungsteil. Den Mittelteil („Hohe Blumen blassen") zeichnet dagegen eine unruhige Begleitung aus, die mit einer Staccato-Figur aus fünf Tönen einsetzt. Am Ende des Mittelteils („Mürber Blätter": Georges dritter Vierzeiler) verwandelt Schönberg die Staccato-Figur in das absteigende Dreiklangs-Motiv, aber das geschieht beinahe im Verborgenen. Erst im kurzen Klavierzwischenspiel nach dem Mittelteil kehrt das Motiv im Klavier gut hörbar wieder, bevor dann der letzte Vers gesungen wird und das lange Nachspiel beginnt. Am Schluss (wenn es noch einmal sehr laut geworden ist) erfolgt eine tongenaue Wiederholung des Anfangs.

Betrachten wir das Dreiklangs-Motiv genauer. Bei seinem ersten Auftreten beschreibt es einen aufgefächerten B-Dur-Akkord. In der Folge formt Schönberg aus diesem Modell Varianten, indem er einzelne Merkmale verändert. Er wiederholt nicht wörtlich. In seiner „Harmonielehre" schreibt er 1911: „Wiederholungen können leicht, wenn sie nicht durch die Umgebung anders gefärbten Sinn bekommen oder sonst einen Zweck haben, langweilig, unnötig langweilig werden“ (AS1911, S. 45). Da ein Motiv aber nur durch Wiederholung zu einem solchen wird, verlange es von sich aus nach Variation, betont Schönberg 1931: Das „Motiv kann sein Vorhandensein nur durch Wiederholung manifestieren. [...] Wiederholung ist das Ausgangsstadium, Variation und Entwicklung die höhere Entwicklungsstufe musikalischer Formtechnik.“ (AS1976h, S. 283)

Es bleibt für das Dreiklangs-Motiv daher nicht bei dem aufgeklappten B-Dur-Akkord. Unter den Varianten im Klaviervorspiel gibt es auch Quart-Folgen oder eine Folge aus großen Terzen (= übermäßiger Akkord). Die Tonhöhen verändern sich, die punktierte Rhythmik und die absteigende Richtung des Motivs bleiben stabil. Die Identität des Motivs wird also durch die Rhythmik und die **Kontur** bestimmt: Die Intervalle steigen ab und – nimmt man den vierten Ton dazu – in einem kleineren Schritt wieder hinauf. Der präzise Tonhöhenverlauf ist für die Wiedererkennbarkeit des Motivs hingegen weniger entscheidend.

Achte in diesem Zusammenhang auch auf den Beginn des dritten Teils, der zum ersten zurückkehrt. Er beginnt, wie erwähnt, im Klavier. Deutlich erklingt das Dreiklangs-Motiv, auch wenn es nicht der ersten Version entspricht (Tonhöhen und Rhythmus sind leicht verändert). Sobald die Singstimme einsetzt („Die Nacht ...“) spielt das Klavier allerdings eine nur rhythmisch veränderte Variante des Motivs; die Töne stimmen, selbst der Akkord der linken Hand wiederholt den des Anfangs. Sogar in der Singstimme versteckt sich das Motiv: Den absteigenden Dreiklang füllt Schönberg mit Tönen auf, so dass sich eine es-Moll-Tonleiter ergibt. (Die fett gedruckten Silben sind das Motiv: „Die Nacht ist über**wö-**ölkt **und schwül**.“) Schließlich erklingt im Nachspiel noch einmal der ganze Anfang des Liedes wörtlich, wenn auch doppelt so langsam und zwei Oktaven tiefer als zuvor. Eine solche „Reprise“ mit originalem Tonhöhenverlauf über so viele Takte sucht man im Zyklus sonst vergeblich. Schönberg verstärkt damit den Eindruck des Abschlusses – sowohl des Liedes als auch des Zyklus.

Das erste Lied aus op. 15, „Unterm Schutz von dichten Blättergründen“, dürfte für Dich jetzt leicht zu hören sein:

Playlist #16

Das Klaviervorspiel besteht aus einem siebentönigen Thema und zwei Varianten desselben. Die Rückkehr zu den ersten drei Tönen rundet das Vorspiel ab, wobei diese drei Töne langsam (augmentiert) und leise im Bass erklingen. Die beiden Varianten des Themas erkennt man trotz starker Veränderung: Die erste Variante folgt dem Modell in den ersten drei Tönen wörtlich, die zweite behält die Mischung aus kleinschrittigem Beginn und weiten Sprüngen danach bei. Der Anfang (das **Kopfmotiv**) ist wichtiger für die Identität des Themas als der weitere Verlauf (die **Fortspinnung**). Am Schluss des Liedes kehrt das Thema deutlich vernehmbar zurück; schon in diesem ersten Lied in op. 15 gibt es eine „Reprise". Darüber hinaus ist es natürlich kein Zufall, dass op. 15 mit drei Tönen beginnt, die aus einer D-Dur-Terz in eine d-Moll-Terz wechseln, Schönbergs Lieblings-Tonarten. Von diesen Terzen im ersten Lied führt ein Bogen durch den ganzen Zyklus. Die Schönberg-Forschung hat die drei Töne daher zur „Grundgestalt" von op. 15 erklärt (Handbuch, S. 90f.). Wie wir gesehen haben, bestimmen Terzen auch die Kernmotive des achten und 15. Liedes.

Georges acht Verse bieten mit dem Reimschema abaabcac keine Dreiteiligkeit an, trotzdem gestaltet Schönberg die Verse 3 bis 7 als Mittelteil, erkennbar an der bewegteren Klavierbegleitung. Die Figuren werden kleiner und ornamentaler und ballen sich beim Höhepunkt des Liedes („kamen Kerzen das Gesträuch entzünden") zu einem acht Mal gespielten a-Moll-Akkord. Entscheidend aber ist, dass sich bei „Kerzen" im Gesang die Tonfolge gis-eis formiert, eine kleine Terz, die das Klavier sofort aufgreift und wiederholt. Mit dieser Terz endet die Klavierstimme das Lied (nur noch gefolgt von zwei abschließenden Akkorden). Sie stammt aus dem Kopfmotiv des Themas, dem zweiten Intervall. Das erste Lied in op. 15 ist damit ein Beispiel dafür, dass man jenes Intervall, das auf struktureller Ebene den Zusammenhang des ganzen Liedes trägt, auch hören kann. Schönberg führt es regelrecht vor.

Die „15 Gedichte aus ‚Das Buch der hängenden Gärten' von Stefan George" op. 15 markieren in Schönbergs Werkkatalog den Übergang zur so genannten Atonalität. Schönberg mochte den Begriff nicht, viel weniger aber mochte er die Nachrede, dass seine Musik willkürlich sei und einen Traditionsbruch bedeute. Die Lyrik von Stefan George entfernt sich einerseits von den Strophengedichten, die Schönberg vor der Jahrhundertwende noch komponiert hatte. Das Fehlen von Gliederungen, die exotische und erotische Thematik, schließlich die poetische und fantasievolle Wortwahl – all das ermutigte Schönberg, eine neue Tonsprache zu wählen und mit ihr die traditionelle Funktionsharmonik endgültig zu entsorgen. Andererseits bestimmt Georges Lyrik ein strenges Vers-, Reim- und Rhythmusschema, was Schönberg als Ausgleich zur neuen Freiheit entgegenkam. Die Dreiteiligkeit mit der reprisenhaften Rückkehr, der Zusammenhalt der Lieder durch Motive und der des gesamten Zyklus durch ein Intervall – mit diesen Mitteln beschützte Schönberg den Zyklus vor dem Vorwurf der Willkür und reihte ihn gleichzeitig in die Tradition der großen Zyklen von Schubert und Schumann ein. Die „George-Lieder“ op. 15 wurzeln im 19. Jahrhundert und weisen in Schönbergs Zukunft.

VII
Die heroische Phase der Neuen Musik
„Erwartung“ op. 17

Eine Frau in der Nacht. Allein steht sie im Garten. Sie hat auf ihren Geliebten gewartet und beschließt nun, ihn suchen zu gehen. Sie müsste den Weg in den angrenzenden Wald einschlagen, fürchtet sich aber davor. Der bleiche Mond, die Schatten der Bäume, Berührungen von unsichtbaren Tieren, all das jagt ihr Angst ein. Sie fasst sich ein Herz und tastet sich voran. Finsternis und fremde Geräusche peinigen sie. Ihren Geliebten vermutet sie bei einer „fremden Frau“. Als sie sich bei einer Baumgruppe ausruhen will, stößt sie auf einen Leichnam. Es ist ihr Geliebter, offenbar ermordet. Ihre Gefühle überschlagen sich: die Hoffnung, er sei nicht tot; das Leugnen des toten Körpers; Zweifel über die Treue des Mannes; Eifersucht; Wut auf Nebenbuhlerin und Mann; Dankbarkeit für die gemeinsamen Stunden; Verzweiflung über ein Leben ohne ihn. Am Ende glaubt sie ihn kommen zu hören: „Oh, bist du da … ich suchte …“

Wir lernen die erste Oper von Arnold Schönberg kennen: „Erwartung“ op. 17. Ihre Handlung ist, wie Du siehst, schnell erzählt, denn das Werk ist kurz. Es dauert gerade eine halbe Stunde und beschränkt sich auf einen Akt. Der **Einakter** – auch Schönbergs nächste beide Bühnenstücke sind Einakter – lag damals im Trend der Zeit. In der Regel verdichtet er die Handlung auf eine einzige Situation, in der sich alle Konflikte zuspitzen. Literarisches Vorbild waren die viel gelesenen Bühnenstücke von August Strindberg. Und natürlich Richard Strauss, dessen Einakter „Salome“ (1905) und „Elektra“ (1909) große Erfolge feierten. „Erwartung“ konzentriert den Einakter noch einmal, indem sich das Werk auf eine einzige Sängerin beschränkt: „Erwartung“ ist ein Monodram.

Ein **Monodram** ist ein Einpersonenstück für die Theater- oder Opernbühne. Es fehlt also das Moment des Dialoges, da nur eine Person spricht oder singt. Die Interaktion mit anderen Personen findet nur eingeschränkt statt oder entfällt ganz – zugunsten der Darstellung der inneren Gedanken der Hauptperson.

Welchen Stellenwert nimmt die Oper in Schönbergs Schaffen ein? Die „George-Lieder" op. 15 waren sein letzter großer Zyklus von Klavierliedern; nur 1933 stellte er noch einmal drei Lieder zusammen, doch das Manuskript ging bei der Emigration verloren und tauchte erst 1948 wieder auf. Das Interesse an Klavierliedern erlosch, das an Vokalmusik blieb bestehen. Schönberg widmete sich nun verstärkt dem Chorgesang, dem Gesang mit Ensemble oder Orchester sowie dem Sprechgesang. Und der Oper.

Schönberg schrieb vier Opern, wenn man „Moses und Aron" mitzählt. Dieses Werk komponierte er zwischen 1930 und 1932, Vorarbeiten reichen bis in die frühen 20er-Jahre zurück. Allerdings schloss Schönberg nur die ersten zwei von insgesamt drei Akten ab. Vom dritten Akt existieren neben dem vollständigen Libretto nur ein paar Skizzen. Am Plan einer Vollendung hielt Schönberg bis ans Lebensende fest, doch kam es nicht mehr dazu. Stattdessen wird der zweiaktige Torso seit seiner szenischen Uraufführung 1957 in Zürich so regelmäßig aufgeführt, dass man das unvollendete Werk als eigenständige Oper ansehen kann.

Noch vor „Moses und Aron", nämlich 1928, komponierte Schönberg den knapp eine Stunde dauernden Einakter „Von heute auf morgen". Zum ersten Mal wandte er hier die Zwölftonmethode auf ein Bühnenwerk an. „Von heute auf morgen" sollte ein gesellschaftskritisches und zugkräftiges Stück werden, das die Hörigkeit der Menschen gegenüber allem „Modernen" aufs Korn nimmt. Doch weder die Satire des Librettos noch die Leichtigkeit der Musik sprachen das Publikum an. Dieses zog die Konkurrenten auf der Opernbühne vor: Ernst Kreneks „Jonny spielt auf" (1927), Kurt Weills „Dreigroschenoper" (1928) und Paul Hindemiths „Neues vom Tage" (1929).

Den Anfang macht „Erwartung" op. 17, gemeinsam mit dem gleich danach komponierten Einakter „Die glückliche Hand" op. 18. Schönberg wollte beide Werke an einem Abend gespielt wissen, daher lohnt sich am Ende des Kapitels auch ein Absatz über „Die glückliche Hand", an der Schönberg viel länger arbeitete als an „Erwartung" und die heute nur selten auf die Bühne gelangt.

Schönberg schreibt Opern, Lieder, Kammermusik und Streichquartette, Klaviermusik, Symphonische Dichtung und Kammersymphonien, Chöre und oratorische Werke, am Ende auch Instrumentalkonzerte. Er bedient alle Gattungen, verändert sie aber, kreuzt sie mit anderen, führt sie an die

Grenzen. Er verbindet Kammermusik mit Programmmusik (Kapitel 2), fasst ein viersätziges Streichquartett in einem einzigen langen Satz zusammen (Kapitel 4) oder erweitert es durch Gesang (op. 10), konzentriert eine Symphonie in einer Kammersymphonie (Kapitel 5) oder löst sie in kurzen Einzelstücken auf (op. 16). Auch die Gattung Oper stellt er auf den Prüfstand, indem er in „Erwartung“ den Weg der Kürze und der Konzentration weiterverfolgt.

Schönberg erhält hierzu Hilfe. Im Sommer 1909 befindet er sich – wie in der Wiener Gesellschaft üblich – auf dem Land, diesmal im niederösterreichischen Steinakirchen. Seine Familie ist bei ihm, aber auch Freunde wie Zemlinsky, Berg, Webern und Erwin Stein. Und eine junge Frau, deren Gedichte 1906 von Karl Kraus in der Zeitschrift „Die Fackel“ veröffentlicht worden sind: Marie Pappenheim, geboren 1882 in Preßburg, dem heutigen Bratislava. Als sie Schönberg in Steinakirchen besucht, ist sie gerade zum Doktor der Allgemeinen Heilkunde promoviert worden. Später wird sie ihr Leben weniger als Dichterin führen, denn als politisch engagierte Ärztin. Damals aber vertraut ihr Schönberg, der die „Fackel“ schätzt und Kraus verehrt, das Libretto seiner ersten Oper an. „Schreiben Sie mir eine Oper!“, habe er sie aufgefordert, erinnert sie sich 1949 in der Wiener Zeitschrift „Der Abend“. „Ich sagte: ‚Eine Oper kann ich nicht schreiben. Höchstens ein lyrisches Monodram.‘ Schönberg daraufhin: ‚Schreiben Sie, was sie wollen!‘ Ich fuhr kurz darauf an den Traunsee zu Freunden und schrieb dort dieses durch und durch lyrische Monodram.“ (GA6, S. 299)

Wie Pappenheim und Schönberg zusammenarbeiteten, darüber gibt es widersprüchliche Beschreibungen. Auch wer die Idee zu dem Stoff hatte, lässt sich nicht mehr rekonstruieren. Pappenheims Darstellung, sie habe „im Gras liegend mit Bleistift auf großen Bogen Papier“ geschrieben, während Schönberg ihr Blatt um Blatt „einfach weggenommen“ und sofort mit dem Komponieren begonnen habe (GA6, S. 270 und 299), ist mit Vorsicht zu genießen. Tatsächlich existiert nur ein kleines Schreibheft, in dem sie das Libretto in sauberer Handschrift aufschrieb. Verbürgt stattdessen ist, dass Schönberg und Pappenheim etwas Kurzes, Ausdrucksstarkes suchten, dass das Libretto in drei Wochen entstand, die Komposition sogar in nur 17 Tagen (zwischen dem 27. August und dem 12. September 1909), dass Schönberg Pappenheims Libretto schätzte und dass beide gemeinsam aus dem ersten Entwurf jene Fassung schufen, die dann vertont wurde. Selten arbeitete Schönberg so fieberhaft und inspiriert wie in diesem Sommer 1909. Neben „Erwartung“ komponierte er auch die Orchesterstücke op. 16 und das letzte der drei Klavierstücke op. 11.

Auf der Bühne erleben wir den Leidensweg einer Frau. Wir hören ihr Selbstgespräch und lernen sie als erwartende, hoffende, verzweifelte, immer aber gefühlsstarke Frau kennen. Wer sie als *exaltiert* bezeichnet, liegt nicht falsch. Auch Marie Pappenheim gab 1963 zu, sie habe immer „xaltiert“ geschrieben, „ohne Richtung, Nachdenken, Zensur“ (GA6, S. 270). Man darf sich auch an Siegmund Freud erinnert fühlen, der 1895 gemeinsam mit Josef Breuer die „Studien über Hysterie“ veröffentlichte, die heute als erste Abhandlung der klassischen Psychoanalyse gelten. Dazu passt, dass die Patientin „Anna O.“, die Freud als Fallstudie beschreibt, die Frauenrechtlerin Bertha Pappenheim ist, eine Verwandte von Schönbergs Librettistin. Ob Marie Pappenheim Freuds Studien und den Fall ihrer Verwandten vor Augen hatte, als sie das Libretto schrieb, wissen wir nicht. Das Interesse an exaltierten Charakteren war aber zeittypisch für den Expressionismus.

Der **Expressionismus** richtet sich wie der Symbolismus (vgl. Kapitel 3) gegen den Naturalismus des 19. Jahrhunderts. Ausdruck, Spontanität, Wildheit und Archaik ersetzen das Geregelte, die Struktur, die Imitation des Natürlichen. In der Musik wird die musikalische Geste wichtiger als das Motiv, der Instrumentalklang wichtiger als die Harmonik.

Der Musikwissenschaftler Jürg Stenzl nennt die „Erwartung“ das „Drama eines Zusammenbruchs“ (Stenzl 1986, S. 68). Auf der Bühne erleidet die Frau einen Zusammenbruch, um einen neuen Weg einschlagen zu können. Wenn der Vorhang fällt, hat sie ihr Schicksal aktiv in die Hand genommen. Sie ist wieder unterwegs, sucht weiter. Mit den gleichen Worten könnte man auch Schönbergs private Lebenssituation jener Jahre beschreiben. Im Sommer 1908 war die Affäre seiner Frau mit dem Maler Richard Gerstl aufgeflogen, und nur ein Gespräch mit Anton Webern hatte Mathilde Schönberg dazu bewogen, zu ihrem Mann zurückzukehren. Wenig später beging Gerstl Selbstmord. Für Schönberg brach eine Welt zusammen; in suizidaler Stimmung verfasste er ein Testament. In mehreren seiner Werke hinterließ er Spuren, etwa mit dem Zitat im zweiten Streichquartett op. 10 („O du lieber Augustin, alles ist hin“). Trotzdem gilt auch hier, dass die musikalischen Strukturen vielschichtig genug sind, als dass biografische Hinweise als Erklärung ausreichend wären.

Die „Erwartung" gliedert sich in vier Szenen. Hören wir die erste, sie dauert keine drei Minuten.

Playlist #17

Die Frau befindet sich im Garten, ihrem privaten und geordneten Rückzugsort. Der Weg in den Wald liegt noch vor ihr. Der Text besteht aus isolierten Ausrufen, die Sätze und Halbsätze gehen nur selten auseinander hervor. „*Zögernd* Hier hinein? … Man sieht den Weg nicht … Wie silbern die Stämme schimmern … wie Birken. *vertieft zu Boden schauend* Oh! Unser Garten … Die Blumen für ihn sind sicher verwelkt … Die Nacht ist so warm … *In plötzlicher Angst:* Ich fürchte mich …"

In diesem Ton geht es die kommenden 28 Minuten weiter. Schönbergs Musik passt auf die stammelnde Sprache, indem sie keine Themen etabliert. Die Musik ist nicht nur atonal wie in den „George-Liedern", sie ist auch **athematisch**. Wie im Selbstgespräch der Frau die Gedanken in schneller Folge an die Oberfläche drängen, Gedanken, die zu den vorangegangenen nicht passen oder ihnen widersprechen, so erscheinen auch bei Schönberg melodische Figuren und Klänge ohne Bezug zu den vorangegangenen. Laut Jürg Stenzl verändert sich während des gesamten Einakters im Durchschnitt alle vier Takte das Tempo (Stenzl 2017, S. 644). Die Musik zeichnet ein Psychogramm der Frau. Sie ist nicht die Musik eines Erzählers, der das Ganze überblickt, sondern Ausdruck des Unbewussten, das aus der Frau hervorbricht. Dem entspricht die Position des Komponisten. In seinen Briefen an den Kollegen Ferruccio Busoni propagiert Schönberg ein Komponieren im Augenblick, einer *Écriture automatique* (affektgesteuertes Schreiben ohne innere Zensur). „Ich strebe an: Vollständige Befreiung von allen Formen. / von allen Symbolen / des Zusammenhangs und / der Logik / also: weg von der ‚motivischen Arbeit' / Weg von der Harmonie …", schreibt er im August 1909, kurz bevor er mit der Arbeit an der „Erwartung" beginnt (Schrägstriche = im Original Zeilenwechsel).

Woran also soll man sich orientieren, wenn man „Erwartung" hört? Bisher haben wir auf Themen und ihre Veränderung bzw. ihre Verarbeitung geachtet, um den Ablauf eines Werkes nachzuvollziehen. Aber hier gibt es einen Gesangstext und eine Vielzahl von Regieanweisungen. Schönberg reagiert zielsicher auf den Text, sei er gesungen oder nicht. Manchmal übersetzt er einzelne Schlüsselworte direkt in Musik, manchmal verweigert er sich. Ein paar Beispiele:

- Gleich am Anfang hörst Du eine Kantilene der Oboe. Die Melodie beginnt mit großen Sprüngen und mündet in vier Töne, die eng beieinander liegen. Sprünge und sich auf engem Raum drehende Linien – das sind die wichtigsten melodischen Bestandteile des Werkes. Die Singstimme greift die engen Intervalle mehrmals auf: „Hier hinein? / Wie silbern die Stämme / oh unser Garten / Ich fürchte mich / Wie drohend". Das sind Melodieteile ohne bestimmten Rhythmus: Intervallschrittfolgen. Indem er sie oft wiederholt, garantiert Schönberg die Einheitlichkeit seiner musikalischen Sprache, ohne Motive zu etablieren.[17]
- Nach „Ich fürchte mich" erklingt eine kurze Figur im Horn: Die Melodie stürzt in nur fünf Tönen gut zwei Oktaven hinab, die Spielanweisung lautet „hart". Eine musikalische Geste symbolisiert die Furcht, den Gefühlszustand der Frau, der sich durch ein Reizwort mitteilt. Vergleichbar ist die auffahrende Streicherfigur bei „feig bist du".
- Manchmal übersetzt Schönberg Stimmungen oder Naturbilder lautmalerisch, was uns als Stilmerkmal des Impressionismus an „Pelleas und Melisande" erinnert. Bei „So grauenvoll ruhig und leer" hält die Musik den Atem an: Die tiefen Streicher bleiben auf einem Flageolett-Akkord stehen, drei Kontrabässe markieren einen einsamen Pizzicato-Akkord. Bei „der Mond war früher so hell" erklingt neben der Soloviolinie die Celesta, deren silbriger Klang vom Anfang bis zum Ende der Partitur mit dem Mond assoziiert ist.
- Das „Liebeslied" der Grillen verweigert Schönberg, aber wenn die Frau in den Wald aufbricht und sich vornimmt „Ich will singen, dann hört er mich", erklingt ein Gesang in der Klarinette, begleitet von der Solovioline mit engen Intervallfolgen. (Der Musikwissenschaftler Elmar Budde hat herausgefunden, dass die Klarinettenmelodie aus der

17 Übrigens beginnt nicht nur diese Oboenmelodie mit einem cis, auch viele der folgenden Gesangsphrasen in dieser ersten Szene beginnen mit demselben Ton: „Hier hinein? / Ich fürchte mich / was für schwere Luft / Nicht sprechen / feig bist du" (Budde, S. 11).

Oboenmelodie des Anfangs abgeleitet ist. So verknüpft Schönberg Anfang und Ende der Szene. Budde, S. 14f.)

Auch die zweite Szene dauert nur drei Minuten. Die Frau geht durch den Wald, den sie als Bedrohung empfindet. Schönberg schreibt am 14. April 1930 an Ernst Legal, den Direktor der Berliner Krolloper: „Es ist notwendig, daß man die Frau immer *im Wald* sieht, um zu begreifen, daß sie ihn *fürchtet!* Denn das ganze Stück *kann* als ein Angsttraum aufgefaßt werden. Darum muß es aber auch ein *wirklicher* Wald sein".

Playlist #18

Die Szene beginnt mit zwei harten Paukenschlägen. Kurz darauf schreien die Instrumente auf, als die Frau glaubt, es habe sie etwas angefasst: Zwei der drei Posaunen spielen ein Abwärtsglissando im Quartabstand, die Streicher schlagen die Akkorde dazu mit dem Holz des Bogens (*col legno* lautet der Fachbegriff). Die ungewöhnlichen Spieltechniken charakterisieren die unheimliche Situation. Danach beruhigt sich das Geschehen, die Instrumente begleiten die Sängerin nun mit langsamen Melodien. Nach „So, der Weg ist breit" intonieren die zweiten Violinen „sehr innig und ausdrucksvoll, aber zart", einen Gesang, der später eine große Rolle spielen wird. Wiedererkennen kannst Du ihn an der Anfangsfigur: drei aufsteigende Töne, ein kleines, dann ein großes Intervall. „Still" und „sehnsüchtig", so lauten die Schlüsselworte der Frau. Bei „Und der Himmel so unermesslich tief" erklingt ein kurzer Choral in Hörnen, Flöten und zwei Celli, die „Durchsichtigkeit" der „Abendfarben" liegt im Glockenklang der Celesta, bei „Wer weint da" spielen Oboe, Hörner und Bratschen Seufzermotive, das unheimliche „Rauschen" kann man hören (Flatterzunge in Flöte und Fagott, Tremolo am Steg bei den tiefen Streichern) wie auch den „Schrei eines Nachtvogels" noch während des Rauschens in Oboe, Klarinette und Trompeten[18].

Nach der Aufführung der „Erwartung" am 7. Juni 1930 an der Krolloper – kombiniert mit „Die glückliche Hand" – schreibt der Musikkritiker Hans Heinz Stuckenschmidt, der im Jahr darauf Schönbergs Analyse-Se-

18 Der „Schrei eines Nachtvogels" steht nur in den Regieanweisungen. Schönberg hat den Einsatz der Blasinstrumente an dieser Stelle aber schon bei seinen Skizzen direkt in Pappenheims Libretto notiert.

minare in Berlin besucht und später eine Biografie über den Komponisten veröffentlicht: „Man muß sich, um diesen musikalischen Dramen gerecht zu werden, die Epoche vergegenwärtigen, die sie repräsentieren. Es war die Zeit des frühen Expressionismus; Kandinsky und Franz Marc gaben den ‚Blauen Reiter' heraus; August Stramms abstrakte Dichtungen wurden im ‚Sturm' gedruckt, in Paris zeigten die Kubisten ihre ersten Bilder. Der Gegenstand sollte aus der Kunst verbannt werden. Der Ausdruck allein, die Gefühlsfunktionen von Linien, Worten, Farben und Klängen war inhaltlich entscheidend. Schönberg stand damals als einziger reifer Musiker diesen Theorien nahe; ihre Anwendung auf die Musikbühne ergab sich ihm, dem auch bildnerisch und dichterisch Schaffenden, von selbst." (GA6, S. 282)

Stuckenschmidt zieht eine Parallele zwischen Schönbergs Musik und expressionistischer Malerei, die vertieft zu werden sich lohnt. Denn gerade zu der Zeit, in der er die „Erwartung" komponierte, betätigte sich Schönberg auch als Maler. Ein Großteil seiner Bilder entstand zwischen 1906 und 1911, also in den Jahren zwischen der Kammersymphonie op. 9 und den Sechs kleinen Klavierstücken op. 19. Ausschlaggebend war die Bekanntschaft mit dem Kunststudenten Richard Gerstl, den Schönberg im Frühjahr 1906 kennen lernte. Dies war der Beginn der erwähnten Affäre. Zunächst aber unterstützte Gerstl Schönberg bei seinen ersten Gehversuchen in der Malerei – wie genau, ist ebenso unbekannt wie die Details des „Kompositionsunterrichtes" bei Zemlinsky. Schönberg nahm seine Malerei sehr ernst. Als im Jahr 1912 ein Buch mit Aufsätzen über Schönberg erschien, wurde der Maler gleichberechtigt neben dem Komponisten und Lehrer gewürdigt. Beiträge über Schönberg als Maler verfassten hier der Wiener Schriftsteller und Maler Albert Paris von Gütersloh, ein Schüler von Gustav Klimt, sowie niemand geringerer als der Expressionist Wassily Kandinsky. Der 1866 in Moskau geborene Maler hatte Anfang 1911 ein Konzert mit Schönbergs Erstem und Zweitem Streichquartett besucht. Das Gehörte beeindruckte ihn so sehr, dass er in der Folge musikalische Begriffe verwendete, um seine eigene Malerei zu beschreiben und ihre Struktur zu begründen. Die beiden schickten sich Briefe und erkannten rasch, dass sie in einer entscheidenden Frage gleicher Meinung waren: dass nämlich Kunst Ausdruck innerer Vorgänge sei. Die „Kunst gehört aber dem *Unbewußten!*", schrieb Schönberg am 24. Januar 1911 an Kandinsky. „Man soll *sich* ausdrücken! Sich *unmittelbar* ausdrücken! Nicht aber seinen

Geschmack, oder seine Erziehung oder seinen Verstand, sein Wissen, sein Können. Nicht alle diese *nichtangeborenen* Eigenschaften. Sondern die *angeborenen*, die *triebhaften*." Die damalige Tonsprache Schönbergs mitsamt ihrem Verzicht auf Thematik und Funktionsharmonik berührte sich erkennbar mit Kandinskys Abschied vom gegenständlichen Malen. Noch im gleichen Jahr trafen sich die beiden in München und vereinbarten Schönbergs Mitarbeit an der Publikation des „Blauen Reiters", wo Schönberg 1912 den Aufsatz „Das Verhältnis zum Text", seine Komposition „Herzgewächse" op. 20 sowie vier Bilder veröffentlichte.

Über 200 Gemälde, Zeichnungen und Skizzen hat Schönberg hinterlassen. Unter den Gemälden finden sich Porträts nahestehender Personen, vor allem aber von ihm selbst. Schönberg malte sich selbst auch aus Gründen der Selbstversicherung, so z.B. unmittelbar nach der Uraufführung des 2. Streichquartetts am 21. Dezember 1908, nachdem in der Presse erneut tagelang wütende Verrisse über seine Musik erschienen waren. Dieses Bild zeigt ihn von hinten, den Blick vom Betrachter abgewendet. Seine Porträts stehen meistens vor neutralem Hintergrund, ohne Raum; Bilder mit Personengruppen oder in profilierter Umgebung sind selten. Das Bild, das Schönberg nach dem Begräbnis von Gustav Mahler am 22. Mai 1911 malte, ist als Ausnahme zu werten. Bemerkenswert sind die „Blicke": Schönberg malt unter diesem Titel Gesichter mit ausdrucksstarken, vergrößerten und farblich herausgehobenen Augenpartien. Durch diese Augen fixieren die Bilder den Betrachter, während man glaubt, durch die Augen in die Seele des Dargestellten, wenn nicht des Malers hineinblicken zu können.

Schönberg hörte nach 1911 nicht auf zu malen, aber die „Blicke" und die Porträts wurden – mit nur wenigen Ausnahmen – nicht mehr fortgeführt. Der Kontakt mit Kandinsky brach 1923 aufgrund einer Kontroverse über antisemitische Tendenzen in der Weimarer Bauhaus-Gruppe ab (Kapitel 9).

Hören wir die 3. Szene aus der „Erwartung". Sie ist noch kürzer als die beiden vorangegangenen.

Playlist #19

Die Frau betritt eine Baumlichtung. Noch einmal charakterisieren Schönberg/Pappenheim ihre Furcht im mondbeschienenen Wald, bevor das Monodram auf den Hauptteil, die 4. Szene, zusteuert. Schönberg stellt ihm eine Verwandlungsmusik voran, die längste Instrumentalpassage des Monodrams. Sie besteht aus einem Ostinato der Streicher und Flöten, über dem sich eine Melodie erhebt (Pikkoloflöte und Solotrompete), die man als veränderte Wiederholung der unmittelbar vorangegangenen Gesangspassage „Liebster, mein Liebster“ deuten kann.

Unter **Ostinato** (lateinisch obstinatus: hartnäckig, eigensinnig) versteht man die ständige Wiederholung einer meist kurzen melodischen oder rhythmischen Figur über mehrere Takte hinweg.

Bemerkenswert sind zwei Akkorde. Bei dem gruseligen Bild „Gelbe, breite Augen … So vorquellend wie an Stielen“ spielen die Bläser einen Akkord, der alle Halbtöne im Intervall zwischen g und des enthält. Allerdings verteilt Schönberg die Halbtöne auf verschiedene Oktavlagen. Kurz darauf („lieber Gott, kein Tier …“) finden sich im Bläserakkord inklusive des Xylophons neun Halbtöne aus der Oktave, zwei weitere Halbtöne folgen in der 2. Posaune. Schönberg nähert sich dem „chromatischen Total“ (ein Akkord, der alle zwölf Halbtöne der Oktave umfasst). Die Singstimme berührt in dieser Passage zwischen „Aber der Schatten kriecht doch“ und „Wie es glotzt“ alle zwölf Töne, und das Ostinato der Verwandlungsmusik verwendet zehn der zwölf Halbtöne. Das macht noch keine Zwölftonmusik. Aber man sieht, dass die Auflösung von Funktionsharmonik und Thematik die zwölf Töne der Oktave verfügbar macht, ohne dass einzelne die Schwerkraft eines Grundtones erhielten. Und das an einer Stelle, wo die Furcht und die Unsicherheit der Frau am größten ist.

Schönberg kehrt mit „Erwartung“ zum großen Symphonieorchester der Romantik zurück: Die Holz- und Blechbläser sind in allen Instrumentengruppen vierfach besetzt, Schlagzeug, Celesta und Harfe sowie Streicher kommen hinzu. Dass dies nicht in Widerspruch zu der einen Sängerin auf der Bühne steht, betonte Anton Webern in der bereits zitierten Festschrift von 1912. Die Instrumentation des Monodrams begeisterte ihn. Ein „ununterbrochener Wechsel nie gehörter Klänge. Es gibt keinen Takt in dieser Partitur, der nicht ein vollständig neues Klangbild zeigte. Die Behandlung der Instrumente ist durchaus solistisch. Mit einem fabelhaften Klanggefühl sind die Lagen der Instrumente ausgenützt.“ Webern greift ein Beispiel aus der 2. Szene auf, den Akkord bei den Worten „Aber du bist nicht gekommen“. Dessen Instrumentation besteht aus Trompete, Solocello, Oboe, Posaune, zwei Hörnern, Kontrabass und natürlich Singstimme. „Jede Farbe ist aus einer gänzlich verschiedenen Klangfamilie. Es entsteht hier durchaus kein Mischklang; jede Farbe erklingt solistisch, ungebrochen. Da die aber so gewählt ist, dass kein Ton den andern dynamisch übertönt, entsteht trotzdem eine Klangeinheit." (AS1912, S. 45f.)

Indem Schönberg die solistische Orchesterbehandlung der Kammersymphonie op. 9 auf das große Orchester überträgt, verwendet er dieses kammermusikalisch, auch dann, wenn nicht Soloinstrumente spielen, sondern die ganze Gruppe. So gewinnt er eine Vielfalt an Klängen und Farben und drosselt gleichzeitig den Gesamtklang fast durchgehend auf eine Lautstärke, die von der Singstimme mühelos überstrahlt werden kann. Die einzelnen Instrumente stuft Schönberg genau ab. Zu fast jedem Einsatz in der Partitur gehört eine eigene Lautstärkevorschrift, zudem kennzeichnet er, welche Stimmen deutlicher hörbar sein sollen als andere: Er markiert die Haupt- und Nebenstimmen in der Partitur mit einem eigens dafür erfundenen Zeichen.

Bei den genannten Akkorden streckt Schönberg die Intervalle über den gesamten Tonraum und vermeidet so das scharfe Aufeinanderprallen enger Intervalle. Über einen am Ende des Werkes im *pianissimo* erklingenden Elftonakkord (bei „Ich glaubte … war im Glück …") schreibt Schönberg in seiner „Harmonielehre": Die „zarte Instrumentation, und daß die Dissonanzen weit auseinanderliegen, macht, daß dieser Klang sehr weich wirkt." (AS1911, S. 500) Das große Orchester dient dem Komponisten nicht dazu, Klangmassen zu entfesseln, sondern in einem differenzierten Tonsatz möglichst viele Farben hervorzubringen.

Das zeigt sich gleich zu Beginn der 4. Szene, die noch in Playlist #19 bei 1:54 beginnt. Am Anfang spannt sich ein leiser Siebenton-Akkord von Bläsern und Violoncelli über dreieinhalb Oktaven. „Nichts Lebendiges und kein Laut …" Zu den tiefen Holzbläsern treten die Streicher hinzu. Zwei rhythmisch verschobene Bewegungen aus kleinen Intervallschritten überlagern sich. „Die blassen Felder sind ohne Atem".

Der nun beginnende Abschnitt enthält eine lange Steigerung hin zu einem ersten großen Höhepunkt. Die Frau erkennt, dass bei der Baumgruppe, wo sie sich ausruhen möchte, ihr Geliebter liegt.

Playlist #20 bis 1:20

Schönberg reiht kurze Abschnitte aneinander und instrumentiert sie individuell:

- Flageolett-Akkorde in den Streichern, ein Liegeton in der Soloflöte, eine kurze Figur in der Solovioline (Tremolo am Steg) im Wechsel mit der Celesta. „Dieser fahle Mond …“
- Ein lauter Pizzicato-Streicherakkord, dann eine Kantilene in den Celli. „Die fremde Frau“.
- Kurze scharfe Figuren, erst in den tiefen Streichern, dann abgehackt (atemlos) in den tiefen Bläsern. „Eine Bank … Ich muss ausruhn …“
- Jetzt wird es noch kleinteiliger: Eine Melodie in der Flöte mit engen Intervallschritten, die sich kurz darauf in eine verhuschte Geste verwandelt. „Das ist nicht der Schatten der Bank!“ Das „Nein“ davor spiegelt sich in laut auffahrenden Tönen von Bassklarinette und Fagott, gefolgt von einem Streicherpizzicato. Tremolo in den Streichern: „(mit dem Fuß tastend)“. Trillerfiguren in den Klarinetten und 2. Geige: „Hier fließt etwas …“. Pizzicatoakkord in den Streichern: „es glänzt rot …“. Anschwellender Triller in den Klarinetten, dazu Tremolo in den Violoncelli: „Nein, es ist noch naß“.
- Nun folgt der Ausbruch im ganzen Orchester, gekennzeichnet von punktierten Sprüngen und dem aufsteigenden Motiv, das vom Beginn der 2. Szene stammt (dort führte es den Gesang der zweiten Violinen an). Der „furchtbare Schrei“ (Regieanweisung) „Das ist er!“ führt in einen Tuttiakkord, der neun Töne umfasst und den ganzen Tonraum von der Tuba bis zur Pikkoloflöte abdeckt. Es folgt eine Generalpause, die einzige dieses Werks.

Playlist #20 1:20 bis 8:24

Der Abschnitt gehört dem sehnsuchtsvollen Zwiegespräch mit dem toten Geliebten. Ich möchte Dich nur noch auf wenige Dinge aufmerksam machen: der energische Aufgang des Xylophons, als der Leichnam nicht wie erhofft verschwindet (das Xylophon wird schon vor Schönberg oft als „Instrument des Todes“ eingesetzt); der Achtton-Akkord bei „Hilfe!“; die Traurigkeit bei „drei Tage warst du nicht bei mir …“; die zarte Instrumentation bei „Dein Blut tropft noch jetzt mit leisem Schlag …“ aus Celesta, Flöte, Oboe und Harfe, deren Ton durch Papierstreifen zwischen den Saiten leicht „scheppert"; schließlich der sanfte Zehnton-Akkord bei „Nun küss ich mich an dir zu Tode …", dem eine Fagott-Melodie entsteigt.

Playlist #20 8:24 bis 12:00

Nun erwacht die Eifersucht der Frau. Ein scharf akzentuierter Bläserakkord (Klarinetten und Flöte) markiert einen plötzlichen Gedanken: „Aber so seltsam ist dein Auge …". Eine energisch aufsteigende Viertonfigur in den Streichern verschärft den Argwohn vor „Und drei Tage warst du nicht bei mir", das nun ganz anders, zorniger, dissonanter klingt als im vorangegangenen Abschnitt; die Figur ist eine Variante des „aufsteigenden Motivs" aus der 2. Szene. Die Eifersucht der Frau richtet sich nun auf die Nebenbuhlerin. Trockene Paukenschläge bekräftigen ihre Gewaltfantasie („Ich will sie an den weißen Armen herschleifen …").

Playlist #20 12:00 bis 15:50

Nach der bitteren Erkenntnis „Für mich ist kein Platz da", bei der die Singstimme in nur fünf Tönen fast zwei Oktaven durchmisst, beruhigt sich die Musik. Zärtlich erinnert sich die Frau an ihren Geliebten. Der Orchestersatz besteht nicht mehr aus kurzen Figuren, sondern aus Kantilenen (z. B. das Englischhorn-Solo nach „Wie lieb ich dich gehabt hab' …") oder aus Seufzermotiven („Dein Lächeln und dein Reden" oder „Sag nicht: ja …"). Dieser Teil des Monodrams kommt einer Opernarie am nächsten. Der Abschnitt mündet bei „ich glaubte, war im Glück" in einen Elfton-Akkord (es ist jener, den Schönberg in der „Harmonielehre" beschrieb, s. o.), gefolgt von dem zweiten instrumentalen Zwischenspiel des Werkes. In der Regieanweisung steht: „Stille; Dämmerung im Osten, tief am Himmel Wolken, von schwachem Schein durchleuchtet, gelblich schimmernd wie Kerzenlicht." Schönberg beschreibt einen Sonnenaufgang, aber keinen, der einen Neuanfang verheißt, denn Violinen, Flöten, Celesta und Harfe weisen nach unten.

Playlist #20 ab 15:50

Der letzte Abschnitt des Monodrams geht von der ariosen Stimmung des vorangegangenen Abschnitts aus. Bei „Tausend Menschen ziehn vorüber" zitiert Schönberg sich selbst. Es handelt sich um die erste Zeile des Gedichts „Am Wegrand" von John Henry Mackay, das Schönberg im Oktober 1905 als sechstes Lied des Zyklus op. 6 vertonte. Gleichzeitig zur d-Moll-Melodie der Anfangszeile in den tiefen Holzbläsern (nicht in der Gesangsstimme!) erklingt in den Klarinetten der Vers „Sehnsucht erfüllt die Bezirke des Lebens“, was auf die Situation der Frau bezogen werden kann. Nach dem letzten Höhepunkt des Werkes bei „Wo bist Du?“ schreibt Schönberg eine erlesen instrumentierte Nachtmusik: Triller bzw. Ostinati in Flöten, Harfe, Celesta und Geigen, über die sich einzelne Seufzermotive in den Holzbläsern erheben, die wiederum auf die Singstimme zurückgehen („Kuss“, „Flammen“). Noch einmal schießt das Orchester bei „Oh, bist du da …“ zu einem Tutti zusammen, dann endet das Monodram mit einem offenen Schluss, wie ein Fragezeichen: „Ich suchte …“, singt die Frau, ohne den Satz zu beenden, während alle hohen Instrumente leise nach oben klettern, die tiefen nach unten – Linien, die scheinbar ins Unendliche hinaus möchten.

Manche Werke komponiert Schönberg über längere Zeiträume hinweg, z. B. die „Gurre-Lieder“, die „Glückliche Hand“ und die 2. Kammersymphonie: Pausen durchsetzen die Kompositionsprozesse und nicht immer gelingt es ihm, den Faden nach einer solchen Pause wieder aufzugreifen. Die „Erwartung“ aber gehört zu jenen Werken, die Schönberg geradezu aus sich herausschleudert, wie überhaupt diese Jahre von einem wahren Schaffensrausch gekennzeichnet sind. In den fünf Jahren zwischen 1905 und 1909 komponiert Schönberg die Werke zwischen op. 6 und op. 17, bricht mit Gattungstraditionen und weitet das musikalische Vokabular bis hin zur Atonalität und zur Athematik. Es scheint, als habe gerade die immer weiter vorangetriebene Befreiung von tradierten Strukturen den Schaffensrausch dieser Jahre erst möglich gemacht. Der Philosoph Theodor W. Adorno hat solches Komponieren daher als „heroisch“ bezeichnet (Adorno 1949, S. 145).

Aber mit der Komposition der „Erwartung“ erreicht Schönberg eine Grenze. Sein Komponieren gerät ins Stocken. Der folgende Einakter, „Die glückliche Hand“ op. 18, fällt ihm schwerer. Das von ihm selbst verfasste Textbuch liegt im Juni 1910 vor, die im folgenden September begonnene Partitur schließt er erst drei Jahre später ab. Das Libretto enthält Regieanweisungen, die in ihrer Länge und Ausführlichkeit die der „Erwartung“ weit übertreffen. Auch die Beleuchtung ist mit einer Genauigkeit beschrieben, die der musikalischen Notation in nichts nachsteht. Man kann von hier eine Parallele zu dem Orchesterstück op. 16 Nr. 3 ziehen, das

Schönberg im Sommer 1909 kurz vor der „Erwartung“ komponiert. Das Stück heißt „Farben“ und es ist Schönbergs erster und einziger Versuch, mit Klangfarben ebenso präzise zu arbeiten wie mit Tonhöhen und Rhythmen.[19]

Beide Opern spiegeln sich inhaltlich. Der Hintergrund für die Einsamkeit der Frau in „Erwartung“ ist eine Dreiecksgeschichte. In der „Glücklichen Hand“ erleben wir die Dreiecksgeschichte konkreter, diesmal aus Sicht des Mannes: ein Künstler, genial, aber unfähig, sich seiner Umgebung verständlich zu machen. Seine Frau lässt ihn stehen und schließt sich einem dandyhaften Nebenbuhler an. Es fiele schwer, diesen Stoff *nicht* autobiografisch zu begreifen. Schönberg reagierte auf die „Gerstl-Affäre“ mit einer Doppelstrategie: Zum einen wurde die Affäre beschwiegen. Unter seinen Freunden und Schülern galt als abgemacht, dass der Name Gerstl im Gespräch mit Schönberg niemals fallen dürfe. Zum anderen verarbeitete Schönberg seinen Kummer künstlerisch. Er trennte den privaten Menschen, den Ehemann, von dem künstlerischen Menschen, dem Komponisten. Und in seiner Kunst konnte er sich dem Ehebruch stellen und ihn thematisieren.

Schönberg musste lange warten, bis sein op. 17 auf die Bühne kam. Die Opernhäuser von Dresden, Wien, München, Berlin, Leipzig und Frankfurt zeigten Interesse, Mannheim am hartnäckigsten, doch keines griff am Ende zu, auch wegen der schwer zu besetzenden Hauptrolle. Schönberg dachte zunächst an Anna Bahr-Mildenburg, eine Sängerin der Wiener Hofoper, die 1909 auch die Titelpartie im Einakter „Elektra“ gesungen hatte. Aber die Sopranistin sagte ab. Erst 1914 druckte die Universal Edition einen Klavierauszug, ein unverzichtbares Utensil, um Bühnenhäuser für die Aufnahme einer Oper zu gewinnen. Und erst am 6. Juni 1924 übernahm Zemlinsky die Uraufführung in dem von ihm geleiteten Deutschen Landestheater in Prag. Es sang Marie Gutheil-Schoder, auch sie eine Sängerin der Hofoper, auch sie eine Salome und eine Elektra. Zemlinsky

19 In der „Harmonielehre“ schreibt er dazu: „Ist es nun möglich, aus Klangfarben, die sich der Höhe nach unterscheiden, Gebilde entstehen zu lassen, die wir Melodien nennen, Folgen, deren Zusammenhang eine gedankenähnliche Wirkung hervorruft, dann muß es auch möglich sein, aus den Klangfarben der anderen Dimension, aus dem, was wir schlechtweg Klangfarbe nennen, solche Folgen herzustellen, deren Beziehung untereinander mit einer Art Logik wirkt, ganz äquivalent jener Logik, die uns bei der Melodie der Klanghöhen genügt.“ (AS1911, S. 503)

widmete dem Werk eine seiner seltenen öffentlichen Stellungnahmen, um möglichen Folgedirigenten Mut zuzusprechen: „Gewiß, bei erstem Durchlesen der Partitur scheinen die Schwierigkeiten außergewöhnliche zu sein. Aber nach meiner Erfahrung ist das Schwerste überwunden, wenn zwei Künstler, eine Sängerin und ein Dirigent, die von dem hohen Werte dieses Werkes überzeugt sind, sich ganz dem Studium bis zu völligem Gelingen hingeben; ein Dirigent, der nicht aus irgendwelchen Interessen von seinem Chef befohlen, mit dem Orchester mitwitzelnd probiert, und eine Sängerin, die nebst einer schönen Stimme – die Partie muß unbedingt schön *gesungen* werden – über ein starkes dramatisches Gestaltungsvermögen verfügt.“ (Zemlinsky 1927, S. 44)

Die 15-jährige Wartezeit tat der „Erwartung“ nicht gut. Zum Zeitpunkt der Uraufführung galt der Expressionismus der Partitur bereits als veraltet. Die Tonsprache der zeitgenössischen Musik hatte die übersteigerte Emotionalität hinter sich gelassen. „Sachlichkeit“ war das Gebot der Stunde. Statt den exaltierten Gefühlsäußerungen einer Frau zu lauschen, suchten Komponisten und ihr Publikum Bühnengeschehnisse aus der Gesellschaft. Schönberg reagierte mit „Von heute auf morgen“. Während diese Oper aber nahezu vergessen ist, gilt „Erwartung“ inzwischen als Meilenstein in Schönbergs Schaffen und als ein Musterbeispiel des musikalischen Expressionismus.

VIII
O alter Duft aus Märchenzeit
„Pierrot lunaire" op. 21

Das achte Werk unserer Challenge gehört zu den wenigen Schönberg-Kompositionen, die man schon nach ein paar Sekunden erkennt. Auch wenn man mittendrin einsteigt. Und auch dann, wenn man „Pierrot lunaire" op. 21 nur einmal gehört hat. Das liegt vor allem an dem markanten Part der Sängerin, die eigentlich eine Sprecherin ist. Oder war es umgekehrt? Jedenfalls weicht der **Sprechgesang** in „Pierrot lunaire" so auffällig von anderen Liederzyklen ab, dass er zum Erkennungsmerkmal geworden ist.

Schönberg schrieb dieses Werk im Auftrag von Albertine Zehme. Sie wurde 1857 in Wien als Albertine Aman geboren und machte sich als Schauspielerin einen Namen. In Leipzig ließ sie sich nieder, hier heiratete sie 1881 den Rechtsanwalt Felix Zehme. In ihren Salons trafen sich Musiker und Dirigenten, Dichter und Verleger. In den 1890er-Jahren studierte sie in Bayreuth mit Cosima Wagner einige Wagner-Partien ein. Schließlich entwickelte sie eine eigene Art der Gedichtrezitation zwischen Singen und Sprechen. Feuer fing sie bei den „Pierrot"-Gedichten des belgischen Dichters Albert Giraud aus dem Jahr 1884, die der Berliner Bohémien Otto Erich Hartleben nachgedichtet und 1892 veröffentlicht hatte. Diese Nachdichtungen sind mehr als bloße Übersetzungen, sie gelten heute als Dichtungen eigenen Rechts. Zehme bat zunächst den Pianisten und Komponisten Otto Vrieslander um „Pierrot"-Vertonungen, war aber mit diesen unzufrieden. Daher beauftragte sie den Berliner Konzertagenten Emil Gutmann (der im September 1910 die Uraufführung von Mahlers Achter Symphonie in München veranstaltet hatte), auf Schönberg zuzugehen. Schönberg hatte bislang so gut wie nie auf Bestellung gearbeitet. Der Vorschlag Gutmanns aber gefiel ihm, wie er seinem Tagebuch am 28. Januar 1912 anvertraute:

„Gutmann […] bestellte mich für 25. zu sich. […] Dagegen Vorschlag, zu Frau Dr. Zehmes Vortragsabsichten einen Zyklus ‚Pierrot lunaire' zu komponieren. Stellt hohes Honorar (1000 Mark) in Aussicht. Habe Vorwort gelesen, Gedichte angeschaut, bin begeistert. Glänzende Idee, ganz in meinem Sinn. Würde das auch ohne Honorar machen wollen." (GA7, S. 225)

Sofort nach dem Gespräch mit dem Agenten fasste Frau Zehme am 26. Januar nach: „Sehr geehrter Herr, Herr Gutmann teilt mir eben die sehr erfreuliche Nachricht mit, daß Sie sich für die Lieder des Pierrot lunaire interessieren und Ihr Genie in den Dienst der wundervollen Sachen von O. E. Hartleben stellen wollen – ich bin hochbeglückt darüber, und ich bitte um Gelegenheit, Sie persönlich kennen zulernen, am 6ten Februar geben zu wollen. Ich habe meinen speciellen Vortragsstil auf Grund meiner Mittel: Stimme und Ausdrucks-Möglichkeiten mir herangebildet, und ich möchte Sie gerne mit dem seelischen Instrument, für das Sie Ihre Begabung hingeben wollen, bekannt machen."

Schönberg fand seine Auftraggeberin sympathisch, man verstand sich menschlich und künstlerisch, und so nahm eines der erfolgreichsten und einflussreichsten Schönberg-Projekte seinen Lauf.

Dass „Pierrot lunaire" entstand, ist vielleicht auch einem Tapetenwechsel zu verdanken. Schönberg war 1911 von Wien nach Berlin übersiedelt. Nicht zum ersten Mal. Sein erster Aufenthalt datiert von Dezember 1901 bis Sommer 1903 (Kapitel 3). Schönberg war von Ernst von Wolzogen an dessen Berliner Kabarettbühne „Überbrettl" engagiert worden. Die leichte Muse, für die das „Überbrettl" stand, lag ihm nicht am Herzen, war ihm aber auch nicht fremd. Immerhin hatte er Wolzogen seine 1901 komponierte Sammlung „Deutsche Chansons (Brettl-Lieder)" angeboten und tatsächlich zwei der Lieder an ihn verkauft. Wolzogens Theater meldete im Sommer 1902 Konkurs an, Schönberg blieb noch ein Jahr in Berlin, bevor er nach Wien zurückkehrte. Er übernahm einen Lehrauftrag am Stern'schen Konversatorium und fand mit dem Drei-Lilien-Verlag eine erste Heimstatt für seine Kompositionen (bis op. 7).

Beim zweiten Mal floh Schönberg nach Berlin, weil ihm in Wien eisiger Gegenwind ins Gesicht blies. Äußerer Anlass war ein Streit mit einem antisemitischen Nachbarn, der zu eskalieren drohte. Künstlerisch fühlte er sich nach den Uraufführungsskandalen der Jahre 1907 und 1908 sowie nach Mahlers Tod am 18. Mai 1911 einsam in Wien. Jedenfalls übersiedelte er nach der Sommerfrische 1911 erneut nach Berlin. Als ihm der Präsident der Musikakademie in Wien 1912 eine Professur anbot, lehnte Schönberg am 29. Juni mit Verweis auf eben diesen Gegenwind ab: „Ich kann augenblicklich noch nicht in Wien leben. Ich habe noch nicht verschmerzt, was man mir dort angetan hat, ich bin noch nicht ausgesöhnt. Und ich weiss, ich hielte es nicht zwei Jahre aus. Ich weiss, ich hätte in kürzester Zeit dieselben Kämpfe vor mir denen ich entgehen wollte.“ Erst im Juni 1913 kehrte er nach Wien zurück. Die umjubelte Uraufführung der „Gurre-Lieder“, die erfolgreichen internationalen Gastspiele des „Pierrot lunaire“ und prestigeträchtige Dirigate hatten seine Position gefestigt.

Der dritte Berliner Aufenthalt verdankt sich dem Preußischen Kultusministerium in Berlin, das Schönberg die Kompositions-Meisterklasse in der Nachfolge des 1924 verstorbenen Ferruccio Busoni angetragen hatte – eine Professur mit internationaler Ausstrahlung. Dem Ministerium ist heute Mut zu bescheinigen, denn den Traditionalisten war der Erfinder der Zwölftonmethode zu avantgardistisch, anderen galt er gegenüber den angesagten zeitgenössischen Komponisten wie Weill und Hindemith als im 19. Jahrhundert verwurzelter Dogmatiker. Schönberg nahm die Berufung mit Freuden an. Im Januar 1926 zogen Schönbergs erneut nach Berlin und tauchten ins gesellschaftliche und kulturelle Leben der pulsierenden Metropole ein. Eine Fotografie zeigt das Ehepaar Schönberg 1927 an einer Bar (gemeinsam mit Adolf Loos und Oskar Kokoschka). Als ihm nach der Machtübernahme der Nationalsozialisten im Januar 1933 der Präsident der Akademie, Max von Schillings, bedeutete, man wünsche sich ein Kollegium ohne jüdische Mitglieder, kündigte Schönberg und begann, die Emigration aus Europa vorzubereiten (Kapitel 11).

Als Albertine Zehme Schönberg kontaktieren ließ, befand er sich an einem Scheideweg. In den vergangenen Jahren hatte er sich die traditionellen Gattungen – Streichquartett, Symphonie, Oper, Liederzyklus – erarbeitet und jeweils in Neues umgeformt. Mit jedem Werk war er weiter voran gestürmt, als man hätte erwarten können. Anton Webern hat das in seinen Vorträgen 1932 (15. Januar) so formuliert: „Es war von uns ein Vorstoß, der gemacht werden mußte, ein Vorstoß, wie er eben noch nie da war. Wir müssen eben mit jedem Werk anderswohin gelangen – jedes Werk ist etwas anderes, etwas Neues.“ (Webern, S. 48)

Weberns Worte treffen Schönbergs kreative Rastlosigkeit. Das Verb „müssen“ zielt auf das subjektive Gefühl, wie unter Zwang zu handeln, nicht weil man es will, sondern weil eine unterbewusste Instanz es verlangt. Daher stammt auch Schönbergs legendäres Diktum „Kunst kommt nicht von können, sondern vom Müssen" (AS1976a, S. 165). Diese Rastlosigkeit drängte ihn ständig dazu, neue Dinge zu erfinden oder vorgefundene zu verbessern. Schönberg komponierte, malte und dichtete, er entwarf Möbel für sein Arbeitszimmer, konstruierte eine Notenschreibmaschine, die es bis zur Patentreife schaffte, erfand eine Variante des Schachspiels (das „Koalitionsschach", das mit vier Spielern gespielt wird), entwickelte einen Umsteigefahrschein für Berlin, machte sich Gedanken über die Gestaltung von Autobahnauf- und -abfahrten in Los Angeles und definierte „Symbole zur Aufzeichnung von Tennisspielen" (Handbuch, S. 349).

Gleichwohl war er nach der „Erwartung" unschlüssig, wie es weiter gehen sollte. Während er die Komposition der „Gurre-Lieder" vollendete und die „Harmonielehre" schrieb, blickte er noch einmal auf die Tonalität der spätromantischen Musik zurück und versicherte sich seiner Herkunft. An neuen Werken hingegen entstanden 1911 lediglich die Sechs Klavierstücke op. 19 und die Komposition „Herzgewächse" op. 20 für den Almanach „Der blaue Reiter". „Pierrot lunaire" nun inspirierte ihn: Zwischen März und Juli 1912 komponierte Schönberg den Zyklus in einem Zuge. In seinem Tagebuch steht: „Gestern, 12. März, schrieb ich das erste von den ‚Pierrot lunaire'-Melodramen [Nr. 9, ‚Gebet an Pierrot']. Ich glaube es ist sehr gut geworden. Das gibt viele Anregungen. Und ich gehe unbedingt, das spüre ich, einem neuen Ausdruck entgegen. Die Klänge werden hier ein geradezu tierisch unmittelbarer Ausdruck sinnlicher und seelischer Bewegungen." (GA7, S. 228) Dennoch eröffnete „Pierrot lunaire" keine neue Schaffensphase. Die Zeit des Suchens war noch nicht zu Ende.

Wir hören „Mondestrunken", das erste Lied des Zyklus.

Playlist #21

Weder Gesang noch Rezitation, sondern etwas dazwischen: Das ist der erste Eindruck, den man von dieser Aufnahme erhält, und ich sage: von *jeder* Aufnahme. Schauspielerinnen, Sängerinnen und Musikerinnen haben den Zyklus interpretiert, und auch die erste Aufnahme mit Erika Stiedry-Wagner, von Schönberg dirigiert, kann man noch erwerben. In der Partitur ist die Gesangsstimme auf Tonhöhen notiert, aber die Notenhälse sind mit einem kleinen Kreuz durchgestrichen. Das bedeutet: **Sprechgesang**. Kein

Einzelfall in Schönbergs Schaffen. Sprechgesang gibt es im dritten Teil der „Gurre-Lieder" („Des Sommerswindes wilde Jagd"), in den Opern „Die glückliche Hand" (Mann) und „Moses und Aron" (Moses), in der „Jakobsleiter" (Kapitel 9), der „Ode to Napoleon Buonaparte" op. 41, in „Ein Überlebender aus Warschau" op. 46 (Kapitel 12) und noch in einigen anderen Werken bis hin zur letzten veröffentlichten Komposition, dem „Modernen Psalm" op. 50C. Nirgendwo aber ist der Sprechgesang so ausgearbeitet wie in „Pierrot lunaire". Im Vorwort der Partitur schreibt Schönberg dazu:

„Die in der Sprechstimme durch Noten angegebene Melodie ist (bis auf einzelne besonders bezeichnete Ausnahmen) *nicht* zum Singen bestimmt. Der Ausführende hat die Aufgabe, sie unter guter Berücksichtigung der vorgezeichneten Tonhöhen in eine *Sprechmelodie* umzuwandeln. Das geschieht, indem er

- den Rhythmus haarscharf so einhält, als ob er sänge, d.h. mit nicht mehr Freiheit, als er sich bei einer Gesangsmelodie gestatten dürfte,
- sich des Unterschiedes zwischen *Gesangston* und *Sprechton* genau bewußt wird: der Gesangston hält die Tonhöhe unabänderlich fest, der Sprechton gibt sie zwar an, verläßt sie aber durch Fallen oder Steigen sofort wieder. Der Ausführende muß sich aber sehr davor hüten, in eine ‚singende' Sprechweise zu verfallen. Das ist absolut nicht gemeint. Es wird zwar keineswegs ein realistisch-natürliches Sprechen angestrebt. Im Gegenteil, der Unterschied zwischen gewöhnlichem und einem Sprechen, das in einer musikalischen Form mitwirkt, soll deutlich werden. Aber es darf auch nie an Gesang erinnern."

Dreimal verwendet Schönberg das Wort „aber". Es fiel ihm schwer, das Changieren zwischen Sprechen und Singen genau zu beschreiben. Ob das, was Schönberg vorschwebte, dem entsprach, was ihm Albertine Zehme anbot, wissen wir nicht. Dennoch inspirierte ihn ihr Rezitationsstil zu einer neuen Art des Sprechgesangs für das 20. Jahrhundert, ein Sprechgesang, der den Gesang des 19. Jahrhunderts hinter sich lässt, ohne den Kunstanspruch aufzugeben.

Wie sollen wir „Pierrot lunaire" hören? Ein erster Ansatz kann darin bestehen, dem Text in der Sprechstimme zu folgen. Dabei fällt auf, dass sich die Verse nicht reimen, aber einzelne von ihnen mehrmals vorkommen. Der erste und zweite Vers werden an 7. und 8. Stelle wiederholt und der erste Vers kehrt noch einmal als Schlusszeile zurück. Das entspricht der französischen Gedichtform des **Rondels**. Jedes Lied in „Pierrot lunaire“ ist ein Rondel, jedes Lied hat drei Strophen, gegliedert durch die Wiederholungen: Die ersten beiden Verse eröffnen die erste Strophe und beschließen die zweite, mit der Wiederholung des ersten Verses als Dreizehnter endet die dritte Strophe und das Lied.

In „Mondestrunken“ spielt der Mond die Hauptrolle. *Lunaire* ist im Französischen ein von *la lune* (= der Mond) abgeleitetes Adjektiv, bedeutet also „mondlich“ (was es im Deutschen nicht gibt), aber auch „exzentrisch“ und „schwärmerisch“. Pierrot kommt gar nicht vor – er wird im 3. Lied kurz auftauchen, dann erst wieder im neunten –, dafür lernen wir einen „Dichter“ kennen, der sich an dem „heilgen Tranke berauscht“. Ein hoher, schwärmerischer Ton, wie er die Dichtung des ausgehenden 19. Jahrhunderts insgesamt prägt. Schönbergs Musik unterstützt zuweilen den Text. So hebt zum Beispiel im dritten und vierten Vers („und eine Springflut überschwemmt den stillen Horizont“) die Stimme die Springflut hervor; im Klavier kannst Du die Wellen hören. Beim „stillen Horizont“ wechselt die Stimme abrupt von *forte* (laut) auf *piano* (leise). Die Rezitatorin *singt* erst zwei Töne („stillen“), dann spricht sie „Horizont“ mit tiefer Stimme. Die Springflut hat hörbar den Horizont überschwemmt. Andernorts komponiert Schönberg gegen den Text: Beim letzten „Augen“ springt die Sprechstimme bei „-gen“ nach oben, während man das Wort eher absteigend sprechen würde (wie zu Beginn des Liedes).

Konzentrieren wir uns stärker auf die Instrumente. Das Klavier eröffnet mit einer absteigenden Figur aus sieben Tönen, die dreimal wiederholt und dann weiterentwickelt wird. Die Violine zupft eine Wechselnote dazu, und erst die Flöte folgt mit einer gesanglichen Melodie. Das Klavier scheint also zu begleiten. In Wahrheit spielt es die Hauptfigur des Liedes. Nach „stillen Horizont“, dem Ende der ersten Strophe, übernimmt auch die Flöte die Hauptfigur. Im Laufe der zweiten Strophe ziehen sich alle drei Instrumente auf die Figuren des Anfangs zurück, und am Schluss kehrt das Motiv in Klavier und Flöte wieder. Zu Beginn der dritten Strophe („Der Dichter, den die Andacht treibt“) tritt mit dem Cello ein viertes Instrument hinzu, das wie in einem Salonorchester die Melodie des Klaviers verdoppelt. Das Cello scheint den Dichter zu verkörpern, von dem erstmals die Rede ist, und da Schönberg Cello gespielt hat, mag man vermuten, dass er damit seine Identifikation mit dem Dichter ausdrücken wollte.

Da der Sprechgesang die in der Partitur notierten Tonhöhen nur streift, lässt sich darüber streiten, wie weit er an der musikalischen Struktur teilhat. Schönberg beklagte sich am 15. Februar 1949 in einem Brief an den Dirigenten Hans Rosbaud darüber, dass auf der Aufnahme mit Erika Stiedry-Wagner der Sprechgesang zu sehr im Vordergrund stünde: „Ich war ein bisschen geärgert über die Zumutung die Sprecherin zu sehr herauszustreichen, welche ja doch niemals das Thema singt sondern höchstens dazu spricht, während dem die Themen und alles musikalische Wichtige doch in den Instrumenten vor sich geht."

Andererseits passen die Noten der Sprechstimme oft haargenau in ihre motivische und harmonische Umgebung. Deshalb widerspricht der österreichische Komponist und Dirigent Friedrich Cerha, der „Pierrot lunaire" oft aufgeführt hat: „Selbst in dramatischen, harmonisch sehr dichten Stellen ist jede Tonhöhe der Sprechgesangspartie sorgfältig überlegt, lassen sich grundsätzliche Intervallbeziehungen innerhalb des Gesamtorganismus nachweisen." (Cerha, S. 69) Nur werden sie auf den Aufnahmen zu selten realisiert.

Einige Intervallkonstellationen ziehen sich durch den gesamten Zyklus. Schönberg exponiert sie in „Mondestrunken". Gleich die ersten drei Töne des Klaviers – ein melodisch „aufgeklappter" übermäßiger Akkord – kehren z. B. im 13. und im letzten Lied wieder und werden schon im ersten Lied auch als Akkord verwendet (Klavier bei „stillen Horizont"); wie in der Kammersymphonie präsentiert Schönberg eine Tonfolge horizontal und vertikal zugleich. Auch die Terzparallelen des letzten Liedes, das wir noch hören werden, stammen aus dem ersten (Klavier nach „stillen Horizont"). Und das Staccato-Stottern der Flöte (vor „Gelüste, schauerlich") umschreibt eine kleinschrittige Wechselnote, die ebenfalls mehrmals wiederholt wird – zum Beispiel direkt im Anschluss von der Solistin. Wenn sie denn das Kunststück beherrscht, die Tonhöhen zu treffen, ohne zu singen.

Wir setzen fort mit den Nummern 5 und 6: „Valse de Chopin" und „Madonna".

Playlist #22 und #23

Im „Valse de Chopin" hörst Du Klavier, Flöte und eine A-Klarinette, während Geige und Cello schweigen. Kurz nach „melancholisch düstrer Walzer" wechselt die A-Klarinette zur Bassklarinette, die knapp eine Oktave tiefer reicht als ihr Schwesterinstrument. In „Madonna“ kommt das Cello dazu, dafür fehlt das Klavier. Schönberg besetzt jedes der 21 Lieder in diesem Zyklus individuell, es gibt Solostücke, Duos, Trios, Quartette. Erst im 11. Lied, also genau in der Mitte des Zyklus, sind alle Musiker erstmals von Anfang an gemeinsam im Einsatz. Fünf Musiker spielen insgesamt acht Instrumente: Klavier, Cello, Flöte auch Pikkoloflöte, Klarinette auch Bassklarinette, Geige auch Bratsche. Damit ließe sich auch ein kleines Salonorchester bestücken, was zu dem Umstand passt, dass die eine oder andere Melodie mit der Unterhaltungsmusik flirtet. Jedes Lied klingt anders und jedes Instrument hat eine eigene Bedeutung. So vertritt die Klarinette den Titelhelden des Werkes im „Gebet an Pierrot“ (Nr. 9), in „Der Dandy“ (Nr. 3) symbolisiert die Pikkoloflöte den „phantastischen Lichtstrahl“ und in „Mondestrunken“ das Cello, wie erwähnt, den Dichter. Eduard Steuermann, der Pianist der Uraufführung, begleitete den Kompositionsprozess eng, weil er jedes Lied, das Schönberg vollendete, sogleich mit Albertine Zehme einstudierte. Er hat später beschrieben, dass Schönberg das Ensemble nach und nach aufstockte. Der Kompositionsvertrag hatte nur „Klavierbegleitung, eventuell mit Begleitung von zwei weiteren Instrumenten“ (GA7, S. 227) vorgesehen und Schönberg entschied sich schnell für Klarinette und Violine. Bald fragte er aber auch nach Flöte (für die Nr. 2) und nach Cello (Nr. 1). Die Auftraggeberin war mit beidem einverstanden. (GA7, S. 243)

Schönberg wählte aus den 50 Originalgedichten von Giraud / Hartleben 21 aus und gliederte seinen Zyklus in drei Teile à sieben Lieder. Schönbergs Hang zur Zahlenmystik zieht sich durch sein ganzes Werk, die „heiligen“ Zahlen drei und sieben begegnen einem auf Schritt und Tritt. Natürlich ist es auch kein Zufall, dass der Zyklus op. 15 aus 15 Liedern besteht und op. 21 aus 21 Liedern. Die dreiteilige Gliederung passt zur formalen Strenge des Rondels, erklärt sich aber vor allem inhaltlich: Der erste Teil besitzt den Charakter eines Vorspiels. Pierrot tritt kaum auf, Nacht und Mond stehen im Vordergrund. Im zweiten Teil wird es grausam. Schwarz (wie die Nacht) und rot (wie das Blut) sind die Farben, der Mond erscheint als Schwert, von Raub und Mord ist die Rede. Die Dichter verbluten stumm an ihren Versen. Der dritte Teil wendet sich ins Groteske. Pierrot tritt auf, kratzt auf der Bratsche, treibt Schabernack mit seinem Gegenspieler Cassander und macht sich auf den Heimweg in südliche Gefilde, bevor das sentimentale Schlusslied „O alter Duft“ den Zyklus beendet.

Schönberg legte Wert auf die Dreiteiligkeit. Nach den Liedern Nr. 7 und 14 steht ausdrücklich „Schluß des I. Teils" (bzw. II. Teils) in den Noten, auch die Abstände zwischen den Liedern sind genau bezeichnet. „Ausgiebige Pause (quasi im Takt)" heißt es z. B. nach dem 1. Lied. Hingegen folgt die eben gehörte Nr. 6 unmittelbar auf Nr. 5, die instrumentale Überleitung zwischen den beiden Liedern schrieb Schönberg erst, als alle Lieder fertig waren.

Beim „Valse de Chopin" erkennt man den Dreierschlag eines Walzers kaum. Schönberg vermeidet regelmäßige Walzerfiguren, die den Takt markieren würden, und überspielt oft die Takteins oder lässt sie aus. Und doch kreist das Lied um Akkorde und Figuren aus dem 19. Jahrhundert. Die Stimme betont die Takteins bei „Wie ein **blas**ser Tropfen **Bluts**" durch längere Noten und schmiegt sich in die a-Moll-Umgebung ein, die in den Instrumenten entsteht (achte auf die walzertypische Kantilene der linken Hand im Klavier an dieser Stelle). An Chopin erinnern die Klavierterzen, mit denen das Lied anfängt und die nicht nur im Klavier immer wiederkehren, sondern auch in Flöte und Klarinette. Du hörst sie sowohl im Zusammenspiel (die stotternden Wiederholungstöne beim zweiten Mal „Wie ein blasser Tropfen Blut") als auch in eine Melodie aufgelöst (Flöte am Anfang). Wer will, mag in diesen Terzen den „vernichtungssücht'gen Reiz" erkennen, von dem im Text die Rede ist. Bei „färbt die Lippen einer Kranken" (zweites Mal) gibt es sogar eine Art Reprise: Die drei Instrumente wiederholen Figuren und Akkorde vom Anfang, allerdings so verändert, dass die Reprise nur schwer zu erkennen ist.

In „Madonna" herrscht ein ganz anderer Tonfall, nicht nur wegen der neuen Instrumentenkombination. Das Lied zerfällt in zwei Hälften. Die erste Hälfte parodiert eine „Stabat mater"-Komposition, in der die Schmerzen der Mutter Jesu' im Angesicht ihres toten Sohnes besungen werden. Die Aufgaben im Instrumententrio verteilen sich wie in einer barocken Triosonate: Das Cello zupft eine Unterstimme aus lauter Tonleitern, die den „basso continuo" ersetzen (der „basso continuo" bestand im Barock aus einem Akkordinstrument, oft Cembalo oder Orgel, und einem Melodieinstrument wie Cello oder Fagott, das die Basstöne verstärkt), die Flöte und die Bassklarinette übernehmen die beiden voneinander unabhängigen Melodiestimmen. Am Ende der zweiten Strophe zerbröseln die Melodien, die Instrumente hören auf zu spielen. Zu Beginn der dritten Strophe wechselt der Klarinettist das Instrument und eröffnet mit einem grellen hohen Ton. Das „Stabat mater" gerät nun, da im Text „deines Sohnes Leiche" erscheint, aus den Fugen. Die Instrumente ordnen sich nicht mehr zu einem geregelten Trio, sondern spielen von großen Sprüngen gekennzeichnete Figuren. Geradezu wütend beenden Geige und Klavier mit „wuchtigen" (Spielanweisung) Akkorden das Lied. Wir erkennen: Jedes Lied in op. 21 besitzt individuellen Charakter, eine spezielle Idee, eine eigene Kompositionsweise. In der Freiheit der Mittel ist op. 21 eine würdige Weiterentwicklung von op. 15.

Im zweiten Teil des Zyklus nimmt endlich Pierrot seine Hauptrolle wahr. Die weißgekleidete Theaterfigur entwickelte der französische Pantomime Jean-Gaspard Deburau im frühen 19. Jahrhundert aus der italienischen Commedia dell'arte und dem Pariser Jahrmarktstheater. Schönberg kannte die Figur möglicherweise aus Vorstellungen im Wiener Prater, dem „Wurstl-Prater". Ursprünglich eine Gegenfigur zum Harlekin, ist der Pierrot Deburaus ein Sympathieträger: melancholisch, stumm, ungeschickt, aber poetisch. Sein weißgeschminktes Gesicht erinnert an den fahlen Mond, die schwarze eng am Kopf anliegende Kappe an dessen dunkle Seite. Denn Pierrot ist mondsüchtig. Am Ende des 19. Jahrhunderts identifizieren sich vor allem die Künstler des französischen Symbolismus mit dem unglücklich verliebten Außenseiter, dem so immer mehr Bedeutung zuwächst. Schönberg schickt die Partitur Weihnachten 1916 an Zemlinsky und schreibt: „Es ist banal zu sagen, daß wir alle solche mondsüchtigen Wursteln sind; das meint ja der Dichter, daß wir eingebildete Mondflecke von unseren Kleidern abzuwischen uns bemühen und aber unsere Kreuze anbeten. Seien wir froh daß wir Wunden haben" (Zemlinsky 1995, S. 161). Den Höhepunkt der positiven Neudeutung Pierrots markieren die Gedichte von Albert Giraud und Otto Erich Hartleben.

Wir hören die Nummern 8 und 9: „Nacht" und „Gebet an Pierrot".

Playlist #24 und #25

„Nacht" eröffnet den zweiten Teil. Schönberg bezeichnet das Lied als „Passacaglia".

Die **Passacaglia** ist ein Variationsform aus dem Barock. Sie steht meistens im langsamen Tempo und zeichnet sich vor allem durch die stete Wiederholung eines Themas im Bass aus.

„Nacht" beginnt passenderweise mit dunklen Farben: Bassklarinette, Cello und Klavier spielen im tiefen Register. Das Passacaglia-Thema setzt kurz vor Beginn des Gesangs ein: Die Bassklarinette macht den Anfang, dann folgen mit jeweils einem Takt Abstand Cello, linke Klavierhand, rechte Klavierhand. Das Thema beginnt mit einer Terz-Wechselnote: kleine Terz – große Terz (e-g-es) – also eine ganz ähnliche Gestalt wie die „Grundgestalt" aus dem 1. Lied von op. 15. Der zweite Teil des Themas besteht aus einer chromatisch absteigenden Halbtonleiter im Umfang einer Quart (ein Motiv, das aus dem 7. Lied stammt). Laut Hartmut Krones handelt es sich – passend zum düsteren Inhalt des Liedes – dabei um das „stärkste Schmerzsymbol des 18. und frühen 19. Jahrhunderts" (Krones, S. 163). Die Einsätze in den Instrumenten überlappen sich so, dass immer eine Terz-Wechselnote im einen Instrument zur Halbtonleiter im anderen erklingt. Selbst die Sprecherin muss am Ende der ersten Strophe die Terz-Wechselnote bei „verschwiegen" *singen*.

In der zweiten Strophe („Aus dem Qualm verlorner Tiefen") sind die beiden Bestandteile des Themas verschnellert (die Notenwerte sind kürzer), dadurch gewinnt das Lied Dramatik. Das Tempo zieht an, das Cello klettert mit zitternder Stimme (tremolo) die chromatischen Tonleitern auf und ab, die Lautstärke erhöht sich.

Die dritte Strophe ist plötzlich wieder sehr leise. Die drei Instrumente strecken sich nach oben, zum „Himmel", aber nur kurz, denn „mit schweren Schwingen" senken sich „die Ungetüme auf die Menschenherzen nieder". Schönberg verstärkt die schaurige Wirkung des Textes durch musikalische Mittel, wie wir sie heute aus der Filmmusik kennen: tiefe Klänge, an- und abschwellende Lautstärke, Tremolo im Cello, rastlose Wiederholung kleiner Figuren. Und am Ende, um im Bild zu bleiben, komponiert er einen *jump scare*, einen lauten Ton in Bassklarinette und Cello, als wolle er die Angst ausknipsen.

Nach einer „sehr großen Pause, aber quasi im Takt" folgt das „Gebet an Pierrot", in dem nur Klavier und A-Klarinette die Sprechstimme begleiten. Das Lied war am 12. März 1912 das erste, das Schönberg für op. 21 komponierte. Anders als das Vorangegangene besteht es aus einzelnen, scheinbar miteinander unverbundenen Figuren. Versuche, der Klarinettenstimme zu folgen: eine über zweieinhalb Oktaven abstürzende Figur; eine leise getupfte Melodie, wie aus einer Tonleiter stammend; eine schnell auf- und abrauschende Figur; ein längerer Gesang, der am Anfang und am Ende um die gleichen Tonhöhen kreist, in der Mitte („mein Lachen hab ich") aber neun verschiedene Halbtöne umfasst; eine Melodie, die laut auffährt und sehr leise abstürzt, nicht unähnlich der des Anfangs; und ein einzelner leiser Ton zum Abschluss. Insgesamt handelt es sich um eine frei phantasierende Klarinettenstimme, die vom Klavier mehr angefeuert als begleitet wird, während die Sprechstimme ihre Figuren zu imitieren sucht (z. B. das zweite „mein Lachen" und „Roßarzt").

Unversöhnlich wirkt der Abschluss des zweiten Teils, das Lied „Die Kreuze". Es ist das letzte Lied, das Schönberg für op. 21 vollendete, und zwar am 9. Juli 1912. Einmal mehr geht es nicht um Pierrot, sondern um die Dichter: „Heilge Kreuze sind die Verse, / dran die Dichter stumm verbluten". Das Lied beginnt mit einem vollgriffigen Akkordwechsel im Klavier, der wörtlich am Ende des Liedes wiederkehrt.

Playlist #26

Wie in „Nacht" steht die dritte Strophe („Tod das Haupt …") in ganz anderem Licht als die ersten beiden. Die vier übrigen Instrumente treten zum Klavier hinzu und bilden eine Klangfläche, die sich erst bei „fern verweht der Lärm des Pöbels" in Figuren auflöst. Trotzdem ist die gesamte Strophe zunächst sehr leise und wirkt – nach dem zupackenden Klaviersatz der ersten beiden Strophen – eher bedrohlich. Im Klavier kann man gut hören, wie „die Sonne langsam niedersinkt", während sich die Instrumente bei der „Königskrone" aufbäumen. Nach dem letzten Vers geraten die Instrumente in Aufruhr. Die Klarinette bläst – „Schalltrichter hoch", schreibt Schönberg – über die anderen hinweg, freie Flötengirlanden beenden das Lied, bevor das Klavier, wie gesagt, die Anfangsakkorde wiederholt. Insgesamt ein sehr ernstes Lied, gekennzeichnet von Quartenakkorden und einer markanten Zweiteiligkeit.

Der dritte Teil überwindet die Düsternis des zweiten – auch durch eine Reihe skurriler Gedichte. Dafür steht das Lied „Gemeinheit", in dem Pierrot Cassander piesackt. (Cassandro ist in der Commedia dell'arte ein Freund von Pantalone, gehört also wie dieser zur Riege der Alten Männer, die den jungen Mädchen hinterhersteigen und deshalb den Spott der Dienerschaft auf sich ziehen.) In diesem Lied nimmt Pierrot einen „Schädelbohrer", um Cassanders Kahlkopf in eine Pfeife zu verwandeln, aus der er seinen Tabak rauchen kann. Klingt grausam, ist aber vor allem absurd. Der

„Schädelbohrer“ gibt den Impuls für einen schrillen Einsatz aller Instrumente, das Schreien Cassanders hörst Du in der Pikkoloflöte.

Playlist #27

Wieder baut Schönberg die Instrumente nacheinander auf, bis das gesamte Ensemble komplett ist. Pikkoloflöte und A-Klarinette setzen erst kurz vor der zweiten Strophe ein („Darauf stopft er …“). Die beiden Instrumente bringen eine neue Klangfarbe, mit der Schönberg den Wechsel von der einen zur nächsten Strophe markiert. Der Beginn der dritten Strophe wiederum klingt nach Reprise: Die Geige wiederholt die Cellostimme des Anfangs und auch das Klavier kommt auf seine Tonhöhen zurück. Kurz vor „und behaglich schmaucht und pafft er“ setzt das Ensemble zu einer zweiten Reprise an.

Schönberg schreibt einen Volkstanz im schnellen Dreiertakt, den Du am Anfang in Violine und Cello hören kannst. Das Hauptmotiv liegt im Cello: Viermal wiederholt sich schnell der gleiche Ton, das nennt man **Repetitionstöne**. Sie breiten sich über das ganze Lied aus. In der zweiten Strophe hörst Du sie in allen Instrumenten (außer dem Klavier), zudem in einer Variante, wo die Töne nicht auf der Stelle treten, sondern hinab oder hinauf steigen. In der dritten Strophe erreichen sie auch das Klavier. Noch im letzten Takt liegen sie in der Pikkoloflöte, dann schattengleich im Cello.

Während dieses Lied einen volkstümlichen Charakter besitzt, ist die Nr. 18, „Der Mondfleck“, berühmt geworden für ihre kontrapunktische Perfektion.

Playlist #28

Ein kurzes Lied, es spielt wieder das ganze Ensemble. Anders als bei anderen Liedern gibt es keine Zäsuren, kein Zögern, kein Neuansetzen. Das Lied schnurrt mechanisch, wie ein Uhrwerk, streng im Takt. Die Taktschwerpunkt fallen in der Sprechstimme auffallend oft mit den Versakzenten zusammen, was den Uhrwerk-Charakter unterstützt: „Einen **wei**ßen Fleck des hellen **Mond**es … spaziert Pier**rot** im lauen Abend, **auf**zusuchen … er be**sieht** sich rings und findet **rich**tig … auf dem **Rüc**ken … Und so geht er **gift**geschwollen … einen **wei**ßen Fleck des hellen Mondes.“ Der Text erzählt eine bizarre Geschichte: Der Mond leuchtet eine helle Reflexion auf Pierrots Gewand. Der will den „Fleck“ abwischen, natürlich vergeblich.

Der „mechanische“ Musikeindruck rührt von der kontrapunktischen Komposition her. Versuche zunächst, Dich auf Flöte und B-Klarinette zu konzentrieren. Schönberg stellt die beiden Stimmen wie bei einer Fuge gegenüber.

Eine **Fuge** (lateinisch *Fuga*, „Flucht“) ist eine Sonderform kontrapunktischer Kompositionstechnik. Eine Stimme beginnt mit dem Thema, die zweite Stimme folgt mit dem gleichen Thema auf einer anderen Tonstufe. Das Thema ist dabei meist so komponiert, dass es sich selbst begleiten kann.

Die Pikkoloflöte folgt der B-Klarinette wie in den Fugen Bachs aus dem Wohltemperierten Klavier: Der Abstand zwischen den beiden Stimmen wäre schulgerecht eine Quinte, klänge die Pikkolo nicht eine zusätzliche Oktave höher. Bis zum Ende des Liedes überholen sich die beiden Blasinstrumente mehrmals, verändern die Intervallabstände, in denen die Stimmen zueinander einsetzen, wie auch die zeitlichen Abstände, mit denen sie aufeinander folgen. Bei „an seinem Anzug“ z. B. folgt die Klarinette der Pikkoloflöte sehr eng, sowohl zeitlich als auch intervallisch. Am Ende bleibt die Klarinette übrig.

Damit nicht genug. Das Klavier greift das Thema von Pikkolo und Klarinette auf, verlangsamt es und baut aus dem so neu gewonnenen Thema eine dreistimmige Fuge, dessen Themeneinsätze immer durch einen lauten Ton, oft einen Akkord, markiert werden.

Und was machen die beiden Streichinstrumente? Für sie komponiert Schönberg einen eigenen Kanon.

Ein **Kanon** (griechisch für Maßstab, Richtschnur, Regel) ist auch eine Art Fuge: Eine Stimme wiederholt die andere. Die Stimmen beginnen oft auf der gleichen Tonhöhe und überlappen sich im Abstand eines Taktes.

Das Cello folgt der Geige schulmäßig. Weder überholt die Geige das Cello, noch ändert sich der Tonabstand der beiden Instrumente. Erst in der Mitte des Liedes – ganz genau bei „einen weißen Fleck“, also zwischen dem 6. und 7. Vers – kehrt sich das Verhältnis der beiden um. Nun folgt die Geige dem Cello und ist daher einen Takt später fertig. Was ist passiert?

An dieser Stelle hat Schönberg einen „Spiegel“ aufgestellt. Die Tonhöhen von Geige/Cello und Pikkolo/Klarinette laufen ab dieser Stelle rückwärts zum Ausgangspunkt zurück (das Klavier hat an der Rückwärtsbewegung keinen Anteil). Die zweite Hälfte des Liedes ist der **Krebs** der ersten Hälfte – ein Begriff, der uns bei der Zwölftonmethode (Kapitel 10) wieder begegnen wird. Schönberg schiebt also eine zweistimmige Fuge, eine dreistimmige Fuge, einen Kanon und eine Spiegelung übereinander. Versuche nicht, das zu hören. Es wäre ebenso vergeblich wie einen Mondfleck von der Jacke abzuwischen. Schönberg benutzt die alten kontrapunktischen Techniken in einer Perfektion, die sie ad absurdum führt und in Verbindung mit dem Text der Lächerlichkeit aussetzt. Gleichzeitig zeigt er seinen Gegnern, dass seine Tonsprache bei aller Modernität die traditionellen Techniken nicht ausschließt und er diese meisterlich und virtuos beherrscht.

Wie um das zu untermauern, greift das letzte Lied von „Pierrot lunaire“ auf die Tonalität zurück: „O alter Duft“ ist nicht nur ein nostalgischer Text, das Lied badet auch mit den absteigenden Terzen, mit denen die Klavierstimme beginnt, in der Tonalität des 19. Jahrhunderts. Diese stammt ebenfalls aus einer Märchenzeit und verströmt einen „alten Duft“. Zum ersten und einzigen Mal kommen im letzten Lied alle acht Instrumente zum Einsatz. Es bleibt zwar offen, wer hier spricht, aber man darf vermuten, dass es sich um den Dichter des ersten Liedes handelt, der sich dort am „heilgen Tranke berauscht“. Hier nun heißt es: „O alter Duft aus Märchenzeit, berauschest wieder meine Sinne.“

Playlist #29

Die Sprechstimme sowie die Terzen der Klavierstimme beginnen und münden in E-Dur, der Tonart der Kammersymphonie op. 9. Immer wenn der Vers „O alter Duft aus Märchenzeit“ erklingt, wiederholt sich auch das musikalische Thema. Schönberg komponiert die Zeile als Refrain, das letzte Lied aus op. 21 ist damit mehr als alle vorangegangenen ein *Lied*.

Wir haben Passacaglia, Walzer, Fuge, Kanon, Triosonate und Lied entdeckt. Andernorts klingt eine Polka an (Nr. 17, „Parodie“), Wiener Caféhausmusik (Nr. 19, „Serenade“) oder eine Barcarole (italienisches Gondellied; Nr. 20, „Heimfahrt“). Wenn Du den ca. 40-minütigen „Pierrot lunaire“ vollständig hörst, wirst Du immer mehr musikalische Erinnerungen wahrnehmen, die der Zyklus mit einem Augenzwinkern und leichter Ironie zitiert. Dem Dirigenten Fritz Stiedry schrieb Schönberg am 21. August 1940 anlässlich der geplanten Plattenaufnahme, er „beabsichtige diesmal zu versuchen, ob ich nicht vollkommen diesen leichten, ironisch-satirischen Ton herausbekommen kann, in welchem das Stück eigentlich konzipiert war."

Nach ungezählten Einzelproben mit der Solistin und 25 Ensembleproben dirigierte Schönberg die Uraufführung am 16. Oktober 2012 in Berlin. Am Klavier saß Eduard Steuermann, die anderen Musiker waren Jakob Maliniak (Geige/Bratsche), Hans Kindler (Violoncello), Hendrik W. de Vries (Flöte/Pikkolo) und Karl Eßberger (Klarinette/Bassklarinette). Albertine Zehme trat im Pierrot-Kostüm auf, während sich die fünf Musiker hinter einer spanischen Wand verbargen. Nur Schönberg als Dirigent konnte beide sehen. Die Presse reagierte mehrheitlich negativ. Dennoch folgte der Aufführung eine mehrwöchige Tournee mit einem guten Dutzend Gastspielen, darunter am 2. November auch in Wien. Das Presseecho war enorm. Schönberg schrieb am 11. Dezember an seinen Verlag, Frau Zehme habe schon „circa 200" Zeitungsausschnitte gesammelt. Allein bei einer Aufführung in Prag am 24. Februar 1913 stieß die Musik auf eine ähnlich entschiedene Ablehnung wie bei den Wiener Uraufführungen von op. 7 und op. 9.

Unter den Komponistenkollegen errang „Pierrot lunaire" einen legendären Ruf – insbesondere aufgrund der ungewöhnlichen Instrumentalbesetzung. Dass seine Schüler Berg und Webern Schönberg mit Lobeshymnen überschütteten – geschenkt. Aber am 8. Dezember 1912 saß Igor Strawinsky in einer Berliner Aufführung und war ernsthaft beeindruckt. Noch 45 Jahre später erinnerte er sich daran: „But this I remember very clearly: the instrumental substance of *Pierrot Lunaire* impressed me immensely. And by saying ‚instrumental' I mean not simply the instrumentation of this music but the whole contrapuntal and polyphonic structure of this brilliant instrumental masterpiece." (GA7, S. 278) Das Lob ist umso bemerkenswerter, als die beiden Komponisten inzwischen von Adorno gegeneinander in Stellung gebracht worden waren und Schönberg in seinen satirischen Chören op. 28 (1925/26) Strawinskys Neoklassizismus verspottet hatte.

„Pierrot lunaire" ist Schönbergs Schlüsselwerk wider Willen. Während er zur Entstehungszeit des Werkes mit Ideen zu einer großen Weltanschauungskomposition schwanger ging (Kapitel 9), war es ein Auftragswerk, das größeren Einfluss hatte als jene Werke oder Werkversuche, die Schönberg eine Herzensangelegenheit waren. Selbst der Komponist und Dirigent Pierre Boulez, der Schönbergs Handhabung der Zwölftonmethode in einem Vortrag für die Darmstädter Ferienkurse für Neue Musik 1951 für irrelevant erklärte, bewunderte das Werk und nahm es gleich zweimal auf – wie auch die meisten anderen Orchesterstücke und Opern Schönbergs.

IX
Schönberg sucht
„Die Jakobsleiter"

Würde man Schönbergs Schaffen nur anhand der Werke mit Opuszahlen betrachten, so stieße man auf eine zehnjährige Lücke zwischen „Pierrot lunaire" op. 21 (1912) und den Fünf Klavierstücken op. 23 (1920–23). Lediglich die Lieder für Gesang und Orchester op. 22 (1913–16) erschienen in diesem Zeitraum. Doch Schönberg war alles andere als untätig.

Zunächst verstärkte er seine Anstrengungen, als Dirigent Fuß zu fassen, was Konzentration und Vorbereitung verlangte. Er erhielt Engagements in St. Petersburg, London, Leipzig, Amsterdam, Prag und Wien, leitete die Uraufführung der „Gurre-Lieder" am 23. Februar 1913 sowie das „Skandalkonzert" am 31. März 1913. Auch die öffentlichen Proben zur Kammersymphonie op. 9 und der „Verein für musikalische Privataufführungen" kosteten ihn viel Zeit. Dass Schönberg während des Ersten Weltkrieges einberufen und erst im Dezember 1917 endgültig vom Dienst entbunden wurde, stand seiner Kompositionstätigkeit ebenfalls im Weg. Schließlich nahm ihn seine Lehrtätigkeit (Kapitel 12) stärker in Anspruch als jemals zuvor. Verbunden damit sind zahlreiche Schriften zur Kompositionslehre, die Schönberg 1917 in Angriff nahm und die im Nachlass unter den Stichworten „Zusammenhang, Kontrapunkt, Instrumentation, Formenlehre" rubriziert worden sind (Rufer, S. 125).

Und doch lässt sich nicht darüber hinwegsehen – gerade im Gegensatz zur zügigen Entstehung der beiden textgebundenen Kompositionen „Erwartung" und „Pierrot lunaire" –, dass sein Komponieren ins Stocken geriet. Aus Schönbergs Sicht hatte die Tonalität durch die Emanzipation der Dissonanz und die Eigenständigkeit der Stimmen ihre Wirkung eingebüßt. Nach welcher Logik ließ sich rechtfertigen, ein a anstelle eines as zu schreiben, eine Septime anstatt eines Sextintervalls? Schönberg suchte. Dabei begleitete ihn eine Reihe literarischer Vorlagen, die er in immer neuen Zusammenstellungen zu vertonen trachtete, erst als Oper, dann als Symphonie, bis schließlich 1917 daraus das Oratorium „Die Jakobsleiter" hervorging.

Ein **Oratorium** (lateinisch *orare* = beten) ist eine zumeist geistliche bzw. religiöse Komposition für Solisten, Chor und Orchester, in der eine Handlung dargestellt wird. Von der Oper unterscheidet es sich dadurch, dass es für Aufführungen in Kirchen, später auch in Konzertsälen gedacht ist. Eine szenische Darstellung muss nicht erfolgen.

Die „Jakobsleiter" nimmt in Schönbergs Schaffen eine zentrale Stellung ein und darf daher in unserer Challenge nicht fehlen. Zwar blieb sie unvollendet, aber das Nicht-fertig-werden ist bei Schönberg ja keine Ausnahme. Bei vielen Werken unterbrach er den Kompositionsprozess monatelang, andere warteten Jahre auf die Fertigstellung. Und zwei seiner wichtigsten Werke hinterließ er als Fragmente: Die dreiaktige Oper „Moses und Aron" wurde posthum als zweiaktiger Torso veröffentlicht und hält sich bis heute auf den Opernbühnen, die Komposition der „Jakobsleiter" bricht in der Mitte ab. Es ist kein Zufall, dass beide Torsi religiöse Themen behandeln. Schönbergs Verhältnis zur Religion, zum Judentum, zum Beten prägt sein Gesamtwerk. Gerade in diesen beiden Werken suchte er die religiöse Thematik umfassend zu behandeln. Da es sich aber auch um „große", d. h. vor allem zeitaufwändige Kompositionen handelte, wundert es nicht, dass ein so beweglicher Geist wie Schönberg zu einem späteren Zeitpunkt in Widerspruch mit der Anfangskonzeption geriet.

Schönbergs Familie gehörte der jüdischen Minderheit in Wien an, die gegen Ende des 19. Jahrhunderts rund ein Zehntel der fast eine Million zählenden Bevölkerung ausmachte. In Schönbergs Jugend fand der Antisemitismus seine institutionelle Grundlage in dem 1887 gegründeten „Christlich-sozialen Verein", der sechs Jahre später in der „Christlichsozialen Partei" des Politikers Karl Lueger aufgehen sollte. Die pogromhafte Zerstörung jüdischer Geschäfte im März 1897 durch Anhänger dieser Partei könnte Schönberg in seiner Nachbarschaft miterlebt haben. Ein Jahr zuvor war „Der Judenstaat" erschienen, ein Buch des in Wien lebenden Juristen und Schriftstellers Theodor Herzl. Die Schrift entfachte ein internationales Aufleben der politischen Bewegung des Zionismus, auf den sich auch Schönberg immer wieder beziehen sollte. Gleichwohl ließen sich prominente Wiener taufen, u. a. Gustav Mahler, der wenig innere Bindungen zu seiner jüdischen Herkunft verspürte und sich stattdessen sicher war, dass sie den weiteren Verlauf seiner Karriere als Dirigent behindern würde. Am 23. Februar 1897 trat Mahler zum Katholizismus über, im April unterzeichnete er den Vertrag als neuer Operndirektor der Hofoper. Auch Schönberg konvertierte und ließ sich am 25. März 1898 evangelisch taufen.

Einschneidend erlebte der Protestant Schönberg einen Vorfall im Juni 1921 in der alljährlichen Sommerfrische, die ihn in diesem Jahr nach Mattsee (Salzburg) geführt hatte. Der Ort warb nämlich mit dem Versprechen, „judenrein“ zu sein. Da es dem Antisemiten gleichgültig ist, welcher Religion sich die Zielscheibe seiner Verachtung zugehörig fühlt, geriet auch Schönberg ins Visier. Die Familie wurde samt ihren Gästen aus Wien aufgefordert, den Ort zu verlassen, sofern sie nicht nachweisen könne, keine Juden zu sein. Erbost suchte und fand Schönberg neue Herberge am oberösterreichischen Traunsee. Aber das Ereignis wirkte noch lange nach. Die Antisemiten in Mattsee brachten ihn seiner jüdischen Herkunft wieder näher.

Zwei Jahre später eskalierte eine Auseinandersetzung mit dem Maler Wassily Kandinsky, eigentlich ein Verbündeter des Komponisten (Kapitel 7). 1923 versuchte Kandinsky Schönberg als Leiter der Weimarer Staatlichen Musikschule zu gewinnen. Inzwischen aber wurde auch am Weimarer Bauhaus gegen Professoren mit jüdischen Wurzeln gehetzt. Die Vorgänge lassen sich nicht sicher rekonstruieren, aber offenbar trug Alma Mahler Schönberg eine antisemitische Äußerung Kandinskys zu, und Schönberg lehnte am 19. April 1923 entschieden ab. „Denn was ich im letzten Jahre zu lernen gezwungen wurde, habe ich nun endlich kapiert und werde es nicht wieder vergessen. Daß ich nämlich kein Deutscher, kein Europäer, ja vielleicht kaum ein Mensch bin (wenigstens ziehen die Europäer die schlechtesten ihrer Rasse mir vor), sondern, daß ich Jude bin.“ Als Kandinsky erschrocken reagierte, legte Schönberg am 4. Mai nach und prognostizierte die grauenhafte Zukunft des Judenhasses: „Wozu aber soll der Antisemitismus führen, wenn nicht zu Gewalttaten? Ist es so schwer, sich das vorzustellen? Ihnen genügt es vielleicht, die Juden zu entrechten. Dann werden Einstein, Mahler, ich und viele andere allerdings abgeschafft sein. Aber eines ist sicher. Jene viel zäheren Elemente dank deren Widerstandsfähigkeit sich das Judentum 20 Jahrhunderte lang ohne Schutz gegen die ganze Menschheit erhalten hat, diese werden Sie doch nicht ausrotten können.“

Nach der Machtübernahme durch die Nationalsozialisten 1933 kündigte Schönberg seine Professur an der Berliner Akademie, deren Präsident ein „judenfreies“ Kollegium gefordert hatte. Er wusste, dass der Antisemitismus Europa verbrennen würde. In Paris kehrte er am 24. Juli 1933 zum Judentum zurück. Im Oktober erfolgte dann die Emigration in die Vereinigten Staaten (Kapitel 11). Webern schrieb er am 4. August, er sei „entschlossen […], nichts anderes mehr zu machen, als für die nationale Sache des Judentums zu arbeiten".

Tatsächlich beschäftigt sich Schönberg von nun an kontinuierlich mit dem Judentum. Insbesondere in den ersten Jahren nach der Emigration sucht er die konkrete politische Aktivität und will die Gründung einer jüdischen Einheitspartei vorantreiben. In dem am 1. Dezember 1933 gehaltenen Vortrag „Die jüdische Situation" erklärt er den Kampf gegen den Antisemitismus für nutzlos. „Er kann niemals den Sinn anderer Völker ändern, die die Juden seit vielen Jahrhunderten gewohnheitsmäßig hassen. Er kann uns niemals vor ihren feindseligen Handlungen schützen. Nur die wirkliche Einigkeit, die jeder Prüfung standhält, kann einem Volk die Kraft geben, die es zu solchen Entscheidungen braucht, wie sie zur Sicherung der Zukunft des Volkes notwendig sind. Und deshalb muß das jüdische Volk sich auf die gleiche Weise einigen, wie andere Völker sich geeinigt haben: mit Macht, Stärke und nötigenfalls mit Gewalt gegen alle, die sich dieser Einigung widersetzen." (AS1976i, S. 332)

1934 denkt er in einem Aufsatz darüber nach, wie man den deutschen Juden helfen könnte. Schönberg plädiert für Verhandlungen. Das „Judentum […] muß einen Mann – aber es muß ein Mann sein – beauftragen; und er muß Beauftragter des ganzen Judentums sein. Vielleicht werde ich dieser Mann sein. Ich biete mich an. Ich habe schon einmal die Welt gezwungen, mir das zu glauben, was ich glaube! Mir wird sie auch diesmal glauben müssen. Aber ich bestehe nicht darauf, dieser Mann zu sein." (Handbuch, S. 337) 1938 entwickelt er ein zionistisches Vierpunkteprogramm („A Four-Point Program for Jewry"), in dem er einen eigenen jüdischen Staat propagiert. Dass dieser Staat nicht nur gegen Übergriffe militärisch gerüstet sein, sondern seine Gründung notfalls auch mit Gewalt durchsetzen muss, bezeugt eine realpolitische Verschärfung der Ansichten. Schönberg war kein Pazifist, auch zum Ersten Weltkrieg hatte er sich aus freien Stücken gemeldet.

Den Plan einer großen religiösen Komposition fasst Schönberg lange vor dem Mattsee-Erlebnis. Bereits im Frühjahr 1911 schreibt er Berg, er wolle „Jakob ringt" aus August Strindbergs „Legenden" vertonen, am 27. Juni 1912 deutet er in einem Brief an Webern an, Honoré de Balzacs „Seraphita" mit Strindberg zu verbinden. Am 13. Dezember 1912 entwirft er im bereits zitierten Brief an Richard Dehmel den Plan eines Oratoriums, „das als Inhalt haben sollte: wie sich der Mensch von heute, der durch den Materialismus, Sozialismus, Anarchie, durchgegangen ist, der Atheist war, aber sich doch ein Restchen alten Glaubens bewahrt hat (in Form von Aberglauben), wie dieser moderne Mensch mit Gott streitet (siehe auch: ‚Jakob ringt' von Strindberg) und schließlich dazu gelangt, Gott zu finden und religiös zu werden. Beten zu lernen! *Nicht* eine Handlung, Schicksalsschläge oder gar eine Liebesgeschichte sollen diese Wandlung bewirken. Oder wenigstens sollten sie höchstens als Andeutungen, als Anstoßgebender im Hintergrund stehen. Und vor allem: die Sprachweise, die Denkweise, die Ausdrucksweise des Menschen von heute sollten es sein; die Probleme die uns bedrängen sollte es behandeln. Denn die in der Bibel mit Gott streiten, drücken sich auch als Menschen ihrer Zeit aus, sprechen von ihren Angelegenheiten, halten ihr sociales und geistiges Niveau ein. Deshalb sind sie künstlerisch stark, aber doch unkomponierbar für einen Musiker von heute, der seine Aufgabe fühlt.

Erst hatte ich die Absicht, das selbst zu dichten. Jetzt traue ich mirs nicht mehr zu. Dann dachte ich daran, mir Strindbergs ‚Jakob ringt' zu bearbeiten. Schließlich endete ich dabei mit positiver Religiosität gleich zu beginnen und beabsichtigte von Balzacs Seraphita das Schlußkapitel ‚die Himmelfahrt' zu bearbeiten."

Schönberg bittet Dehmel um ein Libretto, doch dieser lehnt freundlich ab. 1917 schreibt Schönberg den Text schließlich selbst und beginnt unmittelbar im Anschluss daran, am 19. Juni 1917, mit der Komposition, muss aber im September unterbrechen, um zum Militär einzurücken. Wie sehr ihm das Thema am Herzen liegt, entnehmen wir einem Brief an Kandinsky vom 20. Juli 2022: „Wenn man von seinen Arbeiten her gewöhnt war, durch einen eventuell gewaltigen Denkakt alle Schwierigkeiten hinwegzuräumen und sich in diesen 8 Jahren vor stets neuen Schwierigkeiten gesehen hat, denen gegenüber alles Denken, alle Erfindung, alle Energie, alle Idee ohnmächtig war, so bedeutet das für einen, der alles nur für Idee gehalten hat, den Zusammenbruch, sofern er nicht auf einen anderen höheren Glauben immer mehr sich gestützt hat. Was ich meine, würde Ihnen am besten meine Dichtung ‚Jakobsleiter' (ein Oratorium) sagen: ich meine – wenn auch ohne alle organisatorischen Fesseln – die Religion. Mir war sie in diesen Jahren meine einzige Stütze – es sei das hier zum erstenmal gesagt."

Nach dem Mattsee-Erlebnis häufen sich die jüdisch konnotierten Werke. 1926/27 schreibt Schönberg das zionistische Sprechdrama „Der biblische Weg", in dem er die Einheit der Juden und die Errichtung eines eigenen Staates propagiert. Die Hauptfigur des Stückes heißt Max Aruns und weist Züge der beiden Hauptpersonen des späteren Operntorsos „Moses und Aron" auf. Das Stück spielt in Schönbergs Zeit und thematisiert auch die Möglichkeit der Gewaltanwendung, diesmal in Form einer Massenvernichtungswaffe. Allerdings findet Schönberg keine Unterstützer. Das Drama bleibt unaufgeführt und ungedruckt.

An „Moses und Aron" arbeitet Schönberg vor allem in den Jahren 1930 bis 1932. Zuvor hat er im zweiten der vier Chorstücke op. 27 (1925) das Thema der Oper bereits ausgeführt. In dem von Schönberg geschriebenen Text heißt es: „Du sollst dir kein Bild machen! / Denn ein Bild schränkt ein, begrenzt, fasst, / was unbegrenzt und unvorstellbar bleiben soll." Auch das Libretto zu „Moses und Aron" schreibt Schönberg selbst. Vor dem Hintergrund des von Moses angeführten Auszugs der Israeliten aus Ägypten diskutiert das Werk den Konflikt zwischen Gedanken und Darstellung: Moses (Sprechrolle) wird beauftragt, Gottes Wort zu verkünden, hält aber an der Vorstellung eines „unvorstellbaren" Gottes fest. Sein Bruder Aron (Tenor) wendet sich statt seiner mit Worten und Wundern an das Volk. Doch im zentralen „Tanz um das goldene Kalb" im zweiten Akt eskaliert sein Versuch einer Darstellung in einer erotisch-suizidalen Orgie. Das Fragment endet nach zwei Akten mit Moses verzweifeltem „O Wort, du Wort, das mir fehlt". Der dritte Akt liegt nur noch als Schönbergs Libretto vor.

Nach der Emigration schreibt Schönberg regelmäßig religiöse Stücke, teilweise mit eindeutig jüdischem Inhalt. Zu letzteren gehören 1938 das „Kol nidre" op. 39 für Sprecher, gemischten Chor und Orchester und 1949 das Chorfragment „Israel Exists Again", eine Hymne zum ersten Jahrestag des Staates Israel am 26. April 1949. Unmittelbar danach folgen als op. 50 seine letzten Kompositionen, drei Chorpsalmen „Dreimal tausend Jahre", „Psalm 130" und der unvollendete „Moderne Psalm", der ein Thema behandelt, das in der „Jakobsleiter" eine zentrale Rolle spielt: das Beten.

Mit der „Jakobsleiter" endet 1917 der zuvor eingeschlagene Weg der zeitlich und besetzungstechnisch reduzierten Werke. Schönberg schreibt das Werk für acht Solisten, 12stimmigen gemischten Chor (insgesamt mehr als

700 Sängerinnen und Sänger) und überdimensioniert großes Orchester. Anfangs plant er, dass nicht nur die Streicher chorisch besetzt sind, sondern auch die Bläser. Schönberg rechnet mit 20 Flöten, 20 0boen, 24 Klarinetten, 20 Fagotten, 12 Hörnern, 10 Trompeten, 8 Posaunen, 6 Basstuben, 8 Harfen, dazu fast 150 Streicher; insgesamt eine Besetzung, die Mahlers „Symphonie der Tausend" (die Achte Symphonie, die in Wahrheit mit viel weniger Mitwirkenden auskommt) deutlich überstiegen hätte. Doch schon in einer Überarbeitungsphase 1921/22 schrumpft die Orchesterbesetzung auf die Hälfte, und als Schönberg sich das Werk 1944 ein letztes Mal vornimmt, instrumentiert er für ein normal großes Orchester mit vierfach besetzten Bläsern. Von dieser Besetzung geht der Komponist, Dirigent und ehemalige Schönberg-Schüler Winfried Zillig aus, der nach Schönbergs Tod eine Aufführungsversion des Fragments erstellt, die auch der Aufnahme für unsere Challenge zugrunde liegt.

Die Rückkehr zur überdimensionalen Orchestergröße in den ursprünglichen Kompositionsplänen zeigt, dass Schönberg den Weg der spektakulären Monumentalwerke weitergehen will: Mahlers Achte war am 12. September 1910 uraufgeführt worden, 1912 hat Schönberg sie erstmals gehört. Daran schließt die „Jakobsleiter" an, nicht nur hinsichtlich der aufgefahrenen Mittel, sondern auch inhaltlich; sie soll ein „Bekenntniswerk" werden, eine „Weltanschauungsmusik". In diesem Oratorium stellt Schönberg sein Verhältnis zur Religion dar, indem er eine zentrale Frage religiösen Lebens behandelt: Wie kann sich der Mensch auf die Begegnung mit Gott vorbereiten?

Playlist #30

Die „Jakobsleiter" beginnt mit einem Ostinato in den Celli: Sechs Töne springen auf und ab, die Tonfolge wiederholt sich mehrmals. Würde man die Töne direkt nebeneinander schreiben (ohne Sprünge), so ergäben sie eine Skala von cis nach as. Zahlreiche Melodien des Werkes beginnen mit diesen sechs Tönen, in unterschiedlichen Kombinationen. Wir wollen sie von nun an „Sechstongruppe" nennen. Sie bildet keine *Reihe* (weil die Reihenfolge nicht feststeht) und kein *Motiv* (weil kein wiederkehrender Rhythmus zugeordnet ist), sondern eine Gruppe von sechs Tönen, die Schönberg immer wieder neu zusammenfügt und als Erkennungsmerkmal einsetzt – insbesondere an den Nahtstellen.

Über den Celli türmt sich ein Bläserakkord auf, der jene sechs Töne enthält, die die Sechstongruppe zum Zwölftonfeld ergänzen. Trotzdem ist die „Jakobsleiter" keine Zwölftonkomposition. Ich komme darauf zurück. Schnelle Triolenfiguren überlagern sich. Auch sie sind aus der Sechstongruppe geformt, und sie schieben sich so ineinander, dass die Sechstongruppe auch in der Vertikalen erklingt (also alle sechs Töne gleichzeitig).

Der erste Solist heißt Gabriel, in der Bibel oft der Bote Gottes. In der „Jakobsleiter" treibt er die Menschen auf ihrem mühsamen Weg an. (In den ersten Skizzen zu dem Werk hieß die Partie noch *Der Antreiber.*) Schönberg notiert ihn und die beiden Chöre als rhythmisch präzise Sprechstimmen, womit er an der 1913 vollendeten Oper „Die glückliche Hand" op. 18 anknüpft, die ebenfalls mit Sprechchören beginnt. Die Menschen klagen über den Weg und erinnern sich an das, was in ihrem Leben so wichtig war und nun hinter ihnen liegt: Begierden, Formeln, Besitz, Schönheit. Indem Schönberg die Chorstimmen rhythmisch verschachtelt, ergibt sich der Eindruck einer ungeordneten Volksmenge. Achte auf die Terzen bei „Trostlose Einsamkeit" in Holzbläsern und Streichern: Sie werden in der „Jakobsleiter" oft wiederkehren (z. B. bei „Ein Weib küßt"). Die letzten Sätze des Hörabschnitts umschreiben gut, wie sich Orchester und Chöre immer wieder aufbäumen und in sich zusammenfallen: „Ein Mann jauchzt! und wird wieder stumpf … und sinkt zurück; und ächzt weiter; und stirbt, wird begraben, vergessen …" Die letzten Töne werden zu absteigenden Linien nur noch geflüstert.

Die ersten Worte Gabriels lauten: „Ob rechts, ob links, vorwärts oder rückwärts, bergauf oder bergab – man hat weiterzugehen". Die Schönberg-Forschung erinnern sie an die Zwölftonmethode. Wichtiger aber ist die Übereinstimmung mit dem Himmel des schwedischen Mystikers und Theosophen Emmanuel Swedenborgs. Schönberg betonte die Parallele zwischen Zwölftonmethode und Religion: „Die Einheit des musikalischen Raumes erfordert eine absolute und einheitliche Wahrnehmung. In diesem Raum gibt es wie in Swedenborgs Himmel (beschrieben in Balzacs *Seraphita*) kein absolutes Unten, kein Rechts oder Links, Vor- oder Rückwärts." (AS1976k, S. 79)

Damit sind zwei der wichtigsten Quellen für die „Jakobsleiter" genannt. Am 21. März 1911 macht Webern Schönberg auf die Erzählung „Seraphita" von Honoré de Balzac aufmerksam: „Jeder Satz darin ist ein Wunder". In dem Buch hatte der französische Schriftsteller 1835 versucht, die mystische Theosophie Swedenborgs in Form einer Erzählung aufzubereiten. „Willst Du aber rein bleiben, so mische immer den Gedanken an das höchste Wesen in deine irdische Liebe, dann wirst du alle Geschöpfe lieben, und dein Herz wird all' umfassend werden", heißt es im zweiten Kapitel bei Balzac (Balzac, S. 125). Das vierte Kapitel referiert die Schriften Swedenborgs. Emanuel Swedenborg (1688–1772) war ein schwedischer Wissenschaftler und Mystiker, der eine neue Religionslehre aufstellte. Vor allem unterschied er zwischen dem inneren (geistigen) und dem äußeren (natürlichen) Menschen: Nur der geistige Mensch könne eine Vollendung als Engel im Himmel erreichen. Diese Form der Esoterik fiel bei Schönberg auf fruchtbaren Boden, stieß aber auch auf großes Unverständnis bei den Zeitgenossen, was bei Balzac nicht unerwähnt bleibt. Im Schlusskapitel von „Seraphita", dem neunten, tritt die Titelfigur, die schon auf Erden mal Frau, mal Mann ist, in das Himmelreich ein und verwandelt sich in einen Engel. In dem oben zitierten Brief an Dehmel schreibt Schönberg, dass er gerade dieses Kapitel mit dem Titel „Die Himmelfahrt" habe vertonen wollen. Tatsächlich trägt sich Schönberg zwei Jahre mit dem Gedanken, aus „Seraphita" eine ganze Operntrilogie zu machen. An Zemlinsky schreibt er am 21. November 1913 (Zemlinsky 1995, S. 107), er habe Marie Pappenheim gebeten, aus Balzacs Buch ein Libretto zu formen (was die Librettistin der „Erwartung" aber nicht tat). Schließlich verwirft Schönberg den Opernplan zugunsten eines symphonischen Werkes, mit dem er sich 1914/15 vorwiegend beschäftigt.

Auch diese Symphonie für Orchester, Chor und Solisten bleibt ungeschrieben. Zunächst plant er fünf Sätze, in denen er Texte und Gedichte von Dehmel (2. und 3. Satz), Rabindranath Tagore (4. Satz, überschrieben mit „Totentanz der Prinzipien") sowie einen Bibelpsalm (5. Satz) vertonen will. Dann streicht er die Sätze 4 und 5 und ersetzt sie durch einen: die „Jakobsleiter". Er beginnt am 18. Januar 1917 mit dem Schreiben des Textes, am 7. Juni ist er fertig. Dabei sieht er ein, dass die Dimensionen des Gesamtwerkes jeglichen Rahmen sprengen würden. Schönberg beschließt nun, die „Jakobsleiter" als eigenständiges Oratorium auszuarbeiten.

Playlist #31

Wir hören die „Jakobsleiter" in Abschnitten und vergegenwärtigen uns dabei den Fortgang der Musik wie auch des Textes. Worum geht es in diesem

Oratorium? Die „Jakobsleiter“ nimmt auf das 1. Buch Mose Bezug. Jakob, der vor seinem Bruder Esau geflohen ist, träumt von einer „breiten Treppe, die von der Erde bis zum Himmel reichte. Engel stiegen auf ihr zum Himmel hinauf, andere kamen zur Erde herunter.“ (Genesis, Buch 1/28, Vers 12) Allerdings will Schönberg nicht den biblischen Stoff erzählen, sondern sein persönliches Ringen mit der Religion darlegen, Wege zu Gott in seiner Zeit aufzeigen. Deshalb gibt es in seinem Oratorium auch keinen „Jakob“, sondern lediglich die Idee eines Übergangs von der Erde zum Himmel.

Schönbergs Text ist insgesamt in einer angespannten Sprache verfasst, die uns heute befremdet. Sie „frömmelt“ nicht, aber sie klingt streng und weit entfernt von der „Sprachweise des Menschen von heute“, die Schönberg vorschwebte (s. o.). Im Kern geht es um Menschen, die verschiedene Typen repräsentieren. Sie alle wollen in den Himmel aufgenommen werden, aber Gabriel beurteilt ihre Taten und weist ihnen einen Platz auf der Himmelsleiter zu – nicht den erwarteten.

Im zweiten Hörabschnitt schälen sich einzelne Gruppen heraus. Nach einem energisch auf- und abspringenden Thema in den Streichern teilen sich die beiden Chöre in *Jubelnde*, *Zweifelnde* und *Unzufriedene*, die nun vom Sprechen in den Gesang übergehen. Von den *Jubelnden* bleibt ein Quartett aus zwei Solosopranen und -tenören übrig („Lust ohne Ende!“), so dass die Individualisierung der anfangs nur kollektiv wahrgenommenen Sprechchöre deutlich hervortritt. Für die *Gleichgültigen* und die *Sanftergebenen* schreibt Schönberg eine fast karikaturhafte Musik: Die Streicher trippeln leidenschaftslos in Staccatofiguren. „Man nimmt's auf sich und trägt's … wie's kommt“ singen – laut Partitur „etwas kindisch“ – die *Sanftergebenen*, begleitet von einem Summchor, der fast eine tonale Kadenz (E-Dur – H-Dur – Fis) ausprägt. Ihr Fazit: „Oh, wie schön lebt sich's doch im Dreck.“ Ihre Ergebenheit scheint sogar Gabriel zu betören. Die letzten beiden Gesangsphrasen hallen noch nach, schlängeln sich kanonisch durch das Orchester, und Gabriel „murmelt wie im Schlaf“ (Regieanweisung): „Gleichviel!“

Playlist #32

Mit einem Aufschrei des Orchesters wacht Gabriel auf und treibt die Menge weiter voran. Die Streicher setzen Akkorde wie Peitschenhiebe, Hörner und Klavier stürzen Tonskalen hinab, während die Holzbläser eine neue

Melodie aus der Sechstongruppe zusammenstellen (drei Mal Sprünge aufwärts).

Auftritt des *Berufenen*: „Ich suchte die Schönheit … Mein Leben war von heller Freude erfüllt. … Ich sah nur meine Sonne, vernahm nur den Rhythmus der Schönheit!" Schönberg schreibt hierzu eine hymnische Musik, die an Gustav Mahler erinnert. Zusammengehalten wird sie von einem Dreitonmotiv, das der *Berufene* bei den Anfangsworten „Ich suchte die" einführt. Dieses Motiv zieht sich durch das ganze Orchester, auf- und absteigend, verhuscht oder majestätisch in Akkorde gesetzt. Sehr schön ist die musikalische Textausdeutung bei „mein Leben war von heller Freude erfüllt." Schönberg taucht die „helle Freude" in den Klang von Celesta und Pikkoloflöten, gefolgt vom Gelächter in Holzbläsern und Klavier. Am Ende erfasst der Hymnus auf die Schönheit das ganze Orchester.

Playlist #33

Gabriel enttäuscht den *Berufenen*; Schönheit führe nur zu falscher Selbstzufriedenheit. Dennoch warten „die Qualen der Sehnsucht" auch auf ihn. Nun folgt der *Aufrührerische* mit einer Musik der kleinen Motive, oft nur Zweitonfiguren, ausgehend von der Sechstongruppe in der Klarinette. Das Zusammenspiel wirkt locker, die Fragen des *Aufrührerischen* aber sind ernst: Wie kann es sein, das göttliches Gebot und menschliche Triebhaftigkeit derart auseinanderklaffen? Der *Aufrührerische* ist wieder eine Sprechrolle, aber sie ist – anders als in „Pierrot lunaire" und anders auch als in „Ein Überlebender aus Warschau" oder in „Moses und Aron" (wo die Sprechstimmen nur rhythmisch notiert sind) – tonhöhengenau in das Orchester eingefasst, muss also mehr gesungen als gesprochen werden. Anfangs spielt immer ein Instrument die Sprechstimme des Solisten mit: „(Posaune:) Geboten (Trompete:) gehorchen, die bloß das Ohr vernimmt, (Horn:) doch Trieben taub sich erweisen, die das ganze We- (Violine:) -sen erschüttern; (Posaune:) jene, die die See- (Oboe:) -le entdek- (Posaune:) -ken, um sie der Pein (ohne Begleitung:) zu überlassen".

Playlist #34

Gabriel widerspricht dem *Aufrührerischen* nicht, verweist aber darauf, dass sich die von diesem behaupteten Gegensätze einander bedingen. Ein „kurzer Pfiff" der Pikkoloflöten (in dem sich die Sechstongruppe zusammendrängt) unterstreicht wie eine Geste seine Replik. Die Figur des *Ringenden* erinnert an Schönbergs Vorhaben, Strindbergs „Jakob ringt“ zu vertonen. Der ganze Abschnitt wurzelt in der funktionsharmonischen Musik. Flöten und Fagotte leiten mit einer Akkordfolge, die von C-Dur über a-Moll nach D-Dur zu führen scheint, in einen befriedeten Streichersatz mit Horn über, in dem das Sextintervall die Hauptrolle spielt. Das Thema (Cello, Kontrabass und Horn) entsteht aus der Sechstongruppe. Der *Ringende* schildert, wie er durch Verzicht den Weg zu Gott gesucht habe. Obwohl er aber nach Gottes Wort gelebt habe – und hier wird Schönbergs Orchestersatz immer belebter, unruhiger, energischer –, war er sich niemals sicher, nicht doch „Schuld“ anzuhäufen. Der *Ringende* beklagt das Schweigen Gottes. Bei „Doch in den rätselhaft zwiespältgen Lagen“ kehrt das Anfangsthema des Abschnittes zurück, diesmal mit großer Emphase als enger Kanon zwischen Celli/Kontrabässen/Horn und Geigen/Flöten/Oboen gespielt. Ein großes Crescendo mündet in einen höhepunktartigen Akkord, in dem sich E-Dur und F-Dur mischen. Der *Ringende* endet mit einem tiefen Streichersatz, der Terzen und Quarten schichtet. Schönberg nähert sich in diesem Abschnitt musikalisch wieder der Kammersymphonie und dem Ersten Streichquartett.

Playlist #35

Mit „feierlicher“ Gewissheit antwortet Gabriel: Es gibt Einen, der uns führt. Ihn begleiten Vokalisen des Chores (Gesang ohne Text), anfangs kaum hörbar, aber immer deutlicher in Erscheinung tretend. Sie enthalten Terzparallelen (Stimmen, die im Terzabstand parallel verlaufen), entnommen den Streichersätzen des *Ringenden*. Auf das Wort „Glanz“ erklingt ein siebentöniger, auf Terzen aufbauender Akkord als schwirrende Klangfläche aus Glockenspiel, Triangel, Celesta, Harfe und Klarinette. Die folgende musikalische Metapher Gabriels berührt ein Thema, das Schönberg in seiner „Harmonielehre“ diskutierte und das er hier auf eine metaphysische Ebene überträgt: dass nämlich ferne Obertöne dem Grundton näher sein können als die ersten Obertöne (die als konsonante Intervalle gelten). Die Streicher spielen dazu leise Flageoletttöne – bringen also Obertöne der gegriffenen Saiten zu Gehör. Gabriel ruft nun einen auf der „mittleren Stufe“ direkt an; er befände sich unter allen Gott am nächsten.

Playlist #36

Der *Auserwählte* ergreift das Wort. Er könnte die Menschen führen, befindet sich aber in dem gleichen Zwiespalt wie Moses in Schönbergs Oper: Sein Wort bleibt „unverstanden". Da es ihn trotzdem voran drängt, schließt er: „Mein Wort! – laß ich hier, müht euch damit! Meine Form nehm ich mit, sie steh euch indes voran, bis sie wieder mit neuen Worten – wieder den alten – zu neuem Mißverständnis in eurer Mitte erscheint." Seinen eigenen künstlerischen Konflikt sah Schönberg vor allem in dieser Figur ausgedrückt: Die Form – die aus der Tradition abgeleitete Kompositionstechnik – blieb unverstanden, da das Wort – vor allem Harmonik und Melodik – befremdete. Kaum verwunderlich, dass Gabriel den *Auserwählten* bestärkt und zu weiterem Schaffen ermuntert.

Die ersten Worte des *Auserwählten* („Ich sollte nicht näher, denn ich verliere dabei") enthalten alle zwölf Töne der Oktave. Es wäre eine Zwölftonreihe, wenn Schönberg sie denn verarbeiten würde. Er wiederholt aber nur die ersten sechs Töne – unmittelbar danach („Aber ich muß, so scheint") sowie zum Abschluss („-nis in eurer Mitte"). Motivisch geht es ihm um die ersten drei Töne, eine chromatische Drehfigur, die er im Orchester isoliert und immer wieder neu zusammenbaut. Am deutlichsten hörst Du das Motiv bei „Doch mich treibt ein andres Motiv. Treibt einem Ziele mich zu" in den Violinen. Gabriel greift ebenfalls mehrfach auf die Drehfigur zurück. Sein Orchestersatz ist ruhiger als der des *Auserwählten*, mehrmals reduziert Schönberg die Begleitung auf die Streicher, am Ende des Abschnitts gar auf ein Streichquintett.

Die Zwölftonfolge des *Auserwählten*, das Zwölftonfeld am Beginn des Werkes und die ersten Textworte Gabriels (s. o.) – all das verlockte viele Schönbergforscher dazu, die „Jakobsleiter" als Vorstufe der Zwölftonmethode zu beschreiben. Schützenhilfe bekamen sie dabei vom Komponisten selbst: „Als ich [...] *Die Jakobsleiter* beenden wollte, entdeckte ich zu meiner größten Freude, daß der Anfang eine richtige Zwölftonkomposition war." (AS1976k, S. 382) Als Schönberg das schrieb – vermutlich 1947 –, ging es ihm darum, die Zwangsläufigkeit des Weges zur Zwölftonmethode zu unterstreichen. Man entdeckt gleichwohl in der „Jakobsleiter" mehr Spuren, die zu älteren Werken weisen. Immer aber, wenn wir ein Musikstück in Beziehung zu einem anderen setzen, es womöglich als „Vorstufe" betrachten, verlieren wir die besondere Charakteristik dieses Werkes aus den Augen. Deshalb: Die „Jakobsleiter" verwendet punktuell Techniken, die Schönberg in der Zwölftonmethode ausbauen wird, aber sie ist viel mehr. Es würde ihr nicht gerecht, sie nur unter diesem Aspekt zu hören.

Playlist #37

Der *Mönch* äußert sich wieder im Sprechgesang, seine Tonhöhen werden zunächst vom Englischhorn gedoppelt. Nachdem die Streicher den *Auserwählten* und Gabriels Antwort darauf dominiert haben, beginnt dieser Abschnitt nun mit Bläsern. Der *Mönch* hat sein Leben lang Verzicht geübt, ahnt aber, dass er einer Versuchung nicht hätte widerstehen können. In die Verzweiflung darüber, dass er dem Herrn nicht genügte, mischen sich kraftvolle Streicherfiguren in das Orchester ein, die Musik wird leidenschaftlicher. Am Ende („So ist mein Opfer vielleicht vergebens, …") kehren der Mönch, die Bläser und das Englischhorn wieder zum Beginn des Abschnitts zurück. Die Rede ist damit dreiteilig und bewegt sich nicht voran. Gabriel tadelt ihn; sein Opfer habe nur zu dem „traurigen Wissen" geführt, dass er nicht ausreiche. Auch diese Replik mündet in einen leisen akkordischen Streichersatz.

Playlist #38

Der *Sterbende* wird von einer Sopranstimme verkörpert – der ersten solistischen Frauenstimme der „Jakobsleiter". Im Angesicht des Todes nimmt er wahr, dass er schon „tausendmal" gestorben sei und wiedergeboren wurde. Der Gedanke knüpft direkt an Swedenborg an, demzufolge man mehrmals leben (und sterben) muss, um die Stufen der mystischen Leiter voranschreiten zu können. Und auch in der jüdischen Mystik wird die Idee der Seelenwanderung ausgedrückt. Der *Sterbende* freut sich, dass seine Seele bald fliegen wird. Schönberg reduziert den Orchestersatz: Zunächst begleiten nur kurze Bläserfiguren und -Intervalle den *Sterbenden*, dann folgen tiefe Akkorde („Tausend Leben! wer von ihnen weiß …") und ein Rückgriff auf die Musik der *Gleichgültigen* („dem sind sie nichts Fürchterliches mehr"). Der *Sterbende* überwindet die Erdenschwere, und Schönberg schreibt dazu eine federleichte, ebenso hohe wie leise Musik, aus der ein kleines Oboensolo, gewonnen aus der Sechstongruppe, hervorleuchtet. „Weiter! Weiter!" ruft der *Sterbende* wie Gabriel am Anfang des Werkes und haucht mit einem Abwärtsglissando über zwei Oktaven seine Seele aus.

Playlist #39

Dieser Hörabschnitt beschließt den ersten Teil der ursprünglich geplanten „Jakobsleiter“ – die „Nahtstelle“ zwischen Erde und Himmel. Schönbergs Musik beginnt mit einer klangsinnlichen Zusammenstellung von Arpeggien (schnell gespielte Tonfolgen in eine Richtung) in den Streichern und dem Klavier, Flageoletts in den Kontrabässen – dadurch fehlt die Basis – und Glissandi in Xylophon und Harfe. Es klingt wie Flügelrauschen. Darüber erhebt sich die Trompete mit der Sechstongruppe, und auch die Arpeggien der Streicher sind aus ihr abgeleitet.

Das Orchester tritt in den Hintergrund, nach vorne rückt der Gesang, vor allem die *Seele*. Sie kommt ohne Worte aus, wir hören die Vokalise einer Sopranstimme, die zwischen dem hohen f und dem tiefen g knapp drei Oktaven umfasst. Nicht nur das: Oft springt sie über zwei Oktaven. Eine extrem geführte Gesangsstimme, die Schwerelosigkeit vermitteln soll – und die selbstverständlich mit der Sechstongruppe anhebt. Das Glockenspiel spielt die Vokalise anfangs mit, Holzbläser, Celesta und Harfe gewinnen flüchtige Figuren aus dem Gesang der *Seele*. Ein Frauenchor spricht ihr Mut zu, ein Sprechchor kommentiert die Verwandlung der *Seele*. Gabriel wiederum empfiehlt ihr, auf Gott zu vertrauen. Ihre Transformation begleitet er mit dem Ratschlag: „Kehrst du wieder, so lasse die Klage hinter dir.“

Playlist #40

Der Schlussteil des überlieferten Fragments sollte in Schönbergs Plan ein „Großes symphonisches Zwischenspiel“ sein. Dieser Teil gehört zu den visionärsten Musiken, die Schönberg jemals komponiert hat. Zum Hauptorchester auf der Bühne gesellen sich vier Nebenensembles. Zwei von ihnen stehen rechts und links über dem Hauptorchester (wir wollen sie *Hochorchester* nennen), zwei in der Ferne (*Fernorchester*); Schönberg präzisiert in den Skizzen: „Die Fernorchester müssen nicht übermäßig weit stehen: Der Eindruck der Ferne genügt.“ (GA8, S. 113) Vor den praktischen Problemen verschloss Schönberg die Augen nicht und entwarf Pläne einer Übertragung per Mikrofonierung und Lautsprecher. Die Nebenensembles lassen sich durchaus realisieren, aber der damit verbundene logistische Aufwand und der Bedarf an fast 50 zusätzlichen Orchestermusikern führen dazu, dass heute die meisten Veranstalter die damit verbundenen Kosten scheuen. Oft werden die Nebenensembles vorher aufgenommen und bei der Aufführung eingespielt.

Schönberg realisiert hier das Thema des „musikalischen Raums", das ihn immer wieder beschäftigt hat, auf physische Weise. Von der Kammersymphonie op. 9 bis hin zur Zwölftonmethode handelt es sich ja um einen kompositionstechnischen Gedanken, der besagt, dass eine Tonfolge sowohl horizontal (als Melodie) als auch vertikal (als Akkord) dargestellt werden kann. In der „Jakobsleiter" – und nur hier! – fügt Schönberg dem die Möglichkeit der sinnlichen Erfahrbarkeit hinzu. Er setzt seine Zuhörer in einen Raum, in dem es nicht nur ein vorne und hinten, sondern auch ein oben und unten gibt. Die Musik entschwindet mit der Himmelfahrt der Seele von ihrem angestammten Platz auf der Bühne in den Raum.

Das Zwischenspiel sollte zwischen den zwei Teilen der Gesamtkomposition die zentrale Achse darstellen und viele Themen aus der ersten Werkhälfte wiederholen. Schönberg greift zwar einmal auf das Ostinato der ersten Takte zurück, insgesamt aber genügt es ihm schließlich, eine große Dichte an Sechstongruppen zu realisieren. Die einsame Solovioline aus einem der beiden Hochorchester macht den Anfang – eine Musik aus dem Himmel, in die sich die Vokalise der *Seele* verwandelt hat. Die Bläser des Hauptorchesters übernehmen die Motive der Solovioline. Auch das nun folgende Solo des ersten Cellos (Hauptorchester) beginnt mit der Sechstongruppe und wird bald nur noch von den beiden Hochorchestern begleitet. Kurzzeitig belebt sich das Orchester, hält dann aber inne, und von den beiden Fernorchestern dringen Hörner-Akkorde an die Ohren. Sie sind nicht präzise im Takt notiert, Schönberg will den Takt – und damit das Zeitgefühl – aushebeln. In seinen Skizzen schreibt er: „Wenn es sich um die Fernorchester handelt, brauchen die Zusammenklänge nicht taktmäßig übereinzustimmen. Es soll und darf ‚wogen'." (GA8, S. 21)

Den nun folgenden fließend bewegten Orchestersatz dominieren die Streicher des Hauptorchesters. Sie bleiben schließlich auf einem hohen Ton stehen, dem sechs einzelne Geigen und das Harmonium eines der Hochorchester antworten. Die Streicher leiten mit langsamen Arpeggien zum Schluss des Fragments über: In jeweils einem Fern- und Hochorchester wiederholt eine *Seele* (Sopran) Vokalisen aus dem vorherigen Hörabschnitt, die in unregelmäßigem Kanon ineinander verschachtelt sind. Drei hohe Frauenstimmen im zweiten Fernorchester treten hinzu. Die Musik flieht von der Hauptbühne in die Nebenensembles, der Klang umgibt die Zuhörer. Ein bewegendes Ende ohne Schlussakkord. Nach vier Takten, die

die beiden *Seelen* allein bestreiten, notiert die Partitur: „Hier endet Schönbergs Particell-Skizze".

Die „Jakobsleiter" mag unvollendet sein, aber das Ende des Zwischenspiels ist in jeder Hinsicht „schlüssig" – wie der Schluss nach dem zweiten Akt von „Moses und Aron". Mit dem Einsetzen der beiden Frauensoli beginnt ein Prozess der Reduktion. Musikalisch beschränkt sich Schönberg auf die Sechstongruppe, die lediglich von leisen Akkorden im zweiten Hochorchester (Trompeten, Celesta, Harfe) ergänzt wird. Übrig bleiben die beiden Solistinnen mit einem einzigen, mehrfach wiederholten Intervallsprung. Beim Übergang in den Himmel löst sich die „Jakobsleiter" förmlich auf.

Wie sollte es im zweiten Teil weitergehen? Gabriel verlangt von den Seelen, sich von „Dämonen, Genien, Sternen, Göttern und Engeln" zu verabschieden. Die Personen des ersten Teils hadern mit der Aufgabe, einige *Gesunkene Seelen* („Rationalisten, Faule, Skeptiker, Zyniker, Schlaue, Tagschreiber, Unreine") werden mit „der Hölle eurer Gedanken" konfrontiert. Am Ende lehrt sie Gabriel, „die Vereinigung mit Gott im Gebet zu suchen. Schönbergs Text, einst von den Theosophen beansprucht, zeigt uns Heutigen vor allem seine tiefe Demut vor dem Göttlichen. Der darin ausgedrückte unerschütterliche Glaube an den Wert des Gebets führt in gerader Linie zu den wunderbaren Worten der Psalmen, mit denen Schönberg sein Lebenswerk beschloß." (Zillig 1961b, S. 193) Damit bezieht sich Winfried Zillig auf die letzten drei Werke Schönbergs. Vom oben zitierten Brief an Dehmel aus dem Jahre 1912 („Beten lernen!") über die Dichtung der „Jakobsleiter" bis hin zum unvollendet gebliebenen „Modernen Psalm" op. 50c, zieht sich die gleiche Spur. Im Psalm heißt es: „Und trotzdem bete ich, wie alles Lebende betet; trotzdem erbitte ich Gnaden und Wunder: Erfüllungen. / Trotzdem bete ich, denn ich will nicht des beseligenden Gefühls der Einigkeit, der Verbindung mit Dir verlustig werden." Am Ende seines Lebens kommt Schönberg auf die stille Zwiesprache mit Gott zurück, in seinem Engagement für die jüdischen Interessen hat er resigniert.

Der erste Teil der „Jakobsleiter" entsteht innerhalb von nur drei Monaten. Nach Gabriels Worten „Dann ist dein Ich gelöscht" schreibt Schönberg quer über das Manuskript „19. 9. 1917 / einrücken zur Militär!" Damit ist der Kompositionsprozess unterbrochen. Später (im Februar 1923) wird er sich bei Zemlinsky beklagen, dass es „für mich (siehe Jakobsleiter) verhängnisvoll sein kann, den Faden zu verlieren." (Zemlinsky 1995, S. 245) Schönberg komponiert weiter, es entsteht das Zwischenspiel, aber 1922 legt er das Werk zur Seite. Sein Interesse hat sich vollständig der Zwölftonmethode zugewandt, und so scheint es ihm nicht mehr zu gelingen, in einer Tonsprache zu schreiben, die zwar Elemente dieser Methode kennt, aber noch weit vor deren Systematik anwendet. Vielleicht spürt er auch, anlässlich des Mattsee-Erlebnisses, dass er ein religiöses Thema anders, jüdischer behandeln muss. Wir wissen es nicht.

Über 20 Jahre später, 1944, nimmt er sich die „Jakobsleiter" noch einmal vor, beginnt mit der Instrumentation, bricht aber nach 44 Takten ab. Er gibt das Werk indes nicht auf und schreibt kurz vor seinem Tod, am 27. Juni 1951, an seinen ehemaligen Wiener Schüler Karl Rankl: „Es ist die Möglichkeit, dass ich einsehen muß, nicht mehr in der Lage zu sein, die ‚Jakobsleiter' zu Ende zu komponieren. In diesem Fall hoffe ich noch immer fähig zu sein einen Schluß zum ersten Teil zu komponieren. Keinesfalls aber kann ich die Partitur noch schreiben. Ich will Sie nun fragen, ob Sie eventuell bereit wären eine solche Partitur anzufertigen. Es sind viele und oft sehr weitgehende Hinweise auf meine orchestralen Absichten im Manuskript zu finden. Es würde sich dann darum handeln, mit den nötigen Takt, solche Ausdeutungen und Ergänzungen anzubringen, die diesen Teil wirkungsvoll aufführbar macht."

Rankl sieht sich der Aufgabe nicht gewachsen. Nach Schönbergs Tod beauftragt seine Witwe 1955 Winfried Zillig mit der Erstellung einer Aufführungsversion des Fragmentes. Zillig nimmt an. In den kommenden zwei Jahren hält er sich zum einen an die Instrumentationsangaben im Particell, zum anderen an Schönbergs Orchesterniederschrift der ersten 44 Takte. Das Ergebnis enthält nicht eine Note, die nicht von Schönbergs Hand stammt, und wird am 16. Juni 1961 im Rahmen des X. Internationalen Musikfestes der Wiener Konzerthausgesellschaft mit dem Kölner Rundfunk-Sinfonie-Orchester unter Rafael Kubelik uraufgeführt.[20]

20 Kurioses Detail am Rande: Der Gabriel wird bei der Uraufführung von dem späteren Schlagersänger Ivan Rebroff gesungen.

X
Die Zwölftonmethode
Variationen für Orchester op. 31

Wenn über Arnold Schönberg gesprochen wird, fällt unweigerlich das Stichwort „Zwölftontechnik“. Das ist ebenso richtig wie unfair. Schönberg war fast 50 Jahre alt, als er nach drei Jahrzehnten Komponieren, fortwährender Auseinandersetzung mit der Tradition und knapp 20 Jahren Lehrtätigkeit ein Verfahren entwickelte, das er „Methode der Komposition mit zwölf nur aufeinander bezogenen Tönen” nannte. Es gab aber ein vielseitiges Œuvre davor, aus dem wir zentrale Werke kennengelernt haben. Und nach seiner Emigration in die USA entstanden auch Werke außerhalb der Zwölftonmethode, die er keineswegs versteckte, sondern mit Opuszahlen versah. Es gibt viel Schönberg jenseits der Zwölftonmethode.

Natürlich darf die Methode in einer Schönberg Challenge nicht fehlen; die letzten drei Werke, die wir uns genauer anhören wollen, sind zwölftönig. Den Anfang machen die Variationen für Orchester op. 31, entstanden in den Jahren 1926 bis 1928 während Schönbergs drittem Berliner Aufenthalt. Das erste zwölftönige Orchesterwerk, das Schönberg veröffentlichte.

Nach der unabgeschlossenen Arbeit an der „Jakobsleiter“ schien der Komponist verstummt. Lehrtätigkeit, Dirigate und der „Verein für musikalische Privataufführungen“ rückten in den Vordergrund. Erst im Sommer 1920 begann er wieder zu komponieren, und zwar drei Werke gleichzeitig: die Fünf Klavierstücke op. 23, die Serenade op. 24 und die Suite für Klavier op. 25. In diesen Werken gelangen ihm die ersten reinen Zwölftonkompositionen, ohne dass man genau sagen könnte, welches das *erste* Zwölftonstück geworden ist. Die Fünf Klavierstücke begann Schönberg im Juli 1920. Ein Jahr später schrieb er das letzte der Stücke, einen Walzer, den er aber erst am 17. Februar 1923 vollendete. Als einziges Stück in dem Zyklus fußt er auf einer Zwölftonreihe. Die Serenade für sieben Instrumente und eine tiefe Männerstimme entstand von August 1920 bis April 1923. Auch hier gibt es nur einen zwölftönigen Satz, den vierten. Schönberg schrieb ihn von Oktober 1922 bis März 1923. Erst die Klaviersuite op. 25 ist als Ganzes eine Zwölftonkomposition, entstanden zwischen Sommer 1921 und März 1923. Die Schwelle zur Zwölftonmethode überquerte Schönberg zwischen Sommer 1921 und Frühjahr 1923.

Dieser Schritt war nicht mehr groß. Schon in den Werken zuvor hatte Schönberg mit Intervallkonstellationen gearbeitet, die gleichsam unter der motivischen Oberfläche Zusammenhalt stiften. Einige Fälle in den „George-Liedern", der „Erwartung" und der „Jakobsleiter" habe ich erwähnt. In den Klavierstücken op. 23 baut Schönberg das Verfahren aus, dem zweiten Stück z. B. liegt eine Neuntonreihe zugrunde. Doch erst als Schönberg die Reihe zum chromatischen Total komplettiert, erhält die Methode eine neue Systematik.

Wie funktioniert die Zwölftonmethode? In der tonalen, genauer: der funktionsharmonischen Musik besitzt immer ein Ton die Vorherrschaft: der Grundton der Tonika. Er bildet das Gravitationszentrum eines Satzes oder gar Stückes. Die anderen Töne positionieren sich in seiner Schwerkraft gerne (die Quinte, die Terz, die Sexte, die Oktave) oder ungerne (Sekunde, Quarte, Septime). Der Tonraum ist in dieser Musik hierarchisch. Bei der Zwölftonmethode beziehen sich die zwölf Töne der Oktave nicht auf den einen Ton, sondern „nur aufeinander": jeder einzelne auf die elf anderen. Sie sind gleichberechtigt. Um diese Gleichberechtigung nicht zu gefährden, legt Schönberg vor Beginn der Komposition eine Abfolge der zwölf Töne fest: Er bringt sie in eine Reihe. Im Prinzip dürfte sich kein Ton wiederholen, bevor nicht die anderen elf dran gewesen sind. Aus einer solchen strikten Vorgabe aber entsteht keine gute Musik. Schönberg hat zwar nicht *das* „Zwölftonbuch" geschrieben und kein Regelwerk veröffentlicht. Aber aus der Anwendung in seinen Werken lassen sich einige Aspekte der Zwölftonmethode erkennen:

- Die zwölf Töne tauchen nicht nur in ihrer ursprünglichen Reihung auf (Grundreihe), sondern auch in drei Spiegelungsformen: rückwärts (Krebs), umgekehrt (alle aufwärtigen Intervalle gehen nun abwärts, alle abwärtigen aufwärts) oder als Krebsumkehrung. Außerdem können diese vier Reihen auf allen zwölf Tonhöhen beginnen, sie können also transponiert werden. Summa summarum: Die Reihe besitzt 47 Varianten. Alle kann der Komponist verwenden.
- Die Töne müssen nicht immer in der gleichen Reihenfolge erscheinen. Innerhalb der Reihe kann der Komponist sie vertauschen (Permutation) oder untereinanderschreiben. Er kann zum Beispiel die Töne 3–5

herausnehmen und als Akkord unter die Reihe setzen. Auf diese Weise verwirklicht Schönberg die Synthese von Horizontale (Melodie) und Vertikale (Harmonik), der wir zuerst in der Kammersymphonie op. 9 begegnet sind.

- Die Reihe bestimmt den Tonvorrat, nicht die Rhythmik. So können eigenständige Motive entstehen, die von der Reihe abgeleitet, aber nicht mit dieser identisch sind.
- Schönberg teilt die Reihe oft in Untergruppen, z.B. 4x3 Töne. Ab den Variationen op. 31 verdienen die beiden sechstönigen Hälften, Hexachorde, besondere Aufmerksamkeit. Schönberg bevorzugt jene Reihen, die eine transponierte Umkehrung besitzen, in der die Töne 7–12 identisch sind mit den Tönen 1–6 der Grundreihe. Ist dies der Fall (wie in op. 31), ergibt die Kombination der Grundreihe mit ihrer Umkehrung zwei Zwölftonfelder nacheinander, ohne dass sich Töne wiederholen.

Den „Hauptvorteil“ seiner Methode sah Schönberg in ihrer „vereinheitlichenden Wirkung“ (AS1976k, S. 96), wie er 1934 in dem Aufsatz „Composition With Twelve Tones“ schrieb (das Original ist in Englisch). Es ist seine ausführlichste Abhandlung über die Zwölftonmethode, und Schönberg hielt den Vortrag für so zentral, dass er ihn insgesamt viermal an den Universitäten von Princeton und Chicago sowie an den beiden Universitäten von Los Angeles wiederholte. Schönberg hoffte, dass die reihenmäßige Ordnung der zwölf Töne den gleichen Identifikationsgrad erreichen würde wie die Tonalität. Nicht, um eine Zwölftonmelodie nachpfeifen zu können (was im Übrigen nichts über die Qualität der Melodie aussagen würde). Sondern weil der zwölftönige Tonraum die Komposition ordnet wie ehemals die Tonalität. „Die Komposition mit zwölf Tönen hat kein anderes Ziel als Faßlichkeit“ (AS1976k, S. 73), schreibt Schönberg in diesem Aufsatz und verwendet dabei einen Begriff, den er dem Wort „Verständlichkeit“ vorzieht. Und er erläutert, dass die Zwölftonmethode die formale Bedeutung der Funktionsharmonik übernehmen könne:

„Früher hatte die Harmonie nicht nur als Quelle der Schönheit gedient, sondern, was wichtiger war, als Mittel zur Unterscheidung der Formmerkmale. Für den Schluß wurde zum Beispiel nur eine Konsonanz als passend erachtet. Befestigende Funktionen erforderten andere Harmoniefolgen als schweifende; eine Vorbereitung, eine Überleitung erforderte andere Folgen als ein Schlußgedanke; harmonische Abwechslung konnte nur dann vernünftig und logisch ausgeführt werden, wenn man die Fundamente der Harmonien gebührend berücksichtigte. Die Erfüllung all dieser Funktionen [...] war kaum mit Akkorden zu gewährleisten, deren konstruktive Werte bisher noch nicht erforscht worden waren. [...]

Nach vielen erfolglosen Versuchen in einem Zeitraum von annähernd zwölf Jahren legte ich den Grund zu einem neuen musikalischen Konstruktionsverfahren, das geeignet schien, jene strukturellen Differenzierungen zu ersetzen, für die früher die tonalen Harmonien gesorgt hatten.

Ich nannte dieses Verfahren *Methode der Komposition mit zwölf nur aufeinander bezogenen Tönen*." (AS1976k, S. 74f.)

In den ersten Zwölftonwerken wählte Schönberg traditionelle Satzcharaktere wie Walzer, Gavotte oder Gigue, wie um zu beweisen, dass die neue Methode den aus der Tonalität stammenden Formen nicht im Wege stünde. Nach und nach erprobte und verfeinerte er die Methode an immer mehr Gattungen: Den Anfang machten Klavier- und Kammermusik (1920–24), mit und ohne Gesang. Es folgten Chorwerke (1925/26), ein Streichquartett (1927) und zwei Opern: „Von heute auf morgen" (1928/29) sowie „Moses und Aron" (1930–32), das aus inhaltlichen Gründen unvollendet blieb, nicht wegen der Zwölftonmethode. Und natürlich Orchestermusik. Zunächst versuchte er sich an einer „Passacaglia", die er aber aufgab – zugunsten der Variationen op. 31. Eine nachvollziehbare Entwicklung: Zum einen ist eine Passacaglia ebenfalls eine Variationsform, wenn auch eine besondere, da das (kurze) Thema unveränderlich im Bass liegt, während sich die Musik darüber ständig neu erfindet. Wir werden sehen, dass das auch in den Variationen op. 31 vorkommt. Zum anderen lebt die Zwölftonmethode im Kern von der Idee der Variation: Eine Reihe erklingt in ständig variierter Form aber identischen Ursprungs. Webern sprach in seinen Vorträgen 1932 unumwunden aus, dass man in der Wiener Schule „die Variationenform als Vorläuferin der Komposition in zwölf Tönen" betrachtete, denn: „Ein Thema ist gegeben. Es wird variiert." (Webern, S. 56)

Die Variationen op. 31 entstehen, wie erwähnt, am Beginn von Schönbergs drittem Berlin-Aufenthalt. Es sind gute Jahre für den Komponisten. „Pierrot lunaire" geht um die Welt, sein Ruf breitet sich aus, als Professor kann er seiner Familie gesicherte finanzielle Verhältnisse bieten und Berlin birgt ihn vor dem kämpferischen und missgünstigen Kulturklima seiner Heimatstadt. Am 2. Mai 1926 beginnt er mit der Komposition, kommt mit der ersten Hälfte des Werkes gut voran, unterbricht dann aber wegen einer Reise. Danach rücken andere Projekte in den Fokus: das Schauspiel „Der biblische Weg“ und das 3. Streichquartett op. 30. Als er die Orchesterkomposition wieder aufnehmen will, fällt es ihm schwer. Im „Interview mit mir selbst“, geschrieben im November 1928 für das Periodikum „La revue musicale“, berichtet er darüber – um zu belegen, dass hinter seinen kompositorischen Entscheidungen mehr Intuition als Berechnung stecke:

„Als ich sie [die Arbeit] nach mehreren Wochen wieder aufnehmen wollte, konnte ich mich an den Gedankengang einer angefangenen Variation [der fünften] nicht mehr erinnern. Es setzte dort in unregelmäßigen Abständen eine unregelmäßige Anzahl von Stimmen zu ungleich großen, die Hauptlinie unterbrechenden Einwürfen ein. Ich hatte ungefähr die Hälfte davon komponiert und konnte nun nicht herausfinden, nach welchem Prinzip der flüchtig vorskizzierte Rest auszuführen sei. Nach langem, vergeblichem Suchen gab ich die Arbeit auf. Ich probierte dann zu verschiedenen Zeiten nochmals, mich des Vergessenen wieder zu entsinnen, und faßte heuer im Sommer [1928] den Entschluß, die Arbeit diesmal um jeden Preis zu Ende zu führen. Ich brachte wieder eine Woche mit vergeblichem Suchen zu, [...] und nach einigen Tagen wieder vergeblicher Mühe beschied ich mich damit, es aufzugeben und ein anderes Prinzip auf[zu]stellen.

Ein solches war nach der Lage der Dinge bald gefunden.

Und nun kommt das Wunder:

Als ich daranging, die erwähnten Gruppen auszuführen, fand ich ein Blatt, an dem ich x-male achtlos vorbeigegangen, und auf diesem Blatt ist skizziert: die Lösung, die ich so lange gesucht hatte, und: sie deckt sich vollkommen mit der, die ich eben neu ausgedacht hatte!“ (AS1976d, S. 243)

Wir verdanken es wohl dem Dirigenten Wilhelm Furtwängler, dass Schönberg beschließt, die Komposition zu vollenden. Furtwängler interessiert sich für eine neue Orchesterkomposition, Schönberg macht sich an die Arbeit, beendet die Partiturreinschrift am 21. August und bietet sie dem Dirigenten eine Woche später zur Uraufführung in Berlin an. Diese findet am 2. Dezember 1928 statt, Furtwängler dirigiert die Berliner Philharmoniker, hat aber offenbar – obwohl Schönberg ihn warnt – zu wenig Proben angesetzt. Jedenfalls fällt die Uraufführung beim Publikum durch. Die Deutsche Allgemeine Zeitung schreibt zwei Tage später: Schon „wenige Minuten nach Beginn der Aufführung [begann] ein großer Teil des Publikums unruhig zu werden, man hörte offenbar gar nicht mehr hin, und am Schluß ging ein Pfeifen los, wie es in diesen Konzerten bisher noch nicht vorgekommen war. […] Was sind das für undisziplinierte, unerzogene Menschen, die die Philharmonie mit dem Sportpalast verwechseln!" (GA9, S. XXI) Dass das Werk offenbar unterprobt war, wissen wir nicht von Schönberg, der an der Uraufführung nicht teilnahm, sondern aus einem Bericht Weberns an seinen Lehrer vom 9. Dezember: Ich „glaubte, Du würdest zur Aufführung Deiner ‚Variationen' dort [in Berlin] sein wollen. Aber wie gut, dass Du es nicht warst! Doch, dann wäre es vielleicht gar nicht zu dieser Auff. gekommen. Was muß das gewesen sein! Mit 3 Proben – so hörte ich – dieses Werk aufzuführen! Unglaublich! Ganz unverantwortlich."

Die nächste Aufführung findet am 24. März 1931 im Frankfurter Rundfunk statt, dirigiert von Hans Rosbaud, der 1929 der erste Kapellmeister des damals neu gegründeten Frankfurter Rundfunk-Symphonie-Orchesters geworden ist. Aus diesem Anlass nimmt Schönberg, dem die missratene Uraufführung noch in den Knochen steckt, für den Rundfunk eine einstündige, mit rund 70 Klangbeispielen angereicherte Werkeinführung auf, die als „Vortrag über op. 31" am 31. März ausgestrahlt wird und zu den wichtigsten Zeugnissen des Komponisten über seine Musik gehört. In diesem Vortrag beklagt sich Schönberg einleitend darüber, dass man seine Leistung als Komponist, mag sie auch unverständlich scheinen, nicht wertschätzt.

„Ich befinde mich in einer Minderheit, nicht nur gegenüber den Freunden leichter Musik, sondern auch gegenüber den Freunden ernster Musik. Niemandem fällt es ein, die Helden anzufeinden, die den Flug über den Ozean oder zum Nordpol wagen; denn ihre Leistung wird rasch jedem offenbar. Aber obwohl die Erfahrung gezeigt hat, dass viele längst schon Pfadfinder und auf einem klar bewussten Weg waren, als man sie noch für halbirrsinnige Wegsucher hielt, so wendet sich doch die Feindschaft der Mehrheit stets gegen die, die auf geistigem Gebiet ins Unbekannte vorstoßen." (AS1976g, S. 255)

Wie in den meisten seiner Aufsätze, Gedenkreden und Lehrschriften sucht Schönberg auch in diesem Vortrag seine Hörer davon zu überzeugen, dass er nur das historisch Notwendige vollbracht habe und dass er mit beiden Beinen auf dem Boden der Tradition stehe. Die Feindschaft der Zuhörer verdanke er vor allem der Geschwindigkeit, mit der er Gestalten entwickle. Nachdem er nachgewiesen hat, dass die rasche Entwicklung eines Themas nebst Umkehrung von Motiven bereits bei Brahms zu finden sei, heißt es in dem Vortrag weiter:

„In meinem Kompositionsstil ist häufig dieser Umstand eine der Hauptursachen, warum ich schwer zu verstehen bin: Ich variiere ununterbrochen, wiederhole fast niemals unverändert, springe rasch auf ziemlich entlegene Entwicklungserscheinungen und setze voraus, dass ein gebildeter Hörer die dazwischenliegenden Übergänge selbst zu finden imstande ist. Ich weiß, dass ich mir damit nur selbst Enttäuschungen bereite, aber es scheint, dass die Aufgabe, die mir gestellt ist, keine andere Darstellungsweise zulässt.“ (AS1976g, S. 257)

Ausführlich referiert Schönberg nun, dass er das Thema seiner Variationen aus einprägsamen Motiven gebaut, nachvollziehbar entwickelt und klassisch gegliedert habe. Und dass er außerdem behutsam auf es hinführe. Wir hören die Einleitung des Werkes und das Thema der Variationen.

Playlist #41 und #42

Die Orchestervariationen op. 31 beginnen mit einer Klangfläche. Aus diesem geradezu impressionistischen Beginn (Tremolo in den Streichern, Flageolett-Töne in Harfe und Kontrabässen) schälen sich einzelne Intervalle des Themas heraus: zuerst der Tritonus in der Pendelbewegung von Klarinette, Fagott und Harfe, mit dem das Thema beginnen wird, dann ein Sekundschritt, das zweite Intervall des Themas. Die Flöte spielt sechs Töne mit Flatterzunge: die ersten sechs Töne des Themas. Die zweiten sechs folgen in den Celli. Das Orchester steigert sich und bereitet den Rhythmus des Themas vor. Und in den letzten Sekunden der Einleitung erklingt eine viertönige Drehfigur in Posaune und Celli: Das ist das berühmte B-A-C-H-Motiv, das im Finale eine große Rolle spielen wird (und das ich im Folgenden einfach BACH nennen werde). Damit stellt Schönberg in der Einleitung alle wichtigen Bausteine des folgenden Werkes vor.

Das Thema beginnt in den Celli und wird leise begleitet. Du kannst ihm also gut folgen. Es gliedert sich sehr regelmäßig: Der erste Teil besteht aus 5+4+3 Takten, der Mittelteil aus 5 Takten, der Schlussteil – nun in den Violinen, die Celli spielen eine Gegenmelodie – aus 4+3 Takten. Wir wollen die drei Teile der Einfachheit halber A, B und A‘ nennen. Seine Figuren sind rhythmisch eng miteinander verwandt, und die melodischen Zusammenhänge versteht man, wenn man nicht von der Identität der Intervalle, sondern von einer der **Kontur** ausgeht, die durch Sprünge und Schritte gekennzeichnet ist. Die erste fünftönige Figur wird zweimal wiederholt und dabei stark verformt, aber immer beginnt sie mit einem Sprung abwärts. Danach isoliert Schönberg sowohl den Abwärtssprung als auch eine Punktierung zu eigenständigen Motiven. Vor B verlangsamt sich das Tempo (Ritardando), woran viele der folgenden Variationen festhalten. Dieser Mittelteil, so Schönberg, solle nur einen „kleinen Gegensatz“ bringen und weise kein „neues Motiv“ auf (AS1976g, S. 261). Bekräftigt wird hier das Sprungmotiv, freilich in umgekehrter Richtung. A‘ wiederholt die Motive von A weitgehend wörtlich, kehrt ihren Tonhöhenverlauf aber um.

So geht das gesamte Thema auf ein einziges Motiv zurück, aus dem alles weitere abgeleitet wird. Die Wiederholung auch der veränderten Motive erleichtert, dass man sie sich merken kann. Noch einmal Schönberg: „Das Thema muß [...] relativ einfach sein, auch aus dem Grunde, weil die Variationen ja nach und nach komplizierter werden” (AS1976g, S. 270).

Gleichzeitig stellt Schönberg in diesem Thema die Reihe und ihre drei Spiegelformen vor: A exponiert die Grundreihe und die Umkehrung des Krebses, B den Krebs und A’ die Umkehrung. „Im schlichtesten Fall besteht ein Teil eines Themas oder auch das ganze Thema einfach aus der Rhythmisierung und Phrasierung einer Grundreihe und ihrer Ableitungen, der Spiegelformen“, schreibt Schönberg 1934 (AS1976k, S. 82). Dieser Fall ist hier exemplarisch verwirklicht.

In den Begleitstimmen des Themas realisiert Schönberg das, was oben unter dem Stichwort Kombinatorik von Hexachorden erwähnt wurde: Die Grundreihe im Thema wird von leisen Akkorden in Bläsern, Kontrabässen und Harfe begleitet. Diese speisen sich aus Tönen einer transponierten Umkehrung der Grundreihe. Deren erster Hexachord summiert sich mit dem ersten Hexachord der Grundreihe zu einem kompletten Zwölftonfeld, ohne dass sich ein Ton wiederholt. Das gleiche gilt für die jeweils zweiten Hexachorde.

Die Variationen op. 31 gliedern sich als Gesamtwerk ebenso klar wie das Thema. Der Einleitung und dem Thema folgen neun Variationen und ein Finale. Schönberg nutzt den Klangapparat des Orchesters, um diese Gliederung zu unterstreichen. So wechseln sich kammermusikalische Variationen (Nrn. 2, 4 und 6) mit voll orchestrierten ab. Und immer sind es Tempo-

und Instrumentationswechsel, die die Dreiteiligkeit des Themas und der Variationen eins bis sieben unterstreichen.

In den ersten drei Variationen verändert Schönberg das Thema nur leicht, stets darauf bedacht, die Fasslichkeit seiner Musik nicht zu erschweren. Doch schon hier wird das Thema überlagert von Figuren, die er „Motive der Variation" nennt.

Playlist #43, #44 und #45

In der **ersten Variation** liegt das Thema wie bei einer Passacaglia im Bass (tiefe Holzbläser und Kontrabässe). Schönberg behält die originalen Tonhöhen des Themas, reißt die Motive aber auseinander und verändert sie rhythmisch. Über das Thema schieben sich verschiedene kurze Motive: eine flüchtige Staccato-Figur der Violinen (es handelt sich um eine auf drei Töne verkürzte Variante von BACH, die sogleich von den Hörnern aufgegriffen wird), kurze Drehfiguren in Terzparallelen, im Mittelteil eine fünftönige Figur im „gestopften" Horn (die Musiker verstopfen den Trichter ihres Instrumentes, so dass der Ton gequetscht klingt). Die Instrumente und Register wechseln sich schnell ab, die Motive ändern sich kaum.

In der **zweiten**, kammermusikalischen **Variation** erklingt das Thema in der gedämpften Solovioline in Umkehrung. In dieser Form ragt die nun wieder viertönige Drehfigur heraus, aus der später BACH hervorgeht. Schönberg schichtet in dieser Variation drei Kanons übereinander. Dem Thema in der Solovioline folgt die Oboe. Zwei weitere Kanons bilden Solocello und Fagott sowie Bassklarinette und Flöte; die Stimmen dieser beiden Kanons verlaufen in Umkehrung zueinander. Deutlich hörbar ist diesmal der Einschnitt zwischen B und A', wo Schönberg das Tempo verlangsamt. Die Variation wirkt ruhig, Schönberg empfand sie als „lieblich" (AS1976g, S. 266).

Die **dritte Variation** bringt das Thema wieder in originaler Tonhöhe. Wie anfangs wechselt die Instrumentation: A und B liegen im Horn, A' in der Trompete. Schönberg führt zwei „Motive der Variation" gleichzeitig ein: schnelle Sechzehntel-Figuren in den Streichern (aus ihnen entsteht in der vierten Variation das Thema) und ein zackiges Motiv, das in den Celli aufspringt und sogleich von den Holzbläsern umgekehrt wird. Die Figur vereint die Punktierung aus dem Thema mit dem Tritonusintervall, mit dem dieses beginnt. Die Variation hat stürmischen Charakter, sie ist die erste mit viel Schlagwerk. Eine kurze Ruhephase markiert den Beginn von A'.

Bei den ersten drei Variationen habe ich Dich vor allem auf die Motive aufmerksam gemacht und selten auf die Zwölftonreihen. Tatsächlich stammen jeder Ton und jedes Motiv aus einer Reihe. Um noch einmal auf den Beginn der 3. Variation zurückzukommen: Die ersten Töne sind aus einer Umkehrungsreihe gewonnen: Das punktierte Tritonusmotiv hat die Reihentöne 1-2-4-6-8-9, die drei Sechzehntelfiguren in den Streichern 3-5-7-10-11-12. Hinter einer solchen Verästelung versteckt sich die Technik eher, als dass sie in den Vordergrund rückt, daher spricht Schönberg in dem Vortrag über op. 31 eher über die motivische Gestaltung als über die Zwölftonmethode. Man muss beim Hören die Reihen weder erkennen noch auseinanderhalten.

Argwöhnisch stand er deshalb auch der Zwölftonanalyse gegenüber, die Reihentöne abzählt, anstatt über das zu sprechen, was aus der Reihe geformt ist. Dem Geiger Rudolf Kolisch, der eine Analyse seines 3. Streichquartetts vorgelegt hatte, schrieb er am 27. Juli 1932:

„Die Reihe meines Streichquartetts hast du richtig [...] herausgefunden. Das muss eine sehr grosse Mühe gewesen sein und ich glaube nicht, dass ich die Geduld dazu aufbrächte. Glaubst du denn, dass man einen Nutzen davon hat, wenn man das weiss? Ich kann mir es nicht recht vorstellen. Nach meiner Ueberzeugung kann es ja für einen Komponisten, der sich in der Benützung der Reihen noch nicht gut auskennt, eine Anregung sein, wie er verfahren kann, ein rein handwerklicher Hinweis auf die Möglichkeit, aus den Reihen zu schöpfen. Aber die aesthetischen Qualitäten erschliessen sich von da aus nicht, oder höchstens nebenbei. Ich kann nicht oft genug davor warnen, diese Analysen zu überschätzen, da sie ja doch nur zu dem führen, was ich immer bekämpft habe: zur Erkenntnis, wie es *gemacht* ist, während ich immer erkennen geholfen habe: was es *ist*! Ich habe das dem Wiesengrund [Adorno] schon wiederholt begreiflich zu machen versucht und auch dem Berg und dem Webern. Aber die glauben mir das nicht. Ich kann es nicht oft genug sagen: meine Werke sind Zwölfton-*Kompositionen*, nicht *Zwölfton*-Kompositionen".

Playlist #46, #47 und #48

Über der **vierten Variation** steht „Walzertempo". Das Thema (originale Tonhöhen) in der kammermusikalischen Instrumentation von Harfe, Celesta und Mandoline verschwindet fast; die Spielanweisung lautet „begleitend“. Über das Thema schieben sich tänzerische Linien in Holzbläsern und Solostreichern. Schönberg verteilt die Reihen so auf die Melodien, dass sich Linien mit vielen Halbtonschritten ergeben. In diese Reihen gliedern sich auch die Reihentöne des Themas ein, was das Thema reihentechnisch doppelt „absichert“: Die ersten beiden Thementöne von Harfe, Celesta und Mandoline z. B. stellen die Töne 1 und 2 der Grundreihe dar, gleichzeitig aber gehören sie auch als Töne 5 und 11 zur transponierten Grundreihe von Flöte und Bratsche. Wieder verdeutlicht Schönberg die Gliederung: Vor B gibt es ein Ritardando, dann setzen die Violinen ein und heben den kammermusikalischen Klang vorsichtig auf. A‘ greift reprisenhaft auf A zurück.

In der **fünften Variation** verwendet Schönberg das Thema wieder als Passacaglia im Bass, wo die Motive ihre Rhythmik abwerfen. Die Variation ist gekennzeichnet von aufschreienden Kurzmotiven, meist einfachen Sprüngen (sechs verschiedene Kurzmotive übereinander ergeben ein Zwölftonfeld). In diesen Strudel gerät auch das Thema, das nun nicht mehr als eigene melodische Gestalt wahrzunehmen ist. Der B-Teil – nach einem Ritardando – ist viel leiser und ruhiger, das Thema kannst du gut in den verspielt klingenden Oboen hören. A‘ kehrt zu den aufgeregten Kurzmotiven aus A zurück, wird aber mehrmals durch Erinnerungen an B unterbrochen.

Ein zarter kammermusikalischer Satz prägt die **sechste Variation**. Besonders das Motiv der Klarinette fällt auf. Du kannst es auch in seinen variierten Wiederholungen verfolgen, selbst wenn sich seine Bewegungsrichtung umkehrt. Mit der Gegenmelodie in den anderen Bläsern kombiniert sich das Motiv stets zu einer verästelten Zwölftonreihe. Das Orchester schwillt an, der Wechsel zum B-Teil erfolgt weniger deutlich als in den Variationen davor, aber A‘ kannst Du gut an einer reprisenhaften Wiederholung des ursprünglichen Klarinettenmotivs in den Violinen erkennen. Versuche trotzdem auf die Klarinette zu achten: Sie spielt in A‘ eine Drehfigur, die deutlich auf BACH vorbereitet: die Intervalle stimmen, aber noch nicht die Tonhöhen.

In den folgenden Variationen drängt Schönberg das Thema immer weiter aus der motivischen Oberfläche des Orchesters heraus.

Playlist #49, #50 und #51

Die **siebte Variation** ist mit fast zweieinhalb Minuten die längste und langsamste. Schönberg weist ihr ein helles Klangbild zu, geprägt von Pikkoloflöte, Celesta und Glockenspiel. In höchsten Höhen erscheint das Thema, noch immer in der originalen Tonhöhe, während das Fagott das „Motiv der Variation" – einen wie improvisiert wirkenden Gesang – intoniert, gekennzeichnet durch schnelle Figuren, die in Haltetöne münden. Damit steckt das Fagott auch andere Instrumente an, und wenn dieser Gesang die Solovioline erreicht, beginnt der B-Teil.

Schönberg unterteilt sein Orchester farblich. Die unterschiedlichen Ebenen – Thema, Motiv der Variation, Gegenmelodie (Celli und Englischhorn) – grenzen sich durch ihre Instrumentation deutlich voneinander ab. Im weiteren Verlauf der Variation mischen sich aber diese Farben immer mehr, so dass sich Schönberg in seinem Vortrag über op. 31 genötigt sah, die Farbigkeit der Variation zu rechtfertigen: „Es stimmt, daß der Klang sich in meiner Musik mit jeder Wendung des Gedankens – sei sie gefühlsmäßig, strukturell oder sonstwie – ändert. Es stimmt weiterhin, daß diese Veränderungen in schnellerer Folge als üblich geschehen, und ich gebe zu, daß es schwieriger ist, sie gleichzeitig wahrzunehmen. Die siebte Variation bietet für das Verständnis eben solche Hindernisse. Aber es stimmt nicht, daß die andere Art von Klang meiner Musik fremd ist." (AS1976g, S. 93)

Die **achte und neunte Variation** sind beide kurz und stürmen auf das Finale des Werkes zu. Darüber hinaus hängen sie motivisch miteinander zusammen: Die neunte Variation beginnt in der Trompete mit dem haargenau gleichen Motiv wie die achte. Es handelt sich um ein fröhliches Motiv in der Oboe, das sogleich vom Fagott beantwortet wird. Im Zusammenspiel zwischen diesen beiden und den Streichern versteckt sich die Grundreihe und ihre transponierte Umkehrung. Eine Linie, in der sich das Thema wiederfinden würde, gibt es nicht mehr, auch keinen erkennbaren Mittelteil. Die Variation lebt von einer unaufhörlichen Achtelbewegung, vorangetrieben durch Synkopen (Betonungen neben den Taktschwerpunkten), auch und gerade im Schlagwerk.

Eine Stelle sagt viel über Schönbergs Verhältnis zur Zwölftonmethode aus: Die Oboenstimme am Anfang reiht drei Motive aneinander, die sich wie das ursprüngliche Thema entwickeln: Ein Motiv wird vorgestellt, zwei Varianten folgen ihm, jede ein wenig kürzer. Es ist nicht leicht zu hören, weil alles so schnell geht, aber jede der drei Figuren beginnt mit einem identitätsstiftenden Aufwärtssprung. Schönberg fügt nun am Beginn des zweiten Motivs einen 13. Reihenton ein, damit auch dieses Motiv mit einem Aufwärtssprung beginnen kann. Die nachvollziehbare Entwicklung des Motivs scheint ihm wichtiger als die schulgerechte Verwendung von zwölf Reihentönen.

Mit der **neunten Variation** leitet Schönberg zum Finale über. Dabei wiederholt sich nicht nur das Hauptmotiv aus der achten Variation, auch dessen Cellofigur (die die ständige Achtelbewegung anstieß) erklingt nun gleich zu Anfang in der Pikkoloflöte, allerdings mit stark geänderter Rhythmik, so dass sie kaum wiederzuerkennen ist. Schönberg erwähnt in seinem Vortrag die mehrmalige Unterbrechung der Musik, im „Charakter des Refrains eines Trauermarsches“ (AS1976g, S. 269). Die ersten beiden Unterbrechungen sind gut zu erkennen. Plötzlich verlangsamt sich das Tempo und Du hörst einige wenige Töne in den gestopften Hörnern. Jede dieser beiden Unterbrechungen beendet ein Tamtam-Schlag, das ist ein Gong ohne bestimmte Tonhöhe.

Playlist #52

Das **Finale** dauert fast halb so lang wie alle neun Variationen zusammen. Das Werk wendet sich hier von der Variationenform ab und gleitet über ins Symphonische. Schönberg erläutert: „Die Variationen sind wie ein Album mit Ansichten eines Ortes oder einer Landschaft, die Ihnen einzelne Punkte zeigt. Die Symphonie aber gleicht einem Panorama, wo man zwar auch jedes Bild für sich ansehen könnte, aber in Wirklichkeit sind diese Bilder fest verbunden und gehen ineinander über.” (AS1976g, S. 270)

Das Thema löst sich nun endgültig in seine Bestandteile auf: Tritonus, Auf- oder Abwärtssprung, Punktierung – diese Figuren werden vom durchführungshaften Strom mitgerissen. Hinzu tritt das eingangs vorgestellte B-A-C-H-Motiv, das Schönberg im Finale zum Hauptmotiv entwickelt. Du hörst es gleich zu Beginn in den hohen Violinen (Tremolo) und Flöten (Flatterzunge).

Der Aufbau des Finales beschreibt eine Steigerung in mehreren Stufen. Mehrmals unterbricht Schönberg und setzt wieder von neuem an. Das Tempo verschnellert sich kontinuierlich. Damit Du den Überblick nicht verlierst, charakterisiere ich die einzelnen Steigerungsstufen.

In der ersten Stufe dominiert BACH. Nach dem Anfang kannst Du es z. B. gut im Horn erkennen. Ebenfalls am Anfang hörst Du in den Kontrabässen eine Melodie mit zwölf Tönen. Das ist aber keine Reihe. Die ersten sechs Töne gehören zum Krebs, die zweiten zu einer transponierten Krebsumkehrung. Erst die Akkorde in den Violinen ergänzen die beiden Hexachorde jeweils zu einem Zwölftonfeld. In kürzester Zeit baut Schönberg ein Orchestertutti auf, das immer langsamer wird und schließlich wie ein Doppelpunkt stehen bleibt.

Die zweite Steigerungsstufe beginnt kammermusikalisch in der Oboe mit dem ehemaligen Klarinetten-Motiv aus der sechsten Variation (1:04). Das Motiv wandert in die Harfe, darüber erhebt sich die Flöte mit einem kurzen Zitat aus dem Thema (die ersten fünf Töne von A'). Kurz darauf kannst Du eine Hornmelodie erkennen, die deshalb wie das Thema klingt, weil sie dessen Aufbau imitiert: 5 Töne – 4 Töne – 3 Töne. (Diese Transposition der Umkehrungsreihe, aus der sich die Melodie speist, wurde im Thema aber nicht verwendet.) Wieder steigt das ganze Orchester ein, Beckenschläge treiben die Musik voran, es wird erst lauter, dann bremst Schönberg.

Die dritte Steigerungsstufe beginnt bereits „presto“ (schnell) (3:58). Wieder führt die Oboe mit einer durch Punktierungen hüpfenden Melodie an (Grundreihe). Darunter kannst Du BACH im Englischhorn hören. Die Musik steigert sich rasch, die Pauke markiert einen Höhepunkt, doch es geht „noch rascher“ mit der Achtelbewegung aus der achten Variation weiter. Wieder bremst Schönberg und beginnt ein letztes Mal von Neuem, sehr leise mit ein paar Solostreichern, -bläsern und Harfe (5:02). Es handelt sich um die Reprise des Themas, aber Schönberg nimmt sich nicht mehr die Zeit, das Thema in seiner ganzen Länge zu präsentieren, sondern er schichtet seine Teile: Noch während A im Englischhorn erklingt, schiebt sich B in der Es-Klarinette darunter, und gleichzeitig spielt die Solovioline A'. Ein letztes Aufbäumen mit Dreitonmotiven beendet die Komposition.

Die durch das B-A-C-H-Motiv ausgedrückte Verbeugung vor dem Thomaskantor zeigt auf, in welcher Tradition Schönberg sich selbst verortete und wie er seine Zwölftonmethode verstanden wissen wollte. Dass er nur fortführe, was die Lieblinge des konservativen Publikums angelegt hatten, war Schönbergs wichtigstes Argument im Kampf um die öffentliche Meinung. Mit Bescheidenheit und Stolz schrieb er daher am 8. November 1938 an den amerikanischen Musikkritiker Olin Downes, er habe sein Zitat „sorgfältig eingewoben“ (Original in Englisch).

Mit der Zwölftonmethode erlangte Schönberg jene Sicherheit im Komponieren, die er nach dem Aufgeben der Tonalität vermisst hatte. Die Methode regelte die Auswahl der Tonhöhen, ließ ihm aber Freiheiten bei der Verteilung der Reihentöne und damit auch bei der Motivgestaltung. Gleichzeitig erlaubte sie ihm die Komposition größerer Formen ohne Text. Schönberg war damals so euphorisch, dass er sich im Juli 1921 im privaten Gespräch mit seinem Schüler und späteren Assistenten Josef Rufer zu der Aussage verstieg, seine Entdeckung sichere „der deutschen Musik die Vorherrschaft für die nächsten hundert Jahre" (Rufer, S. 26) – eine Bemerkung, die ihm insbesondere die Österreicher sehr übelgenommen haben.

Etwas genauer schrieb er im gleichen Monat an Alma Mahler: „Die Deutscharier, die mich in Mattsee verfolgt haben, werden es diesem Neuen (speciell diesem) zu verdanken haben, dass man sogar sie noch 100 Jahre lang im Ausland achtet, weil sie dem Staat angehören, der sich neuerdings die Hegemonie auf dem Gebiet der Musik gesichert hat!" (Handbuch, S. XXXI) Schönberg hoffte demnach, die (von ihm erwartete) Reputation der Zwölftonmethode könnte sogar den Antisemitismus seiner Zeitgenossen vergessen machen.

Ob die Zwölftonmethode zwangsläufig am Ende eines Prozesses steht, der mit der Emanzipation der Dissonanz beginnt, wurde außerhalb des Schönberg-Kreises stets angezweifelt. Auch Schönbergs Hoffnung, dass ein Zwölftonfeld nach einer Umgewöhnungszeit identifizierbarer werden könnte, bewahrheitete sich in 100 Jahren nicht. Schon die Identifikation der unmittelbaren Spiegelungsformen der Grundreihe wird auch geübten Hörern kaum möglich sein. Die meisten von ihnen dürften nicht den Krebs oder die Umkehrung hören, sondern weitere Reihen.

Es schmälert indes Schönbergs Leistung nicht, wenn man die Methode als Ergebnis individueller Entscheidung betrachtet und nicht als folgerichtiges Ziel einer historischen Entwicklung. Und es spricht nicht gegen die Zwölftonmethode, dass sie ein System der strukturellen Identität darstellt und auf der Ebene der klanglichen Identität vernachlässigt werden kann. Da Schönberg klar profilierte Motive komponiert und auch in seinem Vortrag das Augenmerk auf sie lenkt, kann man sich beim Hören guten Gewissens auf diese konzentrieren. Wir müssen die Variationen op. 31 nicht wesentlich anders hören als „Pelleas und Melisande" op. 5.

XI
Schönberg in der Neuen Welt
Klavierkonzert op. 42

Unter den Skizzen zum Klavierkonzert op. 42 findet sich ein Blatt, auf dem Schönberg die musikalischen Themen seines neu zu schreibenden Werkes festhält. Mehr noch: Das Blatt enthält auch vier (Wort-) Sätze, und zwar auf Englisch, denn Schönberg, der 1933 in die USA emigriert war, schrieb inzwischen Aufsätze und Notizen in der neuen Sprache. Die vier Sätze lauten: „Life was so easy / suddenly hatred broke out / A grave situation was created / But life goes on“ (GA10, S. 128). Auf deutsch: „Das Leben war so leicht / Plötzlich brach Hass aus / Eine ernste Situation entstand / Aber das Leben geht weiter“. Wie schon bei seinem Streichquartett op. 7, den Orchesterstücken op. 16 und dem Streichtrio op. 45 sollten auch diese Sätze nicht veröffentlicht werden. Schönberg betrachtete sie als Privatsache.

Anders als beim Streichquartett misst die Schönberg-Forschung den vier Sätzen aber einige Bedeutung bei. Man stellte fest, dass sie mit dem Verlauf der Musik übereinstimmen. Zwar geht die Musik nicht annähernd in ihnen auf; so bleibt beispielsweise die gesamte Ebene der zwölftönigen Kompositionsstruktur davon unberührt. Aber diese vier Sätze spiegeln tatsächlich die musikalischen Charaktere des Klavierkonzertes. Sie lenken darüber hinaus die Aufmerksamkeit auf Schönbergs biografische und damit auch auf die weltpolitische Situation, in der das Werk 1942 entstand. Die vier Sätze umschreiben so knapp wie nur irgend möglich die persönliche Erfahrung des hereinbrechenden Nationalsozialismus und der Emigration. Und sie drücken Lebenswillen aus. „Das Leben geht weiter.“ Resignation klingt anders.

In unserer Schönberg Challenge ist das Klavierkonzert op. 42 das erste seiner „amerikanischen Werke“. Sie bilden eine eigene Schaffensphase, denn in den USA wechselten zwölftönige Kompositionen mit solchen ab, in denen die Tonalität wieder eine Rolle spielt. Da die Emigration in die USA ein einschneidendes Erlebnis für Schönberg war, blicken wir zunächst ausführlicher auf die biografische Situation.

Wenige Wochen nach der Machtübernahme durch die Nationalsozialisten im Januar 1933 fand in der Berliner Akademie der Künste eine Sitzung statt, an der auch Schönberg teilnahm. Darin erklärte der Präsident der Akademie, Max von Schillings, daß der „jüdische Einfluß in der Akademie gebrochen werden müsse“ (Kerling, S. 18). Schönberg stand auf, verließ die Sitzung und kündigte am 20. März 1933: „Stolz, und das Bewußtsein meiner Leistung hätten mich längst zu freiwilligem Rücktritt bewogen“. Knapp zwei Monate später, am 16. Mai, verließen die Schönbergs Berlin. Während Zemlinsky, der ebenfalls 1933 genötigt wurde, seinen Posten an der Krolloper in Berlin niederzulegen, nach Wien zurückkehrte (um erst 1938, nach dem „Anschluss“ Österreichs, in die USA zu emigrieren), reiste die Familie Schönberg zunächst nach Paris, wo sie sich vorübergehend in einem Hotel einquartierte. In der französischen Hauptstadt unternahm Schönberg einen mehr als symbolhaften Schritt: Er kehrte vom Protestantismus endgültig zum Judentum zurück; dem offiziellen Ritual wohnte als Zeuge niemand geringerer bei als der Maler Marc Chagall.

Am 25. Oktober verließ Familie Schönberg Europa mit der „Île de France“. Das Schiff legte am 31. Oktober in New York an. Keine zwei Wochen später ermöglichte die Pianistin und legendäre Musik-Mäzenin Elizabeth Sprague Coolidge – ihr sind Schönbergs drittes und viertes Streichquartett gewidmet – Konzerte und Empfänge, um den Komponisten in der Neuen Welt willkommen zu heißen.

Die Schönbergs mieteten eine Wohnung in Brookline, nahe Boston. Schönberg hielt Vorträge und unterrichtete am Malkin Conservatory in Boston und in New York. Da dem bald sechzigjährigen, an Asthma leidenden Komponisten das Klima der Ostküste zusetzte, planten die Schönbergs eine Übersiedelung an die Westküste: Im September 1934 zogen sie nach Hollywood, Los Angeles. Zwei Jahre später bezogen sie in der Rockingham Avenue, einer Querstraße vom Sunset Boulevard, eine Villa, die sich noch heute im Besitz der Familie befindet. Im gleichen Jahr 1936 erhielt er eine Professur an der University of California in Los Angeles, die er bis zu seiner Pensionierung im November 1944 innehaben sollte.

In den USA war man sich seines Stellenwertes bewusst. Schönberg erhielt Anfragen für (bezahlte) Vorträge und Lehrveranstaltungen, auch Elizabeth Sprague Coolidge förderte ihn nach Kräften. Anfang 1937 finanzierte sie einen Streichquartett-Zyklus in Los Angeles, wo Schönbergs vier Quartette denen Beethovens gegenübergestellt wurden. Trotzdem fühlte er sich abgehängt. Als Lehrer konnte er seine Stärken nicht entfalten, die Dirigententätigkeit durchkreuzte sein schlechter Gesundheitszustand, bei den Aufführungen standen seine aktuellen Werke im Schatten der tonalen Frühwerke und der Bearbeitungen. Die Zusammenarbeit mit den Filmstudios in Hollywood scheiterte am Geschäftssinn des Metro-Goldwyn-Mayer-Studios wie an den überzogenen Forderungen Schönbergs. Angefragt für die Musik zu einer Verfilmung des Romans „The Good Earth“ von Pearl S. Buck, verlangte Schönberg ein Honorar von 50.000 $ sowie die Zusicherung, dass man an seiner Partitur keine Note ändern werde. Das Filmstudio lehnte ab. Die Musik für den Streifen, der 1937 in die Kinos kam, schrieben Herbert Stothart (Oscar für „The Wizard of Oz“, 1940) und Edward Ward (mehrere Oscar-Nominierungen, u. a. für die Filmmusik von „Phantom of the Opera“, 1943).

Gleichwohl war Schönberg nicht isoliert. Zum einen achtete man ihn als Komponisten auch dann, wenn seine Musik befremdete. Nach der Uraufführung des Klavierkonzertes am 6. Februar 1944 in New York war in der New York Times zu lesen: „the reputation of Arnold Schoenberg is not one to be dismissed airily or angrily, or with condescension. The care and musicianship with which he has invested this his latest instrumental score are evident […]. With such preparatory background, insufficient as it may be, we find the new concerto disagreeable and unconvincing.“ (GA10, S. XXXII)[21]

Zum anderen lebte Schönberg an seinem neuen Wohnort in Hollywood inmitten von europäischen Emigranten, die ebenfalls vor den Nationalsozialisten nach Los Angeles geflohen waren. Unter diesen befanden sich Lion Feuchtwanger, Franz Werfel und Alma Mahler-Werfel, Otto Klemperer, Bruno Walter, Erich Wolfgang Korngold, Max Horkheimer, Theodor W. Adorno und Hanns Eisler. Man traf sich regelmäßig, auch in Schönbergs Villa (z. B. bei einer Privataufführung des „Pierrot lunaire“ im September 1940), nicht zuletzt, um sich über die kulturellen Chancen einer Welt nach dem erhofften Untergang der Nazi-Diktatur zu besprechen. Darüber hinaus traf Schönberg Charles Chaplin und Harpo Marx sowie

21 Übersetzung C. B.: „Der Ruf Arnold Schönbergs ist keiner, den man leichtfertig, verärgert oder herablassend abtun kann. Die Sorgfalt und Musikalität, mit der er diese seine letzte Instrumentalpartitur ausgestattet hat, sind offensichtlich […]. Vor diesem, nur unzureichend formulierten Hintergrund finden wir das neue Konzert unangenehm und nicht überzeugend.“

den in der Nachbarschaft wohnenden George Gershwin, dessen Musik er schätzte und dem er sich bald freundschaftlich verband.

Mit einem dieser Exilanten sollte sich Schönberg eine Fehde liefern, in der beide keine gute Figur machten. Die Rede ist von Thomas Mann. Anlass war Manns 1947 publizierter Roman „Doktor Faustus“, der die Lebensgeschichte „des deutschen Tonsetzers Adrian Leverkühn“ schildert. Auf dem Höhepunkt seines Schaffens entwickelt dieser die Zwölftonmethode, nachdem er sich im Bordell mit der Syphilis angesteckt hat. Schönberg las den Roman aufgrund einer inzwischen fortgeschrittenen Sehschwäche nicht selbst, sondern ließ ihn sich vorlesen, wobei Alma Mahler-Werfel die Aufmerksamkeit nicht ohne Bosheit auf die musikalischen Kapitel lenkte. Für Schönberg ergab sich so ein Zusammenhang zwischen Zwölftonmethode, Geschlechtskrankheit und Teufelszeug – und das, obwohl Mann bei den Recherchen zu seinem Roman 1943 auch Schönberg konsultiert hatte. Noch schlimmer: Mann hatte sich ausführlich von Theodor W. Adorno beraten lassen, dessen Verehrung für Schönberg von diesem ganz und gar nicht erwidert wurde. Komponist und Schriftsteller stritten jahrelang, zunächst in Briefen, später öffentlich. Eine Versöhnung erfolgte erst 1950 und blieb halbherzig – zu viel Porzellan war zerschlagen worden.

Im Zentrum des Streits stand die Urheberschaft der Zwölftonmethode. Der Prioritätsanspruch war von Schönberg immer ebenso kleinmütig wie misstrauisch erhoben worden. Dies zeigt sich in der Auseinandersetzung mit dem österreichischen Komponisten Josef Matthias Hauer, der unabhängig von Schönberg ein eigenes Zwölftonsystem entwickelt hatte. Beunruhigt schrieb Schönberg am 1. Dezember 1923 an Hauer: „Nachdem ich mich mit dem peinlichen Gefühl auseinandergesetzt hatte, daß ein anderer, der sich auch mit dem befaßt worüber ich bald 15 Jahre nachdenke, den Ruf meiner Originalität gefährdet, was mich vielleicht zwingen könnte, auf die Darstellung meiner Ideen zu verzichten, wenn ich nicht als Plagiator gelten will – ein peinliches Gefühl, wie Sie zugeben werden – nachdem ich mich mit diesem auseinandergesetzt und erkannt hatte, worin wir uns unterscheiden, und daß ich imstande war, die Selbständigkeit meiner Ideen durchaus zu beweisen, nahm ich mir vor, Ihnen folgenden Vorschlag zu machen“. Den Vorschlag, ein gemeinsames Buch zu schreiben, nahm Schönberg aber noch im gleichen Brief zurück. Er hatte erkannt, dass Hauer ihm nicht „gefährlich“ werden konnte. Bei seinem Schüler Anton Webern aber argwöhnte er zeitlebens, dass dieser ihn imitieren, dabei überholen und schließlich den Ruhm ernten könnte. In einem unveröffentlichten Text, übertitelt mit „Die Priorität“, schrieb Schönberg im September 1932: „Ich habe längst festgestellt, daß Webern diese Kompositionen einfach zurückdatiert hat. Jeder Mensch aus unserer Umgebung kannte damals diesen Vorgang: wie W[ebern] mir am Genick saß; kaum daß ich ein Stück geschrieben hatte, ein ähnliches schrieb; wie er Ideen, die ich aussprach, Pläne, Absichten, selbst ausführte, um mir zuvorzukommen! [...] Ich habe immer geahnt, daß Webern seine Chance, die Chance des Ariers gegen den Juden, doch einmal benutzen wird.“ (Bleiche, S. 159)

Im „Faustus“-Streit erzwang Schönberg schließlich, dass Mann ab der zweiten Buchauflage eine Nachbemerkung anfügte: „Es scheint nicht überflüssig, den Leser zu verständigen, daß die im XXII. Kapitel dargestellte Kompositionsart, Zwölf-Ton- oder Reihentechnik genannt, in Wahrheit das geistige Eigentum eines zeitgenössischen Komponisten und Theoretikers, Arnold *Schönbergs*, ist und von mir in bestimmtem ideellem Zusammenhang auf eine frei erfundene Musikerpersönlichkeit, den tragischen Helden meines Romans, übertragen wurde. Überhaupt sind die musiktheoretischen Teile des Buches in manchen Einzelheiten der Schönbergschen Harmonielehre verpflichtet.“

Allen Widrigkeiten zum Trotz ließ sich Schönberg vollständig auf die Neue Welt ein, in der er Schutz gefunden hatte. Seine Briefe trauern nicht den alten Zeiten nach, die neue Sprache lernte er schnell, und im April 1941 nahm er die amerikanische Staatsbürgerschaft an. Mit großer Selbstverständlichkeit und Offenheit stellte sich der Komponist auf die neuen Verhältnisse ein. Er, der in Europa so gut wie nie auf Bestellung gearbeitet hatte („Pierrot lunaire“ war eine Ausnahme), nahm nun Auftragswerke an. Natürlich brauchte er die Honorare. Aber er passte seine kompositorische Tätigkeit den Adressaten an. Als erstes entstand 1934 als Auftragswerk eine Suite für Streichorchester, sein erstes tonales Werk seit einem Vierteljahrhundert. Die Musik sollte amerikanische Hochschulorchester in der ihnen vertrauten Tonsprache auf moderne Musik vorbereiten, „ohne die Schüler vorläufig einer Schädigung durch das ‚Gift der Atonalität‘ auszusetzen“ (GA12, S. 373), wie Schönberg mit beißender Ironie in einem Vorwort schrieb (das dann doch nicht veröffentlicht wurde). Das zwölftönige 4. Streichquartett op. 37 (1936) bezahlte Elizabeth Sprague Coolidge. Das „Kol nidre“ op. 39, Schönbergs erste dezidiert jüdische Komposition in den USA, entstand 1938 für den Rabbi Jacob Sonderling. Den Auftrag für die tonalen Variationen op. 43 (1943) für die Blasorchester der High Schools vermittelte ihm Carl Engel von Schirmer, seinem neuen amerikanischen Verlag, der auch das Klavierkonzert herausgab. Die „Ode to Napoleon Buonaparte“ op. 41 (1942) war ein Auftrag der League of Composers, das Streichtrio op. 45 (1946) der Harvard University, und mit dem Prelude op. 44 für gemischten Chor und Orchester (1945) beteiligte sich Schönberg an der Kollektivkomposition „Genesis“. Die Liste ließe sich fortsetzen und wird ergänzt durch mehrere Bearbeitungen alter Musik: Bach, Händel und die Orchesterfassung von Brahms' Klavierquartett op. 25, die Du in Kapitel 1 kennen gelernt hast. Schönbergs Werkkatalog ist in den USA heterogener als je zuvor. Er schwankt zwischen Zwölftonwerken und Laienensembles, zwischen Chorsätzen, Streichquartetten und Konzertwerken, zwischen abstrakten, jüdischen und politischen Werken. Vielleicht ging es nicht mehr anders. Denn wo Aufträge ausblieben, stockte die Produktion. An Webern schrieb er am 8. Juli 1939: „Ich habe seit vorigem Jahr überhaupt nicht komponiert und das letzte war im September [1938] ein ‚Kol Nidre‘ für den Versöhnungstag. Zwischen diesem und dem Violin Konzert [1936] nichts. Weder das Violin Konzert noch das 4te Streichquartett sind bis heute erschienen. Das ist unglaublich, wie lange das hier dauert. [...] Das Brahms Klavierquartett wird oft gespielt.“ Mag Schönberg selbst eine Beeinflussung seiner Musiksprache durch die exilische Lebenssituation bestritten haben[22] – seine Werke sprechen eine andere Sprache.

Wenden wir uns nun dem Klavierkonzert zu. Es ist eine Zwölftonkomposition, die in vielerlei Hinsicht auf klassische Gestaltungsprinzipien zurückgreift. Wir hören den ersten Abschnitt des Werkes.

Playlist #53

Das Klavier eröffnet das Konzert mit einem Walzer. Es ist ein zwölftöniger Walzer, und wir erinnern uns, dass auch eine der ersten Zwölftonkompositionen Schönbergs ein Walzer war: das fünfte der Klavierstücke op. 23 (1921/23). Diesen Walzer erkennst Du an seinen typischen Figuren. Man könnte gleich darauf tanzen: 3-**1**-(2)-3-**1**-(2)-3. Wie im Wiener Walzer

22 1950 schrieb der Musikkritiker Albert Goldberg einen Artikel über „The Transplanted Composer“. In diesem Zusammenhang bestritt Schönberg „jeden Einfluß des Exils“ auf sein Schaffen. (Maurer Zenck 1993, S. 357).

wird „die zwei verschluckt“ und die „drei“, wenn der Pianist sie wienerisch spielt, etwas verzögert. Das Thema liegt vollständig in der rechten Hand, es klingt charmant und leicht. Zu Recht wird Schönberg vier Jahre später in einem Aufsatz dieses Thema zitieren, um darauf hinzuweisen, dass in seiner Musik Emotion und Konstruktion (Herz und Hirn) zusammengehören (AS1976m, S. 119).

Schönberg teilt das Thema in vier Abschnitte, die ich wieder mit Großbuchstaben bezeichne: ein Abschnitt A, die veränderte Wiederholung A‘, ein kontrastierender Mittelteil B, die Rückkehr A“. Das ist eine gängige Liedform, wie wir sie aus Volksliedern (z. B. „Im Märzen der Bauer“) und klassischen Musikstücken (Mozarts „Türkischer Marsch“) her kennen. Eine Strukturebene höher entspricht diesem Aufbau der klassische Sonatensatz (Exposition, Wiederholung der Exposition, Durchführung, Rückkehr der Exposition als Reprise). Auch die Binnengliederung des Themas gestaltet Schönberg traditionell: A besteht aus 8 Takten, geteilt in zweimal 4. Das Klavier spielt allein, kurz vor A‘ setzen einige wenige Orchesterinstrumente ein (Bratschen, Celli, Klarinette). In B baut das Klavier seine Bewegung aus und die Walzerfiguren sind nicht mehr so gut zu erkennen. Bei A“ erklingen gleichmäßige Akkorde in den Streichern, und das Thema im Klavier wird gedoppelt von der Klarinette. Dass das Thema endet, hörst Du an den Pizzicato-Tönen in den Streichern.

Den vier Abschnitten des Themas teilt Schönberg wie in op. 31 die zwölftönige Grundreihe und ihre drei Spiegelformen zu: A ist die Grundreihe, A‘ die Krebsumkehrung, B der Krebs, A“ die Umkehrung. Darüber hinaus enthält die Reihe mehrere Terzschritte: vier Durterzen und eine Mollterz, außerdem einen kompletten Durakkord. Diese Terzen prägen oft die Begleitstimmen, am Anfang z. B. in der linken Hand des Pianisten. In den amerikanischen Zwölftonwerken löst sich Schönberg vom etwas schroffen Tonfall der noch auf europäischem Boden entstandenen dodekaphonen Kompositionen (Dodekaphonie – griechisch: dodeka = zwölf – ist ein Synonym für Zwölftonmusik), indem er die Vorherrschaft der Sekund- und Septimintervalle beendet und in seine Reihen bewusst die Keimzellen der tonalen Musik einfügt: Terz und Sexte.

Anders als bei den „europäischen“ Zwölftonwerken wird das Wiederholungsverbot in den amerikanischen weniger strikt befolgt. Noch innerhalb der Reihe wiederholt Schönberg die Töne 9, 10 und 11 und schält dadurch das Motiv einer dreitönigen Drehfigur heraus (Schritt nach unten –

Schritt nach oben), die im Verlauf des Werkes eine zentrale Rolle spielen wird. Und noch etwas: Die Quinttransposition der Reihe beginnt, wenn man den zweiten Ton weglässt, mit den Tönen B-A-C-H. Erneut steuert Schönberg auf eine Verwendung dieses berühmten Motivs zu (im Folgenden wieder als „BACH“ bezeichnet).

Nach dem Thema im Klavier übernehmen es die Violinen in voller Länge. Schönberg komponiert die Wiederholung als Steigerung. Immer mehr Instrumente treten hinzu, am Ende mit den Hörnern auch die ersten Blechbläser. Auch bei dieser Wiederholung wird A“ gedoppelt: Die Violinen erhalten Unterstützung von Oboen und Klarinetten.

Mit einer kurzen Solopassage kündigt das Klavier an, dass ein neuer Abschnitt beginnt: die Durchführung. Der Solist stellt in dieser Passage zwei wichtige Motive vor: ein Tremolo und eine gezackte Figur, die dem Tremolo vorausgeht. Dieses Motiv wird bald sehr wichtig. Die Solopassage besteht viermal aus der Folge gezackte Figur – Tremolo; jeder Hörer soll sich diese Motive merken können. Nach wenigen Takten Durchführung kommt das Thema in Violinen und Holzbläsern wieder, als würde eine Reprise einsetzen. Doch Schönberg täuscht seine Zuhörer. Das Klavier ist nicht beteiligt, und das Orchester unterbricht nach nur einem A mit der gezackten Figur, die nun in den Vordergrund rückt: Sie besteht aus vier Tönen und einem markanten Rhythmus (kurz – lang – kurz – lang). In seinen Skizzen ordnet sie Schönberg dem Wort „Hatred“ zu, wir wollen sie daher von nun an „Hassmotiv“ nennen.

Die Reprise (3:18) ist verkürzt. Sie besteht aus nur einem A in Violinen, Oboe und Klarinette und wird von kleinen Figuren im Orchester sowie von einem vollen Klaviersatz überwuchert. Der Walzer kehrt nicht mehr zurück, dafür isoliert sich in den Bläsern BACH. Vergeblich versuchen die tiefen Streicher, das Thema noch einmal zu spielen – das Hassmotiv im Klavier würgt sie ab. Am Ende dieses ersten Abschnitts löst Schönberg das bisherige homogene Klangbild in Einzelereignisse auf: gestopfte Blechbläser, Flatterzunge in den Holzbläsern, Streicherflageoletts. Zum ersten Mal setzen Schlaginstrumente ein, das Tremolo-Motiv geht in lange Triller über, die Posaunen markieren mit der Zwölftonreihe (transponierte Krebsumkehrung) den Schluss des Abschnitts.

Schönberg komponierte sein Klavierkonzert in der zweiten Jahreshälfte 1942. Ausgangspunkt war die Bitte seines Schülers Oscar Levant (1906–

1972), ein Pianist, Entertainer und Schauspieler. Levant beauftragte seinen Lehrer, zu dem er auch privaten Kontakt pflegte, ein Stück für Klavier solo zu schreiben. Levant erinnert sich: „suddenly this small piano piece burned feverishly in Schoenberg's mind and he decided to write a concerto." (GA10, S. XXII) Damit kletterten auch Schönbergs Honorarvorstellungen nach oben. Die beiden verhandelten vergeblich, so dass Schönberg sich einen neuen Auftraggeber suchen musste. Er fand ihn in Henry Clay Shriver (1917–1994), der ebenfalls Kompositionskurse bei Schönberg besucht hatte. Ihm widmete Schönberg das Werk. Bei der Uraufführung am 6. Februar 1944 leitete Leopold Stokowski das NBC-Orchestra in Los Angeles, am Klavier saß Eduard Steuermann. Von der Westküste aus verfolgte Schönberg die Aufführung am Radio und bedankte sich am 8. Februar herzlich per Telegramm. Dem Dirigenten schrieb er: „Very enthusiastic about excellent performance and great spirit. I am very happy you like the piece and one could hear this by the way you played it."

Es war Schönbergs letztes Instrumentalkonzert. Die Kombination von Soloinstrument und Orchester hatte vor der Emigration ohnedies keine erkennbare Rolle für Schönberg gespielt. Wird sie doch in aller Regel (und bis heute) von Solisten angeregt, und wie wir gesehen haben, begann Schönberg erst in den USA, nach Auftrag zu schreiben. Ein Violinkonzert-Versuch datiert von 1922, also aus jener Zeit, in der Schönberg die Zwölftonmethode entwickelte, ein Werk für Violine und Ensemble plante er 1927, erste Ideen für ein Klavierkonzert formulierte er im März 1933. Aber erst auf amerikanischem Boden vollendete er das Violinkonzert op. 36 und das Klavierkonzert.

Was Du zuletzt gehört hast, war die Überleitung vom ersten zum zweiten Abschnitt des Werkes. Ich präzisiere und greife voraus: vom ersten zum zweiten *Satz*.

Playlist #54

Der zweite Satz beginnt deutlich aggressiver als der erste. Das zackige Hassmotiv, dass Du gleich zu Beginn in den Kontrabässen hörst, entblößt nun seine „militaristische Gesinnung". Die kleine Trommel tritt hinzu, ein Instrument der Marschmusik, ebenso die Pikkoloflöte, die schrill das Orchester überbläst. Mit dem Xylophon mischt sich ein Instrument ein, das schon in „Erwartung" op. 17 Todessymbolik ausdrückte. Gleichmäßig marschiert der Satz, vorangetrieben von kurzen Motiven. Ein Beckenschlag beendet diesen ersten Abschnitt, es folgt der Mittelteil.

Diesen erkennst Du an drei langen Tönen in den Violinen: Die bereits erwähnte Drehfigur setzt sich durch. Schönberg verwendet hierfür die Reihentöne 8-10-12 aus der um eine kleine Sexte aufwärts transponierten Grundreihe. Gleichzeitig handelt es sich um eine verkürzte Variante des rückwärts gespielten BACH (Krebs). Schönberg verknüpft seine Zusammenhänge engmaschig. Die drei Töne hörst Du mehrmals, bis Schönberg das Tempo anzieht und Orchester und Solist einem Höhepunkt zustreben.

Aus dem folgenden Stillstand schält sich der dritte und letzte Satzabschnitt heraus, der auf Figuren des ersten zurückgreift. Wie im ersten Satz mündet auch dieser in Tremolo und Flatterzunge. An einer Stelle verlangt Schönberg einen Effekt, den er erstmals in seinen Klavierstücken op. 11 (1909) angewendet hat: Der Pianist drückt mit der rechten Hand Tasten nieder, ohne die Saiten anzuschlagen. Mit der linken spielt er dann eine kleine Figur, die die stumm niedergedrückten Saiten zum Klingen bringt. Das ist hier schwer zu hören, aber probiere es aus, wenn Du ein akustisches Klavier hast. Der Abschnitt ragt aber nicht nur klanglich heraus, sondern auch harmonisch: Schönberg etabliert mit dem Basston fis eine Art Grundton. Das Ende des Abschnittes markieren die Streicher mit drei Tönen im Rhythmus, aber nicht mit der Kontur der Drehfigur. Schönberg presst seine Zwölftonreihe in einen einzigen Takt – gleichsam ein zwölftöniger Doppelpunkt zum folgenden Satz. Auch diese Nahtstelle hebt sich von ihrer Umgebung ab – eine Methode, die wir schon bei früheren Werken beobachtet haben. Schönberg geht es immer darum, dass die formale Gestaltung seiner Musik hörend nachvollzogen werden kann.

Die Schönberg-Exegeten nennen diesen Satz meistens „Scherzo“, weil er dreiteilig ist, mit einem „Trio“ als Mittelteil. Dass dieser Satz keinerlei tänzerische Atmosphäre ausdrückt, widerspricht dem nicht; auch in Beethovens Klaviersonaten gibt es Scherzi mit marschhaften Anklängen. Und der nächste Satz ist mit „Adagio“ überschrieben, mithin ein Langsamer Satz. Das Etikett „Viersätzigkeit in der Einsätzigkeit“, das manche Werke Schönbergs auszeichnete („Pelleas und Melisande“, 1. Streichquartett, Kammersymphonie) und dass es dem Komponisten gestattete, viele verschiedene Gestalten zu einem geschlossenen Ganzen zu fügen – dieses Etikett passt auch auf das Klavierkonzert. Damit kommen die programmatischen Anmerkungen aus der eingangs erwähnten Skizze wieder ins Spiel, denn Schönberg ordnete sie seinen vier musikalischen Sätzen zu: Den Walzer überschrieb er mit „Das Leben war so leicht", das militärisch anmutende Scherzo mit „Plötzlich brach Hass aus", das Adagio mit „Eine ernste Situation entstand" und den Schlusssatz mit „Aber das Leben geht weiter".

Playlist #55

Sehr ernst, fast in g-Moll, beginnt das Orchester den dritten Satz mit schwarzem Klang der Posaune und der bekannten Drehfigur in den Bratschen. Es handelt sich dabei um den Krebs von BACH. Der Satz bevorzugt die dunklen Orchesterfarben, ruppig kurze Zweitonfiguren treten in den Vordergrund. Das Hauptthema erklingt im Duett zwischen 1. Oboe und 1. Fagott, die sich eine Zwölftonreihe teilen. Im Orchester bleibt es solistisch – bis zum Einsatz des Klaviers. Das Klavier isoliert aus dem Thema eine fünftönige abstürzende Figur, die sofort von den Instrumenten aufgegriffen wird. Besonders gut hörst Du sie in Horn und Klarinette. Dazu ertönt in den Pauken ein Klopfmotiv: kurz kurz kurz lang, das ebenfalls sofort ins Orchester wandert. Dieses Motiv hat eine besondere Bedeutung. Du kennst es als Anfang von Beethovens Fünfter Symphonie. 1942 aber klingt es auch wie das Morsezeichen „V", das die Alliierten im Zweiten Weltkrieg als Chiffre für Victory = Sieg verwendet haben.

Nun schärft sich der Klang, vor allem durch Zweitonfiguren der Blechbläser. Es folgt die erste Solokadenz des Klaviers. Sie ist gekennzeichnet von schnellen Wechseln zwischen laut und leise und zwischen unterschiedlichen Figuren, und dabei bleibt es auch nach der Kadenz. Die energisch gespielten Figuren fegen auch ein lyrisches Quartett von drei Holzbläsern und Solocello hinweg. Die Rückkehr des Hauptthemas in den Posaunen – also eine Reprise – geht im lauten Orchester fast unter. Nach einem Einsatz der Solotrompete mischt Schönberg das „V" wieder unter, diesmal geklopft von den Streichern mit dem Holz des Bogens: wie ein Schatten. Ein Marsch setzt sich durch, angefeuert vom Hassmotiv in den Streichern. So kantig sich diese Musik auch anhört – hier nutzt Schönberg die tonalen „Schlupflöcher" seiner Zwölftonreihe: Terzen in den Streichern, Quinten bei den Tremoli der Bläser, schließlich ein gut zu hörender d-Moll-Akkord, in den die Posaunen münden. Eine Kantilene der Kontrabässe eröffnet den Schlussteil dieses Satzes, eine kurze Kadenz des Soloklaviers leitet in den vierten Satz über. In dieser Kadenz erhält das Hassmotiv eine neue Leichtigkeit; Schönberg überschreibt die Stelle mit „grazioso“ (italienisch für graziös, anmutig).

„Eine ernste Situation entstand.“ Der dritte Satz entfernt sich weit von der retrospektiven Walzerseligkeit des ersten Satzes. Die Ausbrüche sind dramatisch, mehrmals klingt ein Trauermarsch an, das Hassmotiv kehrt unheilvoll zurück und überlebt bis in die letzten Takte des Satzes. Ein prominentes Motiv (BACH), das auf die große europäische Tradition zurückblickt, wird von einem anderen abgelöst (V), das zwar ebenfalls Musikgeschichte zitiert, im Zweiten Weltkrieg aber eine bellizistische Bedeutung erlangt hat. Der Satz ist eine ernste Sache.

Playlist #56

Nach der Klavierkadenz beginnt der vierte und letzte Satz des Konzertes ähnlich dem ersten: Das Thema wird vom Klavier vorgestellt, begleitet einzig von einem hohen *fis* im Fagott. Es handelt sich um die Umkehrung des Walzer-Themas. Und auch hier spielt Schönberg zum Tanz auf: eine Gavotte.

Eine **Gavotte** war im 16. und 17. Jahrhundert ein Gesellschaftstanz im geraden Takt, nicht zu schnell. Ihr besonderes Kennzeichen bestand darin, dass die Melodie mit einem halbtaktigen Auftakt begann. So hält es auch Schönberg: Vier Achtel bilden den Auftakt, erst mit dem fünften Ton ist die Takteins erreicht.

Es ist nicht Schönbergs erste Gavotte. Auch in die Klaviersuite op. 25 (1921–23) und in die Suite für Streichorchester (1934) reiht er eine Gavotte ein. Der Rückgriff auf traditionelle Charaktere und Formen der Musik nimmt mit der Entwicklung der Zwölftonmethode größeren Raum ein. Die Gavotte des Klavierkonzerts erinnert in ihrer Munterkeit an die Finalsätze von Joseph Haydn, für die sich der treffende Name „Kehraus“ eingebürgert hat. Es herrscht eine positive Grundstimmung vor, passend zu Schönbergs „Aber das Leben geht weiter“. An Haydn erinnert auch die ständige Achtelbewegung. Obwohl aber Terzen, Sexten und Quinten, also die Intervalle der Tonalität, vorherrschen, fallen doch zuweilen scharfe Sekundreibungen auf, etwa wenn die Flöten mit dem Themenbeginn einsetzen.

Schönberg gestaltet den Satz als Rondo und trennt die einzelnen Abschnitte deutlich voneinander. Das Rondothema endet mit einem lauten Akkord im Klavier, dann übernimmt das Orchester und das Tempo zieht an. Dieses erste Couplet wird von einer rhythmischen Figur beherrscht (mit Triole im Mittelpunkt, das sind drei Töne auf einen Taktschlag). Auf dem Höhepunkt setzt das Klavier mit einer kurzen Tremolopassage ein, die plötzlich abreißt. Kurze Atempause, dann kommt das Rondothema zurück, diesmal in den Streichern. Im Klavier überlebt die rhythmische Figur aus dem ersten Couplet. Der Abschnitt endet mit einem Fagottsolo.

Der folgende Teil trägt durchführungsartige Züge (1:43). Du hörst im Klavier die Achtelbewegung aus dem Rondo-Hauptteil. Das Orchester tritt hinzu, und abermals steigert sich alles zu einer Tremolopassage. Nun schichtet Schönberg drei Themen übereinander: Das Klavier hält am Rondo-Thema fest, in Klarinette und Horn kehrt das Walzerthema zurück und die Streicher spielen das Thema aus dem dritten Satz. Nur das Hassmotiv aus dem Scherzo bleibt außen vor.

Inzwischen ist vom Rondothema nur noch das Anfangsmotiv übriggeblieben. Du hörst es isoliert im Klavier, dann verlangsamt es sich. Schönberg drosselt das Tempo, um einen wichtigen Neuanfang vorzubereiten (4:30): Das Walzerthema kehrt in den Violinen zurück, aber in den geraden Vierertakt des Finalsatzes umgebogen. Die Rückkehr des Themas erfolgt wörtlich und vollständig, in allen vier Reihenformen: A als Grundreihe in den Violinen, A‘ als Krebsumkehrung und B als Krebs, beides in den Holzbläsern, schließlich A“ in Umkehrung in Trompete und Violinen, mündend in kraftvoll artikulierte vier Streichertöne. Die vollständige Rückkehr zum Anfang ist die Reprise des gesamten Konzertes.

Das Klavier rauscht auf, es folgt eine Stretta (*stretto* bedeutet im Italienischen eng oder bedrängt): der „zusammenfassende, zum Abschluß drängende Satz“ (AS1976g, S. 271). Mit den Motiven des Rondos rast Schönberg auf einen C-Dur-Akkord zu, mit dem das Klavierkonzert endet.

Die eingangs zitierten programmatischen Sätze finden sich in Schönbergs Klavierkonzert offensichtlich wieder: Ein an Wien und die „gute alte Zeit“ erinnernder Walzer, ein rabiater zweiter Satz, der den plötzlich ausbrechenden Hass versinnbildlicht, ein bedrohlicher langsamer Marsch für die „ernste Situation“ und ein tänzerisches Kehraus-Finale, das Zuversicht ausstrahlt. Zugegeben: Das ist so allgemein, dass es auf viele andere Werke ebenfalls passen würde. Kein Wunder, dass Schönberg die Sätze nicht veröffentlichte.

Bezeichnender ist, mit welcher Rücksicht auf seine Zuhörer Schönberg das Werk gestaltet: Erstens folgen die vier Sätze traditionellen und damit „gelernten" Satzcharakteren. Sie unterscheiden sich deutlich voneinander, trotzdem kündigt Schönberg in den vorausgehenden Nahtstellen durchwegs den Beginn von etwas Neuem an. Zweitens kann man die Themeneinsätze an den stabilen Themenanfängen auch bei Veränderung oder Verarbeitung erkennen. Die Themen sind dazu klassisch gebaut. Drittens gestaltet Schönberg die zugrunde liegende Zwölftonreihe so, dass er tonale Zusammenklänge nutzen kann. Viertens unterstützt die Zwölftonmethode die thematische Gestaltung, indem die Themen mit vollständigen Reihenformen identisch sind. (Beim Violinkonzert op. 36 liegen nur die ersten vier Reihentöne im Thema, die übrigen acht tummeln sich in den Begleitstimmen.) Und fünftens wird das Werk den Erwartungen an ein Klavierkonzert gerecht: Der Solist kann seine Virtuosität voll und ganz unter Beweis stellen.

Dass sich im Klavierkonzert Zwölftonmethode, klassische Formen und moderner Konzertbetrieb berühren, hat auch Widerspruch herausgefordert. Neuer Wein in alten Schläuchen – so lautete der Vorwurf, oder, weniger volkstümlich ausgedrückt: Schönbergs revolutionäre Zwölftonmethode betreffe nur eine Seite des Tonsatzes; auf der anderen, der formalen, falle er hinter den von ihm selbst entwickelten „Stand des Materials" zurück. Im Festhalten an den Strukturen der Wiener Klassik drücke sich ein Konservatismus aus, der den eigenen Errungenschaften widerspreche. Schon 1932, bald nach der Entwicklung der Zwölftonmethode, legte Adorno, der wichtigste Apologet Schönbergs, in der „Zeitschrift für Sozialforschung" den Finger in die Wunde:

„Gewisse klassizistische Neigungen in der großen Formarchitektur, wie sie sich beim letzten Schönberg verfolgen lassen, mögen in die gleiche Richtung weisen. Vor allem aber: es ist die Frage, ob das Ideal des geschlossenen, in sich ruhenden Kunstwerkes, das Schönberg von der Klassik übernahm und treu festhält, mit den Mitteln, die er auskristallisierte, noch vereinbar ist und ob es, als Totalität und Kosmos, sich überhaupt noch halten läßt. Mag immer in der tiefsten Schicht Schönbergs Werk diesem Ideal entgegen sein [...]: dem expliziten Anspruch nach will es mit historisch durchrationalisierten Mitteln das Beethovensche, autonome, sich selbst genügende und symbolkräftige Kunstwerk noch einmal herbeizwingen, und die Möglichkeit solcher Rekonstruktion ist [...] zu bezweifeln." (Adorno 1932, S. 739)

Schönbergs lebenslanger Wunsch, als Erbe der großen klassischen Komponisten anerkannt zu werden, richtete sich schließlich gegen ihn. Mit polemischem Furor erklärte der Komponist Pierre Boulez Schönberg in einem bei den Darmstädter Ferienkursen für Neue Musik 1951 gehaltenen Vortrag für „tot". Er sah „eine unüberbrückbare Kluft zwischen den Infrastrukturen, die der Tonalität verpflichtet sind, und einer Sprache, deren Organisationsgesetze man nur im groben Aufriß wahrnimmt." (Boulez, S. 292) Es ist aber gerade die vertraute Formensprache, die die Hörbarkeit der Zwölftonmethode erleichtert und so die Ohren auch für die Musik der Gegenwart öffnet.

XII
Schönberg lehrt
Ein Überlebender aus Warschau op. 46

„Dieses Buch habe ich von meinen Schülern gelernt." (AS1911, S. V)

Mit diesem Satz beginnt die „Harmonielehre" von Arnold Schönberg, 1911 veröffentlicht, 1922 für die dritte Auflage überarbeitet und durch neue Kapitel ergänzt. Schönberg macht einen Absatz nach diesem Satz, so wichtig ist er ihm. Nichts ist hinzuzufügen. Hinter der demütigen Fassade steht die Einsicht, dass er die Grundlagen seiner kompositorischen Erkenntnisse erst dadurch reflektieren konnte, dass er sie lehrte. Komponieren, darüber nachdenken, es rechtfertigen und anderen vermitteln – all das geht bei Schönberg Hand in Hand. Ohne seine Schüler hätte sich Schönberg bei der Formulierung seiner Kompositionsprinzipien zurückhaltender gezeigt und wäre sich ihrer folglich auch nicht in dieser Weise bewusst geworden. So aber dürfen wir heute von der Wiener Schule als der einzigen „Schule" sprechen, die die Musik im 20. Jahrhundert hervorgebracht hat. Sie umfasste Komposition, Analyse, Interpretation und künstlerische Ethik. Die Wiener Schule lehrte Musikdenken.

Da Schönberg ein Leben lang unterrichtete, wollen wir im letzten Kapitel dieser Challenge seine Rolle als Lehrer beleuchten. Ob seine Leidenschaft für die Lehrtätigkeit auch damit zusammenhängt, dass er selbst – abgesehen von der kurzen Unterweisung durch Zemlinsky – Autodidakt war, darüber kann man nur spekulieren. Aber man darf vermuten, dass der Umstand, dass er sich seine musiktheoretischen Ansichten durch eigene Anschauung und Anwendung erarbeitet hatte, sein Selbstbewusstsein als Lehrer stärkte. Dabei stand das sorgfältige Studium der Klassiker, genauer: der deutsch-österreichischen Klassiker im Vordergrund. „Meine Lehrmeister", schreibt Schönberg 1931, „waren in erster Linie Bach und Mozart; in zweiter: Beethoven, Brahms und Wagner." (AS1976f, S. 253)

So umstritten Schönberg als Komponist auch war – seine Erfolge als Kompositionslehrer sprach ihm so schnell niemand ab. Als seine erste Schülerin gilt Vilma von Webenau, der Schönberg ab 1898 Privatunterricht erteilte, seinen letzten Lehrauftrag nahm er ein halbes Jahrhundert später,

1948, an der Music Academy of the West im kalifornischen Carpinteria wahr. Insgesamt hatte er 700 bis 750 Schülerinnen und Schüler. Die Schönbergforschung hat die Liste zusammengetragen, aber die Frage, wie lange jemand im Unterricht gewesen sein bzw. welche Kurse sie oder er besucht haben muss, um als Schüler zu gelten, wird unterschiedlich beantwortet.

Einen kleinen Teil seiner Schülerinnen und Schüler unterrichtete Schönberg privat, darunter Alban Berg, Anton Webern, Hanns Eisler, Rudolf Kolisch, Karl Rankl und Josef Rufer. Der größte Teil kam über die Institutionen zu ihm. Schönberg lehrte am Stern'schen Konservatorium in Berlin Harmonielehre (1902/03), in der Schwarzwaldschen Schulanstalt in Wien Harmonielehre und Kontrapunkt (1904–06), an der Akademie für Musik und darstellende Kunst in Wien (Privatdozentur 1910/11), erneut am Stern'schen Konservatorium (1911–1915) und an der Schwarzwaldschen Schulanstalt (1917–1920), er gab einen Analysekurs in Amsterdam (1920/21) und erhielt eine Professur für die Meisterklasse an der Preußischen Akademie der Künste Berlin (1925–1933). In den USA unterrichtete er am Malkin Conservatory in Boston und New York (1933/34), an der University of Southern California (1935/36) sowie an der University of California in Los Angeles, wo er ab 1936 bis zu seiner endgültigen Pensionierung 1944 eine Professur innehatte. Die Liste wird ergänzt durch Gastprofessuren an der University of Chicago (1946) und die Music Academy of the West.

Bei so vielen Institutionen stellt sich die Frage, ob überhaupt von einer Schule gesprochen werden kann. Tatsächlich waren die Schülerkreise in Wien, Berlin und in den USA so unterschiedlich, dass der Begriff „Schönberg-Schule“ in jedem Fall in die Irre führt. Allein die „Wiener Schule“ verdient ihren Namen: Die Schüler scharten sich um ihren Lehrer, sie komponierten unter seiner Aufsicht und sie entwickelten ein aus der Tradition hergeleitetes gemeinsames „Stilgefühl“ – also eine vergleichbare Art, kompositorische Entscheidungen zu fällen. Zu diesen Schülern gehörten neben den sechs genannten auch viele, die uns in anderen Zusammenhängen schon begegnet sind: Erwin Stein, Egon Wellesz, Felix Greissle, Erwin Ratz und Winfried Zillig, um nur eine Handvoll zu nennen.

Schönbergs Unterricht beschränkte sich nicht auf die klassischen Disziplinen der Kompositionslehre: Formenlehre, Harmonielehre und Kontrapunkt. Das Handwerk war notwendige, aber nicht hinreichende Grundlage der Komposition. Im Mittelpunkt stand die Analyse der Klassiker. Von ihnen galt es zu lernen, wie kompositorische Entscheidungen gefällt, individuelle Formen entwickelt und melodische Zusammenhänge hergestellt werden. So ist auch das Lehrbuch „Harmonielehre" zu verstehen, das aus seinem Unterricht hervorging. Es konzentriert sich auf die tonale Harmonik. Und es diente auch dazu, Schönbergs eigenen Weg zu rechtfertigen: „Die *Harmonielehre* verschaffte mir den Respekt vieler früherer Gegner, die mich vorher als einen wilden Mann, einen Barbar, einen gesetzesbrecherischen Eindringling im musikalischen Kulturbereich betrachtet hatten." (AS1976l, S. 355)

Zeitgenössische Musik stand selten auf Schönbergs Lehrplan. Die Analyse eigener Werke vermied er, die Zwölftonmethode unterrichtete er nicht (sehr zur Enttäuschung der amerikanischen Schüler). Aus der Analyse leitete er mehr ab als gute Ratschläge. Vielmehr entwickelte er bei seinen Schülern künstlerisches Urteilsvermögen, Stilgefühl und Haltung. Hanns Eisler hat das so formuliert: „Dann lernte ich bei Schönberg etwas, was heute gar nicht mehr richtig verstanden wird: Redlichkeit in der Musik, Verantwortlichkeit in der Musik und das Fehlen von jeder Angeberei. [...] Diese unerbittliche Strenge, dieses Streben nach musikalischer Wahrheit, die gewiß oft in einem Gegensatz steht zu seinen weltanschaulichen Dingen, ist der größte Eindruck meines Lebens gewesen." (Notowicz, S. 46f.)

Schönbergs Unterricht war autoritär, aber undogmatisch. Gemäß dem Zeugnis seines Schülers Karl Linke antwortete er auf die Frage, warum er eine Beethoven-Sonate heute ganz anders erkläre als das letzte Mal: „Ich bin auch heute ein anderer Mensch und habe nicht die Verpflichtung, konsequent zu sein, sondern nur die, lebendig zu bleiben." (AS1912, S. 79) Als Kunstlehrer sah er sich nicht; vielmehr zielte er darauf ab, den Schülern zu helfen, ihre künstlerische Persönlichkeit zu entwickeln und den für sie richtigen Weg zu gehen. Deshalb passte er den Unterricht individuell an, anstatt sie alle über einen Kamm zu scheren. „Wenn ich in meiner *Harmonielehre* gesagt habe, daß ich den einzelnen individuell unterrichte, so tat ich es nicht, um meinen Schülern die Anstrengung, das Beste zu leisten, zu ersparen. Ich pflegte lediglich die Anordnung des Lehrstoffs zu ändern, aber ich ließ nichts aus, was ein Musiker wissen muß." Und weiter: „Ich betrachte es als eines meiner Verdienste an, daß ich nicht zum Komponieren ermutigte." (AS1976n, S. 149 und S. 150) Wenn Schönberg spürte, dass einer seiner Schüler nicht zum Komponieren geboren war, empfahl er ihm, einen anderen Weg einzuschlagen.

Von seinen Schülern verlangte Schönberg Loyalität. Er betraute sie mit Hilfsarbeiten für seine eigenen Kompositionen, vermittelte ihnen aber auch bezahlte Tätigkeiten, etwa bei der Universal Edition oder in professionellen Orchestern. Zweifel an seiner Kunstauffassung duldete er nicht. (Auf das Zerwürfnis mit Eisler wurde in Kapitel 4 schon eingegangen.) Dafür pilgerten die Schüler zum Unterricht an Schönbergs Privatadresse in Mödling, zum Teil zu Fuß (mindestens zweieinhalb Stunden) oder besuchten ihn in der alljährlichen Sommerfrische, wo Schönberg weitere Unterrichtsstunden gab. Die Wiener Schule zentrierte sich um den „Meister" wie der George-Kreis um den verehrten Dichter. Man befand sich im Einverständnis über künstlerische Fragen und wappnete sich gemeinsam gegen die mit Unverständnis reagierende Außenwelt. Die Wiener Schule wurde eine Familie.

Die Schüler waren ihrem Lehrer ergeben. Der unterwürfige Ton in den Briefen von Berg und Webern schreckt uns heute ab, doch auch in veröffentlichten Texten hallt der dem Lehrer gebührende Gehorsam wider. Heinrich Jalowetz, der von 1904 bis 1908 bei Schönberg in Wien studierte, schrieb in der Festschrift von 1912:

„Arnold Schönberg besitzt die beiden Grundfähigkeiten jedes Genies und somit auch jedes genialen Lehrers: auf der einen Seite die Kraft der naiven Anschauung [...]; auf der anderen Seite die Kraft, die persönliche Wertung aller Dinge überzeugend mitzuteilen. Aus diesen beiden Grundkräften seines Wesens ergibt sich das Wunder seiner Lehrweise, seine einzig dastehende Wirkung auf den Schüler. [...] So wird jede Stufe seines Lehrweges dem Schüler zu einem Erlebnis, das in seinem Innersten fest verankert bleiben muss. [...] Endlich hat Schönberg, wie jeder gute Lehrer, die bei einer so starken Persönlichkeit um so bewundernswertere Gabe, sich der Eigenart auch des geringsten Schülers anzupassen, so zwar, dass sicher nicht zwei seiner Schüler auf einem nur annähernd gleichen Weg von ihm geführt wurden. Die Methode ‚hat' hier nicht der Lehrer, sie ergibt sich vielmehr stets durch den Schüler.

Mit alledem wäre nur ein einseitiges Bild gegeben; denn seine Wirkung auf den Schüler geht weit über den rein künstlerischen Rahmen hinaus. Bei einer so vielseitigen und harmonisch durchgebildeten Natur kann das Verhältnis zwischen Lehrer und Schüler nicht auf den Unterricht beschränkt bleiben.

Schönberg *bildet* den Schüler im tiefsten Sinn des Wortes und stellt unwillkürlich einen so zwingenden menschlichen Kontakt mit jedem einzelnen her, dass sich seine Schüler um ihn scharen wie die Jünger um ihren Meister. Und wenn wir uns ‚Schönberg-Schüler' nennen, so geschieht dies mit einer ganz anderen Betonung als bei solchen, die nur ein alleinseligmachender Fingersatz oder eine neue Generalbassbezifferung mit ihrem Lehrer unzertrennlich verknüpft. Wir wissen vielmehr, dass alle, die sich so nennen, in ihrem Denken und Fühlen von seinem Wesen berührt sind und fühlen uns dadurch mit allen in einem gewissen geistigen Kontakt. Sein Name ist daher jedem, der sein Schüler gewesen, mehr als eine blosse Erinnerung an die Studienzeit, er ist ihm ein künstlerisches und menschliches Gewissen." (AS1912, S. 82–84)[23]

Zur Wiener Schule gehörten auch die Interpreten. Professionelle Musiker wie die Pianisten Eduard Steuermann und Rudolf Serkin sowie den Geiger Rudolf Kolisch zog Schönberg auf seine Seite, Webern spielte im „Verein für musikalische Privataufführungen" regelmäßig das Harmonium. Auch hier schwor Schönberg die Interpreten auf eine gemeinsame Haltung ein, die darin bestand, nicht durch äußere Virtuosität oder sinnliche Klanglichkeit zu glänzen, sondern den inneren Gehalt – Schönberg hätte gesagt: den „Gedanken" – eines Werkes fasslich zu machen. Im „Verein für musikalische Privataufführungen" entschied Schönberg darüber, ob eine Aufführung ausreichend genug geprobt war, um im Verein präsentiert zu werden.

Aus dem Unterricht in Schönbergs Berliner Jahren haben sich weit weniger Schüler durchsetzen können als aus der Wiener Schule. Das ist keine Frage der Qualität. Im Gegenteil: Die Aufnahme in die Meisterklasse setzte sogar ein absolviertes Konservatoriums-Studium voraus. Schönbergs Berliner Schüler waren heterogener und internationaler als ihre Wiener Kollegen. Es finden sich unter ihnen Komponisten, die später ganz andere Pfade einschlugen als ihr Lehrer, z. B. der amerikanische Pianist Henry Cowell, der Spanier Roberto Gerhard, der als Privatschüler in Wien begonnen hatte, der Berliner Walter Gronostay und der Grieche Nikos Skal-

23 Jalowetz war einer von sieben Weggefährten, denen Schönberg 1950 seine Schriftensammlung „Style and Idea" widmete. Die Widmung wurde aber erst 1976 in die von Ivan Vojtěch herausgegebene deutschsprachige Ausgabe „Stil und Gedanke" übernommen.

kottas. Und noch einmal anders war es um die amerikanischen Schüler bestellt. Schönberg beklagte sich, dass sie viel weniger Vorwissen mitbrachten als in Wien und Berlin, so dass an einen Kompositionsunterricht im engeren Sinne nicht zu denken war. Schönberg lehrte in den USA die elementaren Grundlagen: Harmonielehre und Kontrapunkt. Zu seinen Schülerinnen und Schülern zählten John Cage, Lou Harrison, Otto Klemperer, Oscar Levant und Dika Newlin, deren Mitschriften wir viele Details aus Schönbergs amerikanischem Unterricht verdanken.

Das letzte Werk unserer Challenge zählt zu Schönbergs berühmtesten Werken. „Ein Überlebender aus Warschau" – original: „A Survivor from Warsaw", komponiert im August 1947 – könnte man als „politische Musik" bezeichnen, weil sie unmittelbar auf die jüngste Geschichte reagiert: den Holocaust. Das Werk ist mit knapp sieben Minuten unser kürzestes, es spricht also nichts dagegen, dass Du es Dir zum Einstieg einmal ganz anhörst.

Playlist #57

Ein Augenzeuge schildert eine Szene aus einem von Nationalsozialisten bewachten Ghetto. Die eingesperrten Juden werden gezwungen, durch kollektives „Abzählen" den Transport in das Vernichtungslager vorzubereiten. Der „Sergeant" (entspricht einem mittleren Offiziersrang) will wissen, wieviel er zur „Gaskammer abliefern" wird. Das anfängliche Zählen geht in Gesang über: Die Opfer singen das „Schma Jisrael", das jüdische Glaubensbekenntnis.

Ende März 1947 bat die amerikanische Tänzerin und Pädagogin Corinne Chochem Schönberg um eine Komposition. Darin sollte u. a. ein jüdisches Partisanenlied aus dem Ghetto in Vilnius (damals Wilna) verarbeitet werden. Schönberg erklärte sich am 20. April einverstanden, eine sechs- bis neunminütige Komposition zu schreiben „for small orchestra and chorus, perhaps also one or more soloists on the melody you gave me. I plan to make it this scene – which you described – in the Warsaw Ghetto, how the doomed jews started singing, before going to die."[24] Allerdings spreng-

24 Offensichtliche orthographische Fehler korrigiert. Übersetzung C. B.: „für kleines Orchester und Chor, vielleicht auch einen oder mehrere Solisten auf die Melodie, die Sie mir gegeben haben [...]. Ich habe vor, die von Ihnen beschriebene Szene im Warschauer Ghetto stattfinden zu lassen, wie die todgeweihten Juden zu singen beginnen, bevor sie in den Tod gehen."

te Schönbergs Honorarforderung den Rahmen der Auftraggeberin, so dass sich das Vorhaben zunächst zerschlug. Als aber keine drei Monate später die Serge Koussevitzky Foundation einen Auftrag in Aussicht stellte, kam Schönberg auf die Idee von Corinne Chochem zurück und gab ihr eine neue Richtung.

Das Libretto schrieb Schönberg selbst, wobei ihm der Rabbi Jacob Sonderling, der ihm knapp zehn Jahre zuvor den Auftrag zur Komposition des „Kol nidre" op. 39 gegeben hatte, mit der Aussprache des „Schma Jisrael" half (Schönberg sprach kein Hebräisch). Der Komponist gab an, der Text basiere auf persönlichen Berichten aus dem Lagerleben („partly upon reports which I have received directly or indirectly", GA11, S. 61). Damit dürfte unter anderem ein Gespräch mit dem Schriftsteller Soma Morgenstern gemeint sein, ein Freund Alban Bergs, der 1938 über Frankreich in die USA fliehen konnte. Mit Schönberg traf er 1941 zusammen, der von ihm wissen wollte, „wie es mir in den Konzentrationslagern in Frankreich ergangen war. [...] Daraufhin erzählte ich ihm eine Szene, die ich in einem Konzentrationslager in Frankreich erlebt hatte" (Morgenstern, S. 348f). In dem Text Schönbergs ist vom Warschauer Ghetto außerhalb des Titels keine Rede mehr, das Geschehen könnte in jedem Ghetto spielen. Es kam Schönberg am Ende darauf an, die Geschichte vom widerständigen Singen des jüdischen Glaubensbekenntnisses abseits eines konkreten Ortes zu erzählen und damit ihre Gültigkeit zu erhöhen.

Hören wir noch einmal die ersten 80 Sekunden.

Playlist #57 bis 1:19

Wieder schreibt Schönberg für Sprechstimme, und anders als in der „Jakobsleiter" geht es tatsächlich ums Sprechen, nicht um Sprech*gesang*. Die Stimme des Erzählers ist rhythmisch präzise notiert, steht aber nicht in einem fünflinigen Notensystem, sondern um eine einzige Notenlinie herum, die die mittlere Stimmlage des Sprechers markiert. In einigen Takten ist sogar nur Text notiert, ohne jede Rhythmik (z. B. der Satz „In einer Minute will ich wissen, wieviele ich zur Gaskammer abliefere!"). Insgesamt eine Partie für einen rhythmisch versierten Schauspieler. Als der Schönberg-Schüler René Leibowitz die europäische Erstaufführung des Werkes vorbereitete, warnte ihn Schönberg am 12. November 1948 davor, die Partie einem Sänger zu geben. Die Sprechstimme „darf niemals so musikalisch ausgeführt werden wie meine anderen strengen Kompositionen. Niemals darf gesungen werden, niemals darf eine wirkliche Tonhöhe erkennbar sein. Das heißt, daß nur die Art der Akzentuierung gemeint ist. [...] Das ist sehr wichtig, weil durch Singen Motive entstehen, und Motive ausgeführt werden müssen. Motive erzeugen Verpflichtungen, die ich nicht erfülle". (Original in Englisch, deutsche Übersetzung nach AS1958, S. 269)

Schönberg kombiniert drei Sprachen: das Englisch des Erzählers, das Deutsch des Sergeants und das Hebräisch der singenden Juden. Damit sind Augenzeuge, Täter und Opfer sprachlich klar unterschieden. Den Erzähler lernen wir schon im ersten Abschnitt näher kennen: Er ist nicht nur Augenzeuge, sondern auch Überlebender, weil er, der zunächst für tot gehalten wurde („I must have been unconscious most of the time"), durch Flucht in die Kanalisation der Deportation entging. Im nächsten Abschnitt wechselt er zum „du" („Get out! Whether you slept or whether worries kept you awake the whole night") und gibt damit seine Erzähldistanz auf. Am Ende löst die Erzählung das Erzählen ab. Der Gesang der Juden verkörpert das „wir" des Berichtes.

Der „Überlebende aus Warschau" ist eine Zwölftonkomposition. Über weite Strecken des Werkes verwendet Schönberg die Reihe als reinen Tonvorrat. Nur an wenigen Stellen erklingt sie als vollständige melodische Gestalt. Dann fällt sie auf, weil das Werk insgesamt weniger von melodischen Bögen als von kurzen Motiven durchdrungen ist. Das macht die Stellen, in denen die Reihe als Ganze erklingt, so besonders. Zu diesen gehört das „Schma Jisrael": Hier singt der Männerchor alle zwölf Töne der Grundreihe nacheinander (einzelne Töne werden wiederholt, einmal auch ein Intervall). Ich nehme das deshalb hier vorweg, weil auch Schönberg diesen Teil vorwegnimmt, und zwar in der Hornmelodie am Ende des eben gehörten Abschnitts. Allerdings beschränkt er sich hier auf die ersten sechs Reihentöne.

Das scharfe Trompetensignal, mit dem der „Überlebende" beginnt, ist zum einen ein Motiv, das realistisch zur Erzählung gehört: Es bezeichnet das Signal des Morgenappells, zu dem sich die Gefangenen versammeln müssen. Es kehrt mehrmals wieder, löst sich aber im Laufe des Werkes von der Instrumentation durch die Trompete. Du erkennst es auch dann, wenn es sich melodisch verändert, wie hier am Anfang: Das Motiv springt in der ersten Trompete hinauf, dicht gefolgt von einer nach unten gebogenen Variante in der zweiten Trompete.

Das Motiv enthält zum anderen bei seinem ersten Auftreten die Töne 1–4 der Grundreihe. Die Töne 5 und 6 verstecken sich im Tremolo der Geigen. Die zweite Hälfte der Zwölftonreihe (Töne 7–12) liegt in der zweiten Trompete und im Tremolo der Kontrabässe. Hier verwendet Schönberg aber nicht die Grundreihe, sondern die ersten sechs Töne einer Umkehrung. Wir haben darüber schon in Kapitel 10 bei den Orchestervariationen gesprochen: Die beiden Reihen ergänzen sich so, dass der erste Hexachord (die ersten sechs Töne) der Umkehrung mit dem zweiten Hexachord der Grundreihe übereinstimmt – wenn auch in anderer Reihenfolge. Das bedeutet, dass Schönberg am Anfang des Werkes alle zwölf Töne verwendet, aber keine vollständige Grundreihe vorstellt. Auch im weiteren Verlauf reserviert er die vollständige Grundreihe für die genannten „besonderen Stellen“ und kombiniert ansonsten die beiden Hexachorde wie hier beschrieben.

In der ersten Hälfte des Abschnitts (bevor der Sprecher einsetzt) charakterisiert Schönberg die bedrohliche Atmosphäre seiner Erzählung. Neben dem Trompetensignal markiert die Kleine Trommel das militärische Umfeld, Tremolo-Figuren in den hohen Holzbläsern klingen nach Trillerpfeifen. Insgesamt fehlt dem Klang die Mitte: Schönbergs Orchester ist von tiefen und hohen Instrumenten geprägt. Keine Wärme, keine Melodie. Bei „I remember only the grandiose moment“ verfallen die Streicher in einen Marschrhythmus, dessen Tempo anzieht, während die Oberstimme Ton für Ton ansteigt. Schönberg nimmt hier die Steigerungspartie kurz vor dem „Schma Jisrael“ vorweg, wie auch gleich anschließend das Horn den Anfang des Gebets antizipiert.

Playlist #57 1:19 bis 3:47

Im Mittelteil des „Überlebenden“ erzählt der Sprecher seine Geschichte. Geschildert wird die Gewalt, der sich die Gefangenen aussetzen müssen, die Entmenschlichung des Lebens im Ghetto, die Brutalität des Wachpersonals. In der soeben gehörten ersten Hälfte dieses Mittelteils kannst Du die Anfangsmotive – Trompetensignal, Trillerpfeife, kurze Figuren mit Repetitionstönen – wiedererkennen. Die vollständige Zwölftonreihe erklingt erstmals nach „I heard it though I had been hit very hard“ in den Celli, gefolgt von einer „halben“ Reihe in den Violinen (Krebs). Achte auf die Holzbläser bei „It was painful to hear them groaning and moaning.“ Schönberg übersetzt den Text unmittelbar mit „Seufzermotiven“, also absteigenden

Halbtonschritten in Oboen und Klarinetten, die die Reaktionen der Geschlagenen wiedergeben. Tatsächlich stellt Schönberg an dieser Stelle die Reihentöne um, damit zwei „Seufzer“ aufeinander folgen. Die „Seufzer“ kehren in der Komposition immer wieder, so auch am Ende dieses Hörabschnitts in den Posaunen.

Bei „Much too much noise“ bleibt nur Schlagzeug übrig, wobei das Xylophon mehrmals dieselben drei Töne wiederholt. Mit diesen drei Tönen hat es eine besondere Bewandtnis: Schönberg fügt in seine Zwölftonreihe Akkord-Tonfolgen ein. Die Reihe enthält einen Mollakkord (Reihentöne 9–11) und einen verminderten Dreiklang (10–12), also einen Akkord aus kleinen Terzen. Besondere Funktion erhalten die Reihentöne 3–5. Sie sind es, die das Xylophon hier spielt. Man erhält, wenn man sie als Akkord untereinanderschreibt, einen übermäßigen Dreiklang, also einen Akkord aus großen Terzen. Nun klingt der übermäßige Dreiklang immer gleich, egal in welcher Reihenfolge die Töne übereinanderstehen. So kommt es, dass drei Transpositionen der Grundreihe den gleichen Großterzklang besitzen, ebenso wie drei Reihen der Umkehrung, drei Reihen des Krebses und drei der Krebsumkehrung. Schönberg kann also bis zu 12 unterschiedliche Reihentranspositionen gleichzeitig verwenden, die alle den gleichen Großterzklang enthalten, und das nutzt er. Zum Beispiel am Ende des eben gehörten Abschnitts, gleich nach „were then beaten over the head“: Die Posaunen spielen den Großterzklang als Tremolo-Akkord (mit Flatterzunge, der Akkord „zittert“ also). Darüber stürzen Holzbläser und Geigen herab, wobei Schönberg sechs verschiedene Reihen verwendet (immer nur den ersten Hexachord), die allesamt den gleichen Großterzklang enthalten. Trotz der Vielzahl der auf kürzestem Raum verwendeten Reihen klingt die Stelle harmonisch stabil. Und abseits der kompositorischen Struktur hat die Musik auch eine erzählerische Bedeutung, denn es fällt nicht schwer, in dem „zitternden“ Posaunenakkord die Opfer zu erkennen und in den lauten Holzbläsern die Schläge, denen sie ausgesetzt sind.

Playlist #57 3:47 bis 5:23

Die zweite Hälfte des Mittelteils beginnt in einer Art auskomponierter Stille nach „They are all dead“ mit leisen Klängen in den Fagotten (Terzen und Sexten), beantwortet von einem kleinen Ensemble aus Streichern (Tremolo am Steg in Celli und Kontrabässen, Flageoletttöne in den Bratschen). Trompetenmotiv und Trillerpfeife unterbrechen die Stille. In den Pizzicati nach „Abzählen!“ wird tatsächlich eine vollständige Zwölftonreihe abgezählt. Dann folgt die große Steigerung, die geradewegs in das „Schma Jisrael“ führt. Nach der Vorwegnahme am Anfang entfaltet sich die Steigerung nun mit aller Macht. Schönberg steigert das Tempo, die Lautstärke, die Klanglichkeit (immer mehr Instrumente treten hinzu) und die harmonische Grundlage: Die Reihen sind so kombiniert, dass die Großterzklänge Halbton für Halbton aufwärts klettern, am Ende immer dichter aufeinander folgend.

Playlist #57 ab 5:22

Der letzte Abschnitt des „Überlebenden“ gehört dem „Schma Jisrael“. Die Reihe wird nicht mehr versteckt oder halbiert, sondern tritt im Gesang der Männer (gedoppelt von der Posaune) in den Vordergrund: erst Grundreihe, dann Krebsumkehrung, dann noch einmal die Folge Grundreihe und Krebsumkehrung in anderer Transposition. Der Text lautet übersetzt:

„Höre, Israel, der HERR ist unser Gott, der HERR ist einer. Und du sollst den HERRN, deinen Gott, lieb haben von ganzem Herzen, von ganzer Seele und mit all deiner Kraft. Und diese Worte, die ich dir heute gebiete, sollst du zu Herzen nehmen und sollst sie deinen Kindern einschärfen und davon reden, wenn du in deinem Hause sitzt oder unterwegs bist, wenn du dich niederlegst oder aufstehst.“ (5. Buch Mose 6, Verse 4–7)

Am Ende beschränkt sich Schönberg wieder auf die ersten Töne seiner Zwölftonreihe und schickt sie versetzt durch die Instrumente. Der Männerchor endet mit dem ersten Hexachord der Grundreihe. Auf seinem letzten Ton setzen die Violinen ein und wiederholen die sechs Töne, dicht gefolgt von Bratschen/Trompeten, Posaunen, Hörnern, Tuba/Fagott/tiefen Streichern. Da alle gleichzeitig aufhören, haben die, die später einsetzen, entsprechend weniger zu spielen – es handelt sich also um einen Kanon auf engstem Raum. Das Tonmaterial schmilzt zusammen, nicht unähnlich dem Schluss des „Jakobsleiter“-Fragments.

Das jüdische Glaubensbekenntis geht eigentlich noch weiter. Dass Schönberg an dieser Stelle das „Schma Jisrael“ abbricht, haben manche mit der Vernichtung der Juden in einen Zusammenhang gebracht. Der Text wird abgeschnitten wie das Leben in der nationalsozialistischen Diktatur. Von Schönberg gibt es dazu keine Stellungnahme. Offensichtlich hingegen ist, dass das Singen dem Befehl des entmenschlichenden „Abzählens“ trotzt. Statt sich zu einer „Nummer“ herabwürdigen zu lassen, versichern sich die Gefangenen ihrer Persönlichkeit im Gebet. Sie singen „Schma", das bedeutet „Höre". Vielleicht bringt auch deswegen Schönberg an dieser Stelle die Zwölftonreihe als Melodie, denn die Zwölftonmethode ist, wie der Organist Gerd Zacher gesagt hat, nicht aus einem „Zählbedürfnis" entstanden, sondern aus einem „Hörbedürfnis" (Zacher, S. 148).

Vom Begriff einer „politischen" Musik wollte Schönberg im Gegensatz zu Eisler nichts wissen. Sie hätte das Werk einer außermusikalischen Idee überantwortet, während es Schönberg immer darum ging, *musikalische* Ideen auszudrücken. Die kurzzeitige Hinwendung zur Arbeitermusikbewegung vor der Jahrhundertwende war mehr praktischen Fragen geschuldet: Sie erlaubte es Schönberg, Dirigiererfahrungen zu sammeln. Im Kern aber blieb er Zeit seines Lebens monarchistisch gesinnt, antikommunistisch, antiliberal, ja antidemokratisch. Am Ende seines Lebens, 1950, schrieb er: „When the First World War began, I was proud to be called to arms and as a soldier I did my whole duty enthusiastically as a true believer in the house of Habsburg, in its wisdom of 800 years in the art of government and in the consistency of a monarch's lifetime, as compared with the short lifetime of every republic. In other words, I became a monarchist. [...] Evidently when I came to America such considerations were superfluous. My viewpoint since then has been one of gratitude for having found a refuge. And I decided that I, as only a naturalized citizen, had no right to participate in the politics of the natives. In other words, I had to stand by and to be still. This, I have always considered to be the rule of my life. But I was never a communist." (AS1975, S. 505f.)[25]

Seine strikte Haltung gegen den Antisemitismus resultiert aus persönlicher Betroffenheit. Ihr verdanken wir eine nicht unerhebliche Anzahl von

25 Übersetzung C. B.: „Als der Erste Weltkrieg begann, war ich stolz darauf, zu den Waffen gerufen zu werden, und als Soldat tat ich mit Begeisterung meine Pflicht, denn ich glaubte an das Haus Habsburg, seine 800-jährige Weisheit in der Regierungskunst und an die Beständigkeit der Lebenszeit einer Monarchie im Vergleich zur kurzen Lebenszeit jeder Republik. Mit anderen Worten, ich wurde Monarchist. [...] Als ich nach Amerika kam, waren solche Überlegungen offensichtlich überflüssig. Mein Standpunkt ist seitdem der der Dankbarkeit dafür, dass ich eine Zuflucht gefunden habe. Und ich beschloss, dass ich als eingebürgerter Bürger kein Recht habe, mich an der Politik der Einheimischen zu beteiligen. Mit anderen Worten, ich musste zusehen und stillhalten. Das habe ich immer als Regel für mein Leben betrachtet. Aber ich war nie Kommunist."

Kompositionen mit religiösen Inhalten und zwei, die gegen den Nationalsozialismus agitieren und dadurch eine politische Wirkung entfalten können: die Kantate „Ode to Napoleon Buonaparte" op. 41 (1942/43) und den „Überlebenden aus Warschau". Für Luigi Nono, den italienischen, politisch engagierten Komponisten (und späteren Ehemann der Schönberg-Tochter Nuria), war das Werk „aufgrund seiner schöpferischen Notwendigkeit des Verhältnisses Text – Musik und Musik – Hörer das ästhetische musikalische Manifest unserer Epoche." (Nono, S. 47) Und für Schönberg enthielt „Ein Überlebender aus Warschau" die ewige Mahnung, nie zu vergessen, was den Juden angetan wurde. An Kurt List, einen Schüler von Webern und Berg, der Schönberg den Kontakt zum Verlag Bomart Music Publications ebnete (hier erschien der „Überlebende" nebst anderen amerikanischen Werken), schrieb er am 1. November 1948: „Now, what the text of the Survivor means to me: it means at first a warning to all Jews, never to forget what has been done to us – never to forget that even people who did not do it themselves, agreed with them and many of them found it necessary to treat us this way."[26]

„Ein Überlebender aus Warschau" wurde am 4. November 1948 in Albuquerque unter Kurt Frederick uraufgeführt, der als Geiger/Bratscher mehrere Aufführungen des „Pierrot lunaire" bestritten hatte und zur „Schönberg-Familie" gehörte. Doch erst mit der Pariser Aufführung am 15. November 1949 durch Leibowitz gelangte das Werk samt seiner unmissverständlichen Aussage ins Bewusstsein der Öffentlichkeit. Spektakulär ist der Einsatz als Gegenstück zur Neunten Symphonie von Ludwig van Beethoven – als wenig subtile Erinnerung daran, dass das Versprechen der Verbrüderung in der „Ode an die Freude" in den zwei Jahrhunderten nach Beethovens Komposition in weite Ferne gerückt ist. Oder daran, dass auch die Nationalsozialisten sich in dieser Symphonie wiederfanden. Die beiden Werke wurden erstmals in den 1960er-Jahren von dem Dirigenten Herbert Kegel kombiniert, und im September 1978 setzte der Dirigent Michael Gielen Schönbergs „Überlebenden" unmittelbar vor Beethovens Finale, solcherart die Symphonie unterbrechend. Der Dirigent hierzu: „In der

26 Übersetzung C. B.: „Nun, was der Text des Überlebenden für mich bedeutet: Er bedeutet zunächst eine Warnung an alle Juden, niemals zu vergessen, was uns angetan wurde, niemals zu vergessen, dass auch Menschen, die es nicht selbst getan haben, mit ihnen übereinstimmten und viele von ihnen es für notwendig hielten, uns so zu behandeln."

Welt nach Auschwitz und Hiroshima bleibt Schillers Ode hohl. Der Überlebende anstelle der Fanfare [Beginn des vierten Satzes] deutet auf den geschichtlichen Stellenwert einer Musik des Schreckens." (Gielen, S. 45f.)

Nicht der „Überlebende" ist Schönbergs „letztes Wort" als Komponist, es sind die drei Psalmen op. 50, von denen bereits im Zusammenhang mit der „Jakobsleiter" die Rede gewesen ist. Nicht der Zorn über den Antisemitismus bestimmt Schönbergs letzte Noten, sondern das Bekenntnis zum Gebet. Der Komponist, der ein Leben lang für seinen eigenen Weg kämpfte, indem er komponierte, theoretisierte und unterrichtete, der mächtige Gegner aufbrachte und wortgewaltige Verbündete hinter sich sammelte, der die Musikgeschichte des 20. Jahrhunderts so beeinflusste wie Beethoven das 19. Jahrhundert, dieser Komponist wollte am Ende mit seinem Gott allein sein.

Schönberg mögen

Von der Brahms-Bearbeitung bis hin zum „Überlebenden aus Warschau“: Die Reise dieser Schönberg-Challenge war weit und sie hat Dich nicht nur mit zwölf Kompositionen, sondern auch mit zwölf unterschiedlichen Sicht- und Hörweisen zusammengebracht. Manchmal haben wir Themen und Motive und deren Geschichte verfolgt, manchmal hatten wir Intervalle, Akkorde oder Zwölftonreihen im Blick, an anderen Stellen betrachteten wir die vielschichtigen Bezüge zwischen Text und Musik. Was an Arnold Schönberg fasziniert, ist seine Vielseitigkeit, die dadurch entsteht, dass der Komponist seine Wurzeln so entschieden im 19. Jahrhundert verortete und so beherzt die Musik des 20. Jahrhunderts in Angriff nahm. Auch die Vielfalt seiner Texte ist bemerkenswert: vom schwülen Seelendrama Dehmels über die skurrilen Pierrot-Gedichte und das religiöse Hochamt der „Jakobsleiter“ bis hin zum „Augenzeugenbericht“ aus Europas dunkelster Stunde. Kaum zu glauben, dass all dies von ein und demselben Komponisten stammt. Schönberg kann dazu ermutigen, keinen Transformationsprozess zu fürchten, das Erreichte unablässig zu hinterfragen.

Keine Frage: Seine Musik ist eine Herausforderung. Sie ist komplex und schnell. Wer ein paar Sekunden nicht aufgepasst hat, kommt oft nicht mehr hinterher. Aber Schönberg macht auch immer Angebote. Wo wir uns etwas merken sollen, wo in seinen Werken ein Abschnitt in den nächsten übergeht, da komponiert er zugewandt und einprägsam. Dreiteilige Formen und deutlich ausgeführte Reprisen erleichtern den Überblick. Themen erhalten charakteristische Anfänge, die ein Wiedererkennen erleichtern. Musikalische Verknüpfungen aus dem Maschinenraum (wie die Zwölftonreihe) werden ausbalanciert durch profilierte Motive an der Oberfläche. Wer glaubt, man würde seine Musik doch nicht verstehen, darf zu einem Versuch ermuntert werden.

Tatsächlich hat Schönberg nie aufgegeben, um die Gunst des Publikums zu werben. Seine theoretischen Schriften, seine Vorträge und Aufsätze, selbst viele seiner Briefe sind erfüllt von der Aufgabe, seine Musik zu rechtfertigen und ihre Verankerung in der Tradition zu erklären. Gerade nach der Emigration sucht er gezielt nach Möglichkeiten, das Publikum direkt anzusprechen. Dazu gehören auch Anpassungen im musikalischen Ausdruck.

Arnold Schönberg ist am 13. Juli 1951 in Los Angeles gestorben. Sein Schaffen erklingt seltener als das der von ihm so verehrten Meister im Konzert oder auf der Bühne, aber viele seiner Werke sind allen Schwierigkeiten zum Trotz fester Bestandteil des Repertoires. Niemand muss vor ihnen Reißaus nehmen. Schönbergs Musik fordert uns Offenheit und Konzentration ab. Wir wollen sie ohne Scheu hören und wir dürfen sie mögen.

Verzeichnis der zitierten Literatur

Die Briefe von und an Arnold Schönberg sind überwiegend nach dem Archiv des Arnold Schönberg Centers in Wien zitiert. Die Datenbanksuche unter https://archive.schoenberg.at/letters/letters.php funktioniert am schnellsten unter Verwendung des im Text erwähnten Datums: JJJJ.MM.TT.

Adorno 1932: Theodor W. Adorno: Zur gesellschaftlichen Lage der Musik (1932). In: Ders.: Gesammelte Schriften, Bd. 18. Musikalische Schriften V. Frankfurt/M. 1984, S. 729–777.

Adorno 1949: Theodor W. Adorno: Philosophie der neuen Musik (1949). Ausgabe Frankfurt a. M. 1976.

ASC: Website des Arnold Schönberg Centers, Wien. www.schoenberg.at.

Balzac: Honoré de Balzac: Seraphita. Leipzig und Weissensee, o. J.

Beaumont: Antony Beaumont: Alexander Zemlinsky. Wien 2005.

Berg 1994: Alban Berg: A. Schönberg, Kammersymphonie, op. 9. Kurze thematische Analyse. In: Sämtliche Werke. Hg. v. Rudolf Stephan. III. Abteilung: Musikalische Schriften und Dichtungen. Bd. 1: Analysen musikalischer Werke von Arnold Schönberg. Wien 1994, S. 119–130.

Bleiche: Michael Bleiche: Terminologische Aspekte der „Zwölftonmusik". München 1984.

Boulez: Pierre Boulez: Schönberg ist tot. In: Anhaltspunkte. Essays. Aus dem Französischen übertragen von Josef Häusler. Zürich 1975, S. 288–296.

Boyden: Matthew Boyden: Richard Strauss. Die Biographie. München 1999.

Brinkmann: Reinhold Brinkmann. Schönberg und George. In: Archiv für Musikwissenschaft Jg. 26 (1969). S. 1–28.

Budde: Elmar Budde: Arnold Schönbergs Monodram Erwartung – Versuch einer Analyse der ersten Szene. In: Archiv für Musikwissenschaft Jg. 36 (1979), S. 1–20.

Cerha: Friedrich Cerha: Zur Interpretation der Sprechstimme in Schönbergs Pierrot lunaire. In: Musik-Konzepte 112–113. Schönberg und der Sprechgesang. München 2001, S. 62–72.

Dümling: Albrecht Dümling: Die fremden Klänge der hängenden Gärten. Die öffentliche Einsamkeit der Neuen Musik am Beispiel von Arnold Schönberg und Stefan George. München 1981.

Eybl: Martin Eybl (Hg.): Die Befreiung des Augenblicks. Eine Dokumentation. Schönbergs Skandalkonzerte 1907 und 1908. Wien 2004.

Gervink: Manuel Gervink: Arnold Schönberg und seine Zeit. Laaber 2000.

GA (Gesamtausgabe): Arnold Schönberg: Sämtliche Werke. Hg. v. Rudolf Stephan. Reihe B, Kritischer Bericht.
GA1: Abt. VII, Bd. 25/26. Bearbeitungen I/II, hg. v. Rudolf Stephan und Tadeusz Okuljar. Mainz, Wien 1988.
GA2: Abt. VI, Bd. 22. Kammermusik I, hg. v. Dorothee Schubel. Mainz, Wien 2000.
GA3: Abt. IV, Bd. 10. „Pelleas und Melisande", hg. v. Nikos Kokkinis und Ralf Kwasny. Mainz, Wien 1999.
GA4: Abt. VI, Bd. 20. Streichquartette I, hg. v. Christian Martin Schmidt. Mainz, Wien 1986.
GA5: Abt. VI, Bd. 11, Teil 4. Kammersymphonien, hg. v. Ulrich Krämer. Mainz, Wien 2010.
GA6: Abt. III, Bd. 6, Teil 2. „Erwartung", hg. v. Ullrich Scheideler. Mainz, Wien 2005.
GA7: Abt. VI, Bd. 24, Teil 2. „Pierrot lunaire", hg. v. Reinhold Brinkmann. Mainz, Wien 1995.
GA8: Abt. V, Bd. 17, Teil 1. „Die Jakobsleiter", hg. v. Ulrich Krämer. Mainz, Wien 2020.
GA9: Abt. II, Bd. 13. Orchesterwerke II, hg. v. Nikos Kokkinis und Jürgen Thym. Mainz, Wien 1993.
GA10: Abt. IV, Bd. 15. Konzerte, hg. v. Tadeusz Okuljar. Mainz, Wien 1988.
GA11: Abt. V, Bd. 19. Chorwerke, hg. v. Christian Martin Schmidt. Mainz, Wien 1977.
GA12: Abt. IV, Bd. 9. Werke für Streichorchester, hg. v. Martin Albrecht-Hohmaier und Ullrich Scheideler. Mainz, Wien 2010.

Gielen: Michael Gielen: Dirigent, Komponist, Zeitgenosse. Hg. v. Paul Fiebig. Stuttgart 1997.
Handbuch: Andreas Meyer / Therese Muxeneder / Ullrich Scheideler (Hg.): Schönberg Handbuch. Berlin, Kassel 2023.
Hanslick: Eduard Hanslick: Aus neuer und neuester Zeit. (Der modernen Oper IX. Teil.) Musikalische Kritiken und Schilderungen. Berlin 1900. S. 44–50.
Heyworth: Gespräche mit Klemperer. Geführt und herausgegeben von Peter Heyworth. Frankfurt/M. 1974.
Kerling: Marc Kerling: Kontinuität und Bruch. Leitlinien im Spätwerk – Verarbeitungsstrategien der Exilsituation. In: Arnold Schoenberg in America. Bericht zum Symposium 2.–4. Mai 2001. Hg. v. Christian Meyer. Wien 2002 (= Journal of the Arnold Schönberg Center 4/2002), S. 17–44.
Krones: Hartmut Krones: Traditionelle Symbolik in „Pierrot lunaire". In: Arnold Schönberg in Berlin. Bericht zum Symposium 28.–30. September 2000. Wien 2001 (= Journal of Arnold Schönberg Center 3/2001), S. 161–176.
Mahler: Herta Blaukopf (Hg.): Gustav Mahler, Richard Strauss. Briefwechsel. München 1980.
Alma Mahler: Alma Mahler: Gustav Mahler. Erinnerungen. Frankfurt 1991.

Maurer Zenck: Claudia Maurer Zenck: Arnold Schönbergs Klavierkonzert. In: Musik im Exil. Folgen des Nazismus für die internationale Musikkultur. Hg. v. Hanns-Werner Heister, Claudia Maurer Zenck und Peter Petersen. Frankfurt/M. 1993, S. 357–384.

Morgenstern: Soma Morgenstern: Alban Berg und seine Idole. Erinnerungen und Briefe. Berlin 1999.

MGG: Ludwig Finscher (Hg.): Die Musik in Geschichte und Gegenwart. Kassel 1998 (Sachteil Bd. 8), 2007 (Personenteil Bd. 17).

Muxeneder: Therese Muxeneder: A Survivor from Warsaw op. 46. In: Arnold Schönberg. Interpretationen seiner Werke. Hg. v. Gernot Gruber. Laaber 2002, S. 132–149.

Nono: Luigi Nono: Text – Musik – Gesang (1960). In: Luigi Nono: Texte. Studien zu seiner Musik. Hg. v. Jürg Stenzl. Zürich 1975, S. 41–60.

Notowicz: Nathan Notowicz: Wir reden hier nicht von Napoleon. Wir reden von Ihnen! Gespräche mit Hanns Eisler und Gerhart Eisler. Berlin 1971.

Reich: Willi Reich: Arnold Schönberg oder der konservative Revolutionär. Wien 1968.

Rufer: Josef Rufer: Das Werk Arnold Schönbergs. Kassel 1959.

Schmidt: Christian Martin Schmidt: Schönbergs „Very definite – but private" Programm zum Streichquartett opus 7. In: Bericht über den 2. Kongreß der Internationalen Schönberg-Gesellschaft 1984. Wien 1986, S. 230–234.

Arnold Schönberg:

AS1911: Arnold Schönberg: Harmonielehre. Wien 1911, überarbeitete Fassung von 1922. Zit. n. Auflage 1986.

AS1912: Arnold Schönberg. München 1912, Nachdruck 1980.

AS1924: Sonderheft der Musikblätter des Anbruch Jg. 6, August/September 1924. Arnold Schönberg zum 50. Geburtstage, 13. September 1924.

AS1934: Arnold Schönberg zum 60. Geburtstag. Wien 1934.

AS1958: Arnold Schönberg: Ausgewählte Briefe. Hg. v. Erwin Stein. Mainz 1958.

AS1974a: Arnold Schönberg: Berliner Tagebuch. Frankfurt, Berlin, Wien 1974.

AS1974b:Arnold Schönberg. Katalog der Gedenkausstellung 1974. Redaktion: Ernst Hilmar. Wien 1974.

AS1975: Arnold Schoenberg: My Attitude Towards Politics. In: Style and Idea. Hg. v. Leonard Stein. London 1975, S. 505f.

Arnold Schönberg: Stil und Gedanke. Aufsätze zur Musik. Hg. v. Ivan Vojtěch. Frankfurt/M. 1976

AS1976a: Probleme des Kunstunterrichts (1910). S. 165–168.

AS1976b: Das Verhältnis zum Text (1912). S. 3–6.

AS1976c: Mahler (1912). S. 7–24.

AS1976d: Interview mit mir selbst (1928). S. 140–143.

AS1976e: Neue Musik, veraltete Musik, Stil und Gedanke (1930). S. 25–34.
AS1976f: Nationale Musik (1931). S. 250–254.
AS1976g: Vortrag über op. 31 (1931). S. 255–271.
AS1976h: Zur Kompositionslehre (1931). S. 283–285.
AS1976i: Die jüdische Situation (1933, Original in Englisch). S. 328–332.
AS1976j: Brahms, der Fortschrittliche (1933/47, Original in Englisch). S. 35–71.
AS1976k: Komposition mit zwölf Tönen (1934, Original in Englisch). S. 72–96.
AS1976l: Wie man einsam wird (1937, Original in Englisch). S. 338–358.
AS1976m: Herz und Hirn in der Musik (1946, Original in Englisch). S. 104–122.
AS1976n: Der Segen der Sauce (1948, Original in Englisch). S. 148–151.
AS19760: Selbstanalyse (Reife) (1948, Original in Englisch). S. 386–388.
AS1976p: Rückblick (1949, Original in Englisch). S. 379–408.
AS1976q: Bemerkungen zu den vier Streichquartetten (1949, Original in Englisch). S. 409–436.
AS1976r: Analyse von Pelleas und Melisande (1949, Original in Englisch). S. 437–439.
AS1976s: Analyse der Kammersymphonie (1949, Original in Englisch). S. 440–445.
AS1976t: Programm-Anmerkungen zu Verklärte Nacht (1950, Original in Englisch). S. 452–457.

AS2023: Arnold Schönberg: Concerto for Piano and Orchestra Opus 42. Faksimile nach der autographen Particellreinschrift. Hg. v. Katharina Bleier und Therese Muxeneder. München 2023.

Stenzl 1986: Jürg Stenzl: Die Apokalypse einer Liebe. Bericht über den 2. Kongreß der Internationalen Schönberg-Gesellschaft 1984. Wien 1986, S. 64–72.
Stenzl 2017: Jürg Stenzl: Text und Tempi in Arnold Schönbergs Erwartung, op. 17 (1909). In: Arbeit an Musik. Reinhard Kapp zum 70. Geburtstag. Wien 2017, S. 635–655.
Stuckenschmidt: Hans Heinz Stuckenschmidt: Schönberg. Leben, Umwelt, Werk. Zürich 1974.
Szmolyan: Walter Szmolyan: Schönbergs Wiener Skandalkonzert. Österreichische Musikzeitschrift Jg. 31 (1976), S. 293–304.
Webern: Anton Webern: Der Weg zur neuen Musik. Der Weg zur Komposition in zwölf Tönen. Hg. v. Willi Reich. Wien 1960.
Wellesz 1921: Egon Wellesz: Arnold Schönberg. Leipzig, Wien, Zürich 1921.
Wellesz 1981: Egon und Emmy Wellesz: Egon Wellesz. Leben und Werk. Wien, Hamburg 1981.
Zacher: Gerd Zacher: Randbemerkung über das Zählen in Schönbergs Ein Überlebender aus Warschau. In: Musik-Konzepte Sonderband, hg. v. Heinz-Klaus Metzger und Rainer Riehn. München 1980, S. 146–150.
Zemlinsky 1922: Alexander Zemlinsky: Persönliche Erinnerungen. (Brahms und die neuere Generation). In: Musikblätter des Anbruch 1922/4.

Zemlinsky 1927: Alexander Zemlinsky: Einige Worte über das Studium von Schönbergs „Erwartung". In: Pult und Taktstock Jg. 4, 1927, S. 43f.
Zemlinsky 1995: Horst Weber (Hg.): Zemlinskys Briefwechsel mit Schönberg, Webern, Berg und Schreker. Darmstadt 1995.
Zillig 1961a: Winfried Zillig: Bericht über Arnold Schönbergs „Jakobsleiter". Zur Uraufführung des Fragments beim 35. Weltmusikfest der IGNM, Wien, 16. Juni 1961. Hg. v. der Deutschen Sektion der IGNM in Gemeinschaft mit dem WDR Köln. Kassel 1961.
Zillig 1961b: Winfried Zillig: Arnold Schönbergs „Jakobsleiter". In: Österreichische Musikzeitschrift, Mai 1961, S. 193–204.

Verzeichnis der Aufnahmen

Playlist #1
Johannes Brahms / Arnold Schönberg: Klavierquartett Nr. 1 g-Moll op. 25, 1. Satz
SWR-Symphonieorchester, Michael Gielen (Dir.)
SWR Classic, SWR19022CD / 5

Playlist #2–5
Arnold Schönberg: „Verklärte Nacht" op. 4
Fred Sherry String Quartet
Naxos, 8.557534

Playlist #6
Arnold Schönberg: „Pelleas und Melisande" op. 5
Gürzenich Orchester, Markus Stenz (Dir.)
Oehms Classic, OC445

Playlist #7–10
Arnold Schönberg: Streichquartett Nr. 1 op. 7
Fred Sherry String Quartet
Naxos, 8.557534

Playlist #11
Arnold Schönberg: Kammersymphonie op. 9
Twentieth Century Classics Ensemble, Robert Craft (Dir.)
Naxos, 8.557523

Playlist #12–16
Arnold Schönberg: 15 Gedichte aus „Das Buch der hängenden Gärten" op. 15
Konrad Jarnot (Gesang), Urs Liska (Klavier)
Capriccio, C120 / 1

Playlist #17–20
Arnold Schönberg: „Erwartung" op. 17
Philharmonia Orchestra, Anja Silja (Sopran), Robert Craft (Dir.)
Naxos, 8.557527

Playlist #21–29
Arnold Schönberg: „Pierrot lunaire“ op. 21
Salome Kammer (Stimme), Ensemble Avangarde, Hans Zender (Dir.)
Dabringhaus und Grimm, MDG 6130579-2

Playlist #30–40
Arnold Schönberg: „Die Jakobsleiter“
SWR-Symphonieorchester, EuropaChorAkademie, Aurelius Sängerknaben, Rundfunkchor Berlin, Laura Aikin, Christiane Boesiger, Alessandra Marc, Margaret Jane Wray (Sopran), Eugenie Grunewald, Dagmar Peckowa (Mezzosopran), Thomas Harper, Guy Renard, Glenn Winslade (Tenor), John Bröcheler, James Johnson, Anthony Michaels-Moore, Hanno Müller-Brachmann (Bariton), Peter Lika (Bass), Michael Gielen (Dir.)
SWR CD93.015

Playlist #41–52
Arnold Schönberg: Variationen für Orchester op. 31
SWR-Symphonieorchester, Michael Gielen (Dir.)
SWR Classic, SWR19063CD / 5

Playlist #53–56
Arnold Schönberg: Klavierkonzert op. 42
SWR-Symphonieorchester, Claude Helffer (Klavier), Michael Gielen (Dir.)
SWR Classic, SWR19063CD / 5

Playlist #57
Arnold Schönberg: „Ein Überlebender aus Warschau“ op. 46
SWR-Symphonieorchester, SWR Vokalensemble Stuttgart, Günter Reich (Sprecher), Michael Gielen (Dir.)
SWR Classic, SWR19063CD / 5